人文社科
高校学术研究论著丛刊

语言学理论观照下的英语教学改革研究

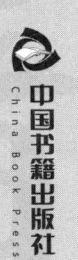

王今 武妍 陈霞 著

中国书籍出版社
China Book Press

图书在版编目 (CIP) 数据

语言学理论观照下的英语教学改革研究 / 王今, 武妍, 陈霞著. -- 北京 : 中国书籍出版社, 2021.3
ISBN 978-7-5068-8388-7

Ⅰ.①语… Ⅱ.①王… ②武… ③陈… Ⅲ.①英语 – 教学改革 – 研究 Ⅳ.① H319.1

中国版本图书馆 CIP 数据核字（2021）第 045878 号

语言学理论观照下的英语教学改革研究

王　今　武　妍　陈　霞　著

丛书策划	谭　鹏　武　斌
责任编辑	毕　磊
责任印制	孙马飞　马　芝
封面设计	东方美迪
出版发行	中国书籍出版社
地　　址	北京市丰台区三路居路 97 号（邮编：100073）
电　　话	（010）52257143（总编室）　（010）52257140（发行部）
电子邮箱	eo@chinabp.com.cn
经　　销	全国新华书店
印　　厂	三河市德贤弘印务有限公司
开　　本	710 毫米 × 1000 毫米　1/16
字　　数	390 千字
印　　张	21.75
版　　次	2021 年 10 月第 1 版
印　　次	2021 年 10 月第 1 次印刷
书　　号	ISBN 978-7-5068-8388-7
定　　价	98.00 元

版权所有　翻印必究

目　录

第一章　语言概述 ………………………………………………………… 1
　　第一节　语言的界定 ………………………………………………… 1
　　第二节　语言的起源与发展 ………………………………………… 2
　　第三节　语言的分类、特征与功能 ………………………………… 13

第二章　语言学概述 ……………………………………………………… 25
　　第一节　语言学的界定 ……………………………………………… 25
　　第二节　语言学的发展 ……………………………………………… 26
　　第三节　语言学的分类 ……………………………………………… 33
　　第四节　语言学与其他学科的关系 ………………………………… 34

第三章　语言学与英语教学的融合研究 ………………………………… 46
　　第一节　语言学流派及产生的教学法 ……………………………… 46
　　第二节　语言学与英语习得 ………………………………………… 62
　　第三节　语言学与英语教学大纲的设计 …………………………… 67

第四章　词汇学理论观照下的英语教学改革 …………………………… 76
　　第一节　词汇学的内涵 ……………………………………………… 76
　　第二节　词汇学的研究内容 ………………………………………… 81
　　第三节　词汇学理论在英语教学中的应用 ………………………… 109

第五章　句法学理论观照下的英语教学改革 …………………………… 114
　　第一节　句法学的内涵 ……………………………………………… 114
　　第二节　句法学的研究内容 ………………………………………… 115
　　第三节　句法学理论在英语教学中的应用 ………………………… 135

第六章　语义学理论观照下的英语教学改革 …………………………… 140
　　第一节　语义学的内涵 ……………………………………………… 140
　　第二节　语义学的研究内容 ………………………………………… 145
　　第三节　语义学理论在英语教学中的应用 ………………………… 163

第七章　语用学理论观照下的英语教学改革……………… 168
第一节　语用学的内涵……………………………………… 168
第二节　语用学的研究内容………………………………… 170
第三节　语用学理论在英语教学中的应用………………… 191

第八章　认知语言学理论观照下的英语教学改革…………… 195
第一节　认知语言学的内涵………………………………… 195
第二节　认知语言学的研究内容…………………………… 205
第三节　认知语言学理论在英语教学中的应用…………… 221

第九章　应用语言学理论观照下的英语教学改革…………… 226
第一节　应用语言学的内涵………………………………… 226
第二节　应用语言学的研究内容…………………………… 227
第三节　应用语言学理论在英语教学中的应用…………… 246

第十章　文化语言学理论观照下的英语教学改革…………… 254
第一节　文化语言学的内涵………………………………… 254
第二节　文化语言学的研究内容…………………………… 255
第三节　文化语言学理论在英语教学中的应用…………… 276

第十一章　语料库语言学理论观照下的英语教学改革……… 281
第一节　语料库语言学的内涵……………………………… 281
第二节　语料库语言学的研究内容………………………… 284
第三节　语料库语言学理论在英语教学中的应用………… 285

第十二章　系统功能语言学理论观照下的英语教学改革…… 307
第一节　系统功能语言学的内涵…………………………… 307
第二节　系统功能语言学的研究内容……………………… 310
第三节　系统功能语言学理论在英语教学中的应用……… 322

参考文献………………………………………………………… 335

第一章 语言概述

语言是人们传达信息、进行交流的重要凭借,它在人们的社会生活中扮演着重要的角色。虽然语言对于人们来说十分重要,但人们对语言的了解却少之又少,甚至将许多与语言有关的东西当成是理所当然的。为了深入地了解语言,以使其更好地为人类所用,就十分有必要对语言有一个全方位的把握。本章我们就对语言的相关概念进行详细的介绍,包括语言的定义、起源、发展、分类、特征、功能,以使人们对语言有一个全面、深刻的认识和了解。

第一节 语言的界定

关于语言,不同学者从各种视角出发提出了不同的观点,下面我们就从这些林林总总的看法中列举一些较有代表性的加以介绍。

列宁(Lenin)认为,"语言是人们最重要的交际工具。"

斯大林(Stalin)认为,"语言是人们用于交际、交流思想的工具和手段,从而使人们与人们之间达到相互了解的地步。"

鲍林杰与赛尔斯(Bolinger & Sears)认为,"人类语言往往与交际者的经历相关,并运用任意性的声音构成约定俗成的符号,按照固定的规则组装起来的一个交际系统,这一交际系统由听说两方构成。"

刘易斯(Lewis)认为,"语言是一种活动方式,也可能是人们最为重要的一种行为方式。"

惠特尼(Whitney)认为,"语言是人类独有的,是文化的重要组成部分,是获得的能力。语言与其他表达手段的重要区别就是语言需要交际这一直接动因,且交际是语言史上起决定作用的因素。"

缪勒(Muller)认为,"动物与人类的最大区别和障碍就在语言上,人类会说话,而动物至今都没有说过话。"

本福尼斯特(Benveniste)认为,"语言是一个系统,其重大意义在于作为某种类型的成分,其意义与功能往往是由结构赋予的。之所以交际可以无限制的进行,就是因为语言是按照编码规则有系统地组织起来的。发话人先组成个别的符号,进而组成成组的符号,最后形成无限的话语,而听话人对发话人的话进行辨别,因为发话人身上也存在着同样的系统。"

除了国外学者,国内很多学者也从多个层面对语言进行了界定。

高名凯、石安石认为,"根据语言本身的结构来说,语言是由词汇与语法构成的一个系统,这一系统中每一个成分都是由声音与意义组成。根据语言的基本职能来说,语言首先是交际的工具,其次是思维的工具。"

王希杰认为,"语言是一种社会现象,其与其他社会现象有着明显的区别,具体体现在:语言是作为人们交流思想、交际的工具来为人们服务的;语言是作为人们的思维工具来为人们服务的。"

王力认为,"语言是人们表达情感与思想的工具……人类普遍的语言是用口说的,即口语,口语是狭义的语言。但是口语虽然便利,但很难维持久远,因此就创造出文字来代替口语。文字也就成为语言的一种。"

赵元任认为,"语言是由发音器官发出的,是成系统的一种行为方式,是人与人互通信息的工具。"

徐通锵指出,"从语言的性质来说,语言是现实的编码体系;从语言的功能来说,语言是人们交际、交流的工具,而交际的实质就是对现实的认知。"

许国璋认为,"语言是人类特有的一种符号系统,当其作用于人与人时,语言是表达人与人相互反应的中介;当其作用于人与客观世界时,语言是人类认知客观事物的工具;当其作用于文化时,语言是文化信息的容器和载体。"

从上述国内外学者的界定中不难看出,语言作为人类特有的交际符号,是人类区别于动物的根本特征。

第二节 语言的起源与发展

一、语言的起源

语言伴随着人类社会的发展而产生和发展。语言的起源在这里并不是指某一种具体的语言(如汉语、英语等)的起源。人类很早就开始关注

第一章 语言概述

语言的起源问题,早在远古的神话中就有许多关于语言起源的传说,如《圣经·创世纪》中关于上帝创造了亚当以及亚当给万物取名的描述;而在我国古代关于女娲抟土造人的神话,都反映了先民们"语言神授"的原始观念。走出这些神话,人们也相继提出了一些关于语言起源的学说。

(一)关于语言起源的一些学说

从古希腊时期到20世纪30年代以前,出现了多种关于语言起源的学说,具体包括手势说、感叹说、摹声说、社会契约说、劳动叫喊说等。

1. 手势说

有人认为,人类语言最初起源于手势。手势说认为,最初的语言是没有声音的,而是用手势和身体来传递信息,有声语言是在这种手势和身姿的基础上发展起来的。

2. 感叹说

"感叹说"认为原始人类因外界和内心的感受而发出呼唤,把表达种种感情的词看作是最早产生的词语。而人类的原始语言就是由这种感叹声演变而来的。

3. 摹声说

"摹声说"认为语言起源于对外界声音的模仿,他们的主要证据是各种语言中都有一定的摹声词。例如,英语中的cuckoo(布谷鸟)类似于布谷鸟的声音,汉语中的猫、鸭、鸡、鸦等词跟这些动物的叫声有关。

4. 社会契约说

社会契约说认为,起初原始人并没有语言,后来大家彼此约定,规定了一些事物的名称,语言就随之产生了。

5. 劳动叫喊说

劳动叫喊说认为,语言起源于伴随劳动而发出的叫喊。这种叫喊声演变为劳动号子,进而发展为原始语言。

与远古的"神授说"相比,以上这些学说显然是一大进步,他们认为语言是"人造"的。但是这些学说都带有一定的主观性,或者是根据语言中的一些现象所进行的片面牵强的推论,缺乏科学证据,很难令人信服。

众所周知,人类语言的产生必须有两个前提条件:一是交际的需要,二是发音器官的形成。恩格斯在《劳动在从猿到人转变过程中的作用》中提出,劳动创造了语言,语言起源于劳动。古代人类为了适应生活环境的变化,常常必须组织起来,协调互相之间的活动,劳动使他们达到了"彼此之间有些什么非说不可的地步"。

由此可见,语言的产生的确与劳动有着不可分割的关系,因为劳动提出了创造语言的必要性。与此同时,由于生存环境的改变,古代人类逐渐学会了直立行走,肺部、声带等发音器官得到了改造和发展,终于可以发出和调节各种需要的语音。这也说明,劳动也同时改善了原始人的发音器官、发展了原始人的思维,为语言的产生奠定了基础。

因此,语言的起源实际上是与人类的起源密不可分的。人类思维能力的发展为语言能力的发展提供了条件,语言能力的发展又为思维能力的进一步发展提供了条件。语言是人类进化的产物,是社会发展的产物。

(二)关于语言起源的旧有理论

除了上述宗教、神话、传说中有关于语言起源的朴素解释之外,来自不同领域的诸多学者也对此问题进行了长期的、情有独钟的研究,并且在自身研究的基础上提出了各自的假设。然而,虽然提出了假设,但是学者们却没有任何直接的证据来证明自己的观点或者推翻别人的假设。无奈之下,巴黎语言学协会(The Linguistics Society of Pads)在1866年宣布禁止任何形式的关于语言起源问题的研究与探索,原因是这是一个无法检验的问题,因此不是一个科学的问题。

但人类的好奇心是不会因为一道禁令而收敛,因此对于语言的研究仍在继续。至于其中的原因,正如 Rousseau & Herder 所说:"This great subject promises such rewarding insights into the psychology and the natural order of the human race and into the philosophy of language and of all knowledge to be found by means of language, who would not wish to try his hand at it?"(这个难题一旦解答,必将有助于揭示人类的心理和自然进化进程,深化对语言哲学和所有通过语言获得的知识的认识,所以谁不想一试身手呢?)[①]

根据人们的研究历史,语言起源的假说大致可以分为以下两个阵营。

第一,特创论(creationism)。特创论认为语言由某种外在的神秘力量创造并赋予人类使用。特创论的出发点很简单:语言如此复杂,不可能是人力所为,因此语言肯定来自某种神秘的外在力量。上文中介绍的神话传说对语言起源的解释是特创论中最有代表性也最为大家所接受的一种,被称为"神赋论"。

---

① 蓝纯. 语言导论[M]. 北京:外语教学与研究出版社,2007:58.

第一章　语言概述

第二，进化论（evolutionism）。进化论认为语言是人类进化过程中随着人类自身的进化而自然进化的一种结果。

下面我们将重点探讨进化论中几个颇有代表性的假说。这些假说都从不同的角度出发，对人类最初的语言尝试进行了大胆的猜想与推测，并据此被后人冠以形象生动的名字，令人一看到名字就能够明白大概的意义。

1. "汪汪"理论

"汪汪"理论（the bow-wow theory）最早是由德国学者马克斯·缪勒（Max Mueller）提出的。该理论认为，人类最早的语言源于对自然界各种声音的模仿。例如：

原始人听到风的呼啸，会将风的声音模仿为"呼呼"。
原始人听到雨点跌落到地面的声音，会将雨的声音模仿为"噼里啪啦"。
原始人听到布谷鸟的鸣叫，会将布谷鸟的声音模仿为"布谷"。
原始人听到雷的轰鸣，可能模仿雷的声音说"轰隆隆"。
原始人听到鸭子的叫唤，可能模仿鸭子的声音说"嘎嘎"。

这些声音模仿经过长期的实践以及不断的重复，从而形成了固定的说法，由此不断地代替被模仿的自然界的真实声音，进而将指代自然界声音的名字抽象化，最后成为发出那种声音的自然现象或动物的名字。[①]

拟声词（onomatopoeic word）可以说是这一理论的最佳证明。但是拟声词的数量在词汇中所占比重很小，因此对于语言中的非拟声词"汪汪"理论无法进行合理的解释。

此外，如果语言真是由模拟自然界的声音而来，那么人类的语言应该只有一种，即便有多种语言，各语言之间的差异也不会很大，而事实却是在不同的语言中拟声词的表达有时截然相反。例如，模拟狗的叫声的拟声词，汉语是"汪汪汪"，英语是 bow wow，法语是 ouah ouah。事实上，大部分拟声词除了模拟自然界的声音之外，还会参照语言所在的声音系统所规定的声音组合模式产生。

不可否认的是，"汪汪"理论这一理论存在着明显的不足之处。

（1）假设语言最初真的是起源于人类对自然界声音的模仿，那么世界上应该只存在一种语言。即便不是一种语言，那么语言与语言之间的差别也不应该像我们现在所了解的这么巨大。

（2）在任何语言中，拟声词所占的比例都十分小，"汪汪"理论无法解释语言中的非拟声词从何而来。

[①] 蓝纯. 语言学概论[M]. 北京：外语教学与研究出版社，2009：26.

（3）"汪汪"理论无法解释对相同的自然现象和动物发出的声音不同语言有迥然不同的拟声词来模拟。例如，对于模仿公鸡叫这一情况，西班牙和法国人模仿得出的结果是 cocorico，英国人模仿的结果是 cock-a-doodle-doo，而中国人模仿的结果是"喔喔喔"。事实上，大部分拟声词的模仿都是一方面模拟自然界的声音，另一方面参照某种语言的声音系统所规定的声音组合模式而产生的。

2. "噗噗"理论

"噗噗"理论（the pooh-pooh theory）认为，语言源于人类表达情感时所发出的不自觉的、自然的声音。在远古时期，人们的生活非常艰苦，时常会本能地发出一些表达感情的声音。例如，受到惊吓时可能会喊"啊"。"噗噗"理论认为人类的原始语言就是由这种感叹声演变而来的。

但是，该理论也存在一定的缺陷，具体表现为以下两点。

（1）在表达类似的情感时，不同的语言会用不同的声音进行表达，如表达疼痛的感叹词，汉语中常用"哎哟"，英语中却是 ouch。

（2）在剧烈的情感波动中，人们常常会发出很多复杂的、具有表现力的声音，然而这些声音中的大部分并没有进入语言。

3. "塔塔"理论

"塔塔"理论（the ta-ta theory）认为，语言产生于人的发声器官对身体动作的模仿而发出的声音。这一理论的代表人物佩吉特（Paget）猜测，人类最早可能是用手势配合嘴部动作来交流，这种交流是无声的。之后因为嘴部动作会发出相应的声音，这些声音逐渐成为交流的重要组成部分。到最后，人们意识到交流仅凭嘴部动作发出的声音就可以完成，由此便产生了语言。

4. "哟嗬"理论

"哟嗬"理论（the yo-he-ho theory）最早由弗雷德里奇·恩格斯（Friedrich Engels）提出。他认为，人类祖先在一起劳动时，发明了一些用来表达某种含义的语言。例如：

狩猎突发危险时同伴可能会喊"快跑！"。

在搭建房屋时可能会喊"拉""起"。

在打造金属工具时可能会喊"砸"。

就是在这样的劳动过程中，迫使人类的发声器官逐渐进化，随之带动了大脑的进化，大脑的进化又反过来促成了语言的最终形成。"哟嗬"理论之所以被如此命名，是因为恩格斯推测说原始人彼此之间最早用语言传递的信息应该类似某种有韵律的劳动号子,如工人们在一起使劲拖拽重物时,为了协调步调和力量,通常会喊"yo-he-ho"(类似汉语的"嗨哟、嗨哟")。

由此可以看出,目前关于语言的起源尚未形成统一的说法,但是可以确定的一个事实是,语言是人类社会发展的产物,语言的演化与发展与特定的历史、社会、文化环境有着非常密切的关系。

(三)对语言起源的认识

19世纪,巴黎语言学会在章程中曾明确规定,不接受任何关于语言起源问题的报告。不难看出,语言起源这一问题的难度和当时语言学家解决这一问题的难度。到20世纪30年代,动物学家、心理学家、考古学家和计算机专家开始涉足这一领域,并取得一些具有科学意义的进展。

从20世纪30年代至今,一些考古学家通过测量古人类化石的脑容量来判断思维发展的水平,从而推断语言起源的大概年代。经研究发现,晚期智人的脑容量和现代人差不多,可能已经具有产生语言所需的思维水平。有些动物学家潜心研究人类近亲黑猩猩的语言能力,并从中发现黑猩猩不仅可以用动作和面部表情进行简单的交际,而且还可以利用各种各样的方式交流信息。经过训练的黑猩猩,可以利用手势语或符号学习一些词汇,甚至可以创造一些新鲜的用法。例如,一只叫沃秀的受过9年训练的黑猩猩在见到一只鸭子时,会自动把它命名为"水鸟"。在此之前,沃秀曾学过"水""鸟"这两个词。这就表明,类似黑猩猩这样的猿类动物,在一定的条件下有可能发展出极为简单的语言能力。

此外,美国科学家利伯曼曾通过计算机模拟属于早期智人的尼安德特人的发音系统,研究发现,尼安德特人还无法清晰地发出 [a][i][u] 这三个最基本的元音。语言学家分析,这些元音是有声语言不可能没有的。因此可以推测,尼安德特人还不可能掌握有声语言。较早期智人,晚期智人的发音器官有了较大的改善,有可能发出较为清晰的声音。

另外,从人类社会的发展进程中也能窥见一些语言的起源问题。旧石器时代延续了近300万年,在这漫长的时期里,人类社会的发展异常缓慢。但到了旧石器时代的晚期,人类社会的发展步伐突然加快。这种发展步伐的突然加快说明人类获得了一种以前从未有过的东西,这种东西很可能就是语言。

将不同学科研究的结果放在一起研究,形成了当今人们对语言起源问题的新认识:有声语言产生在距今四五万年前的旧石器时代晚期,也就是晚期智人时期；语言是长期进化的结果；在晚期智人之前，猿人或原始人已经可以用比黑猩猩的叫唤声更复杂一些的声音来交流信息；随着发音器官的不断完善和思维水平的逐渐提高，这些声音逐渐变得清晰，并由最小的单位按照一定的规则组成语流，语言就此产生了。

语言由动物的叫唤声发展而来，并非完全是主观臆断，而是依据现代科学提供的新资料作出的关于语言起源问题的新构想。当然这并不是最后的结论，随着科学的不断发展，关于语言起源这一问题的研究会有新的发展。

二、语言的发展

（一）语言发展的影响因素

语言是一种牵涉人类生活方方面面的复杂社会现象，语言学家曾从多方面寻找影响语言发展的因素。总体来说，影响语言发展的因素主要有两大类，即外部因素和内部因素，具体包括以下三个方面。

1. 社会因素

语言是人类最重要的交际工具，而语言要想真正地发挥起交际作用，就必须敏锐地反映人类对于自然界的各种认识和各种社会经验，紧跟时代发展的步伐。语言的交际工具的属性，决定了社会的各种发展变化必然会促进语言的发展变化。其中，最有影响力的因素是战争与科技。

（1）战争。据统计，在人类历史上完全没有战争的时间不超过600年。自从有了人类社会，就有了为争夺生产资料而进行的战争，而每一次战争都加速了不同民族语言之间的相互影响。例如，现代英语中法语词汇之所以这么多，是因为英国历史上，从11世纪到14世纪，诺尔曼王朝统治了大不列颠。据英国语言学家埃克斯利（Eckersley）的粗略统计，现代英语的词汇有一半左右来自法语或拉丁语。

（2）科技。人类探索自然世界的脚步从来就没有停止过，探索的每一步深入都会带来语言上的相应变化。尤其是在最近的50年，由于科学技术的发展，人们创造了许多新词来表达新概念、新技术和新发明。例如：

Bluetooth 蓝牙技术
reprogenetics 生殖遗传学
proteomics 蛋白质组学
nano-material 纳米材料

cyberp hobia 电脑恐惧症
gauss 高斯
cyberdoc 网络医生
joule 焦耳
engine 引擎

2. 心理因素

语言不仅是人类最重要的交际工具,还是人类最重要的思维工具。语言在用于交际和思维的过程中,必然会受使用该语言的人的心理的影响。这种心理影响就会引起语言的变化发展。可见心理因素是影响语言发展的重要外部因素。

不同语言社团的人,对语言往往有不同的心理。例如,在爱斯基摩语中,有15个名词是用来表示不同形态或下落到不同地点的雪的,但却没有"雪"这个概括性的词语。因为雪在爱斯基摩人的生活中占有非常重要的地位,因此,他们创造出不同的词汇来描绘不同形式、不同条件下的雪。但在英语文化中,雪就不那么重要了,一个简简单单的 snow 就可以满足表达的需要。当有必要更具体一点时,一个更长的短语就能满足需要,如飞雪(drifting snow)、春天粒雪(corn snow)、细粉状雪(fine powder snow)等。

在诸多心理因素中,对语言变化发展影响最大的就是思维。先民们长期使用具象思维,使抽象思维发展迟缓,所以他们的语言有着较浓的具象色彩。再如,龙在汉语中不仅是一种被神化的动物,更是帝王、皇权的象征,它反映了远古人类最原始的崇拜和敬畏。时至今日,在经历了上千年的演变和发展后,龙不断被注入新的内容,形成了我国今天的龙文化。炎黄子孙素来自称为"龙的传人"。但是,在英语思维中,dragon 是一种形似巨大、长着翅膀、有鳞有爪、口中喷火的、替魔鬼看守财宝的凶悍怪物,是罪恶、恶魔的化身。

3. 语言自身的因素

上述介绍的社会因素和心理因素都是语言发展的外部因素,这些因素仅能为语言的发展提出要求和提供动力。然而,语言能否接受和满足外部因素的要求,如何将这些外部因素转换为具体的变化和发展,还要取决于语言的自身因素。例如,语言和言语的矛盾运动这一因素。

言语是人们对语言的口头与书面运用,要受到交际对象、交际语境、交际信息和情感等因素的影响。这些因素具有开放性、多变性和具体性的特点,不可避免会使言语与语言系统产生矛盾,进而引发各种"出格"

现象。人们会根据具体的需求,创造出一系列语言中原本不存在的新词和表达,这就是"出格"的表现。这些"出格"现象中,有的可能只能昙花一现、转瞬即逝,而另一些将会遗留下来,成为语言系统的一部分,从而促使语言的变化发展。因此,"出格"现象是语言发展变化的源泉。

语言形式和意义之间的矛盾也是语言变化发展的一个因素。语言形式的有限性与语言意义的无限性之间的矛盾会对语言形式产生一定的冲击,其直接后果就是语言形式的更新与衰亡。可见,语言形式和意义之间的矛盾运动,将影响语言发展变化的各种外部因素,通过意义吸纳转化为语言发展变化的内部因素,从而使语言处于不断的发展变化之中。

(二)语言的接触

语言接触(language contact)是指不同语言之间的接触现象,特别是当这种接触影响了其中至少一种语言时。具体来说,不同的社会群体在彼此相互接触的过程中会为语言的接触提供机会。这种接触可以是经济贸易往来,如汉语通过丝绸之路与古阿拉伯语的接触、与古波斯语的接触;也可以是宗教和文化交往,如汉语与古梵语的接触;也可以是殖民或军事占领造成的语言接触,诺曼语族的语言与盎格鲁—撒克逊语言的接触、法语与越南语的接触;还可以是移民或杂居带来的接触,如中国新疆维吾尔语与哈萨克语的接触、加拿大英语和法语的接触等。由于语言接触的方式多种多样,因而接触的结果也各不相同。一般来说,语言之间的接触会带来以下几种可能。

1. 同化

以汉语和满语的接触为例,清定都北京后,大批满人入关,形成了满汉杂居的局面,统治者的语言是属于阿尔泰语系满—通古斯语族的满语。但是由于汉语和汉文化强大的同化力量,在汉文化和满族文化之间存在着一种巨大的落差,汉文化属于比较先进的农耕文明,而满文化则属于相对落后的游牧文明。在两种文明接触的时候,先进的文化势必会对落后的文化具有强大的吸引力,满人开始学习和吸收汉文化,最终也完全放弃了本民族的语言。从人口比例来看,汉族人口远远多于满族人口,到清中叶后期,满语慢慢地淹没于汉语的汪洋大海中。今天已经很难找到活着的满语社团,只有黑龙江边远地区的少数老人还能说满语,而满语的近亲锡伯语却在新疆维吾尔自治区哈萨克自治州锡伯自治县存活下来。

2. 并存

除借用、同化以外,语言接触还可能形成双语现象(包括多语现象)。双语现象(多语现象)就是在一个语言社团中通行两种(或多种)语言,或者某语言社团的一些成员,能讲两种(或多种)语言。例如,锡伯语与汉语、维吾尔语、哈萨克语并存,在锡伯自治县形成了一个多语社会,尽管各种语言有接触,但都各自保持着自己的独立地位。这些语言属于不同的语系或语族,锡伯语属于阿尔泰语系满—通古斯语族,汉语属于汉藏语系,维吾尔语属于阿尔泰语系突厥语族,各种语言和平共处。再如,比利时的佛莱芒语和法语虽然处于同一个社会,但都保持着彼此的独立,比利时成为双语社会。在新加坡,汉语、泰米尔语、马来语、英语都是法定的语言,都有自己的使用群体、媒体、学校和出版物,虽然这些语言彼此之间有接触,甚至在词汇上互相借用,但是仍保持着各自的独立,因此新加坡也是一个多语社会。

3. 借用

各个民族间的接触必然会促使语言的接触,而语言上的接触首先体现在词语的相互借代上。例如,汉语中就包含大量的借词,如"狮子""沙发""电话""戈壁""葡萄""石榴""狮子""因果""菩萨""哈达""喇嘛""塔""马达"等,这些都是借助于国外或国内民族的语言。而汉语中的"丝""茶""瓷器""台风"等词语也被世界上的其他语言所借用。

随着各民族语言的进一步接触,语音和语法上也出现了借代现象。例如,西双版纳傣语吸收了汉语的借词,而增加了一个复合元音 /au/;之前"主语+宾语+动词"是白语的语序,但后来介入了汉语的"主语+动词+宾语"的语序,之前的语序反而不怎么使用了。

在地域上比较接近的语言,因长期的语言接触而会相互借代一些语言要素,这就使得这些语言有了一些共同的特点。例如,欧洲巴尔干半岛有罗马尼亚语、保加利亚语、阿尔巴尼亚语、匈牙利语、塞尔维亚—克罗地亚语、马其顿语等,这些语言属于不同的语族,但在语法方面却体现出明显的相似性,形成了有名的巴尔干语言联盟。再如,印第安语言联盟、南部非洲语言联盟、印度语言联盟等都是语言长时间接触的结果。

(三)语言的融合

1. 语言融合的过程

语言的接触会带来语言的融合,导致语言融合的因素有很多,如经济往来、文化交流、文化落差、战争征服、通婚等都可以带来语言的融合。语言融合的过程可以归纳为：双语、竞争、排挤、替代。开始的时候是双语并存，如比利时的法语和佛莱芒语，加拿大的法语和英语，中国延边的汉语和朝鲜语、历史上的满语和汉语、蒙古语和汉语。刚刚开始接触时保持着双语社会，两种语言彼此竞争，如果其中的一种语言处于劣势，在竞争中失败，这种语言就会处于被排挤的地位，慢慢地被另一种语言所替代。满语融入汉语的过程就是这样一个过程。加拿大的法语和英语都是官方语言，因此从理论上说加拿大是一个双语社会，但是法语的地盘明显没有英语大，只有蒙特利尔、魁北克是法语社群占优势。蒙古语与汉语的大面积接触是在元代，统治者的语言是蒙古语，但蒙古语与汉语的这种大面积接触时间较短，还没有导致语言的融合。尽管如此，我们看元杂剧的时候还是能够发现蒙古语的影子。

2. 自愿融合与被迫融合

语言的融合主要有自愿融合与被迫融合两类。

（1）自愿融合

自愿融合即非强迫同化，它是指一个民族自愿放弃自己的语言而采用他民族语言的现象。[①]例如，5世纪在我国的北方建立了鲜卑族统治的北魏政权，为了巩固政权统治，就倡导学习汉语先进的文化，并提出要"断诸北语，一从正音"，也就是主张王公卿士在朝廷上要禁止说鲜卑语（北语），要讲汉语（正音），极力推行"汉化"政策。

（2）被迫融合

被迫融合即强迫同化，它是指占据统治地位的民族为了同化和奴役被统治民族而采取的语言同化政策，即强制被统治民族使用他们的语言文字，同时限制被统治民族使用自己的语言文字。这种通过强势语言对其他语言的同化、兼并现象是语言发展的基本规律。例如，沙皇俄国和德国就曾在他们占领的国家实行过同化政策；日本在占领我国东北和台湾时，也曾在这两地使用同化政策。强迫同化的作用主要体现在下面四个方面。

①经济同化。世界上的某些国家或地区的经济发展较快，有着极强的经济优势，其所通用的国家语言或地方方言借助经济优势，渐渐获得了全国范围乃至全世界范围的优势地位，而原本流行的方言或语言被迫隐退甚至消失。

②政治同化。对政治的强迫同化，是指国家权力机关、行政机关利用

---

① 白雅，岳夕茜. 语言与语言学研究[M]. 昆明：云南大学出版社，2010：9.

国家政治力量强制大家使用的语言,加大这种语言对其他语言的同化力度,加快这种语言的普及进程。

③教育同化。今天,学校教育已经成为人们学习语言、应用语言和发展语言的重要场所。人们在教育中接受的语言将作为学习者学习其他学科、语言的工作而存在,并对其日后的学习用语、生活用语产生很大的影响。

④文化同化。对文化的强迫同化是指,占优势地位的某种语言利用文化这一社会物质,进一步强化自身的语言强势地位,进而同化、融合其他语言的过程。

第三节 语言的分类、特征与功能

一、语言的分类

目前,世界上有2000多种语言,经过研究的语言有500多种。使用人口超过100万的语言只有140种,其中使用汉语的人最多,占世界人口的五分之一;其次是英语,约三亿人口;再次是俄语、西班牙语;使用日语、德语、阿拉伯语、葡萄牙语、法语和意大利语的人口也不少,约占世界人口的15%。世界上所有语言都有自己的结构特点,为了研究方便可以按照一定的标准把世界上的语言划分为几种类型,这就是语言的分类。

(一)根据构词特点分类

以词的构造为标准对语言进行分类,可将世界上的语言分为四种类型:孤立语、屈折语、黏着语和多式综合语。

1. 孤立语(isolating language)

孤立语也叫词根语或无形态语,它的语言特点是词根和词缀本身在构词过程中不发生变化,因此各类词在形态上缺乏明显的标志,词与词之间的关系主要通过词序和虚词等语法手段来表示。这类语言中的词,因为大多数是由词根组成的,所以具有这种特点的语言又叫作"词根语"。汉藏语系的诸语言大部分都有这种特点,所以归属于孤立语这种类型。

2. 屈折语(fusional language)

屈折语的主要特点是依靠词的内部屈折和外部屈折构词。用内部屈折手段构词,即通过词内部的元音或辅音的变化来表示词的不同的语法意义。例如,英语中的 foot[fut] 是单数名词,复数是 feet[fi:t],它的单、复数就有元音 [u] 和 [i:] 的交替;give 是现在时,gave 是过去时,因为时态的原因内部发生了变化。

3. 黏着语(agglutinative language)

黏着语是将具有一定语法意义的附加成分黏附在词根或词干上形成派生词,表示语法意义的附加成分好像是粘在词根上似的,所以叫粘着语。黏着语具有以下特点。

黏着语的词根和附加成分都具有相当大的独立性。就词根来说,它们不和附加成分结合也能独立存在,就附加成分来说,由于每一附加成分都只表示一种语法意义,而每种语法意义,又固定用一个附加成分来表示,所以当一个词存在附加成分时,就很容易地根据读音和所包含的语法意义把其中的附加成分区分出来。

4. 多式综合语(polysynthetic language)

多式综合语又称"合体语""编插语"。它的特点是在一般语言中句子成分作为附加成分包括在词里,这样一个句子就合在一个动词的大的语法形式里,以词的形式出现,句子和词统一起来了。例如,北美洲的契努克语的 I-n-I-á-I-d-am(我来是为了把这个交给她)。其中"-d-"是动词词根,表示"给",其他都是附着在词根上面的各种成分,这是一个词,也是一个句子。

(二)根据句法特点分类

根据这一分类标准,语言可以分为如下几类。

1. 综合语(synthetic language)

综合语主要运用综合性语法手段,如附加、内部屈折、重叠、重音等来表示词与词之间的语法关系。具有格范畴是综合语的标志。词的不同格变化用来表示词与词之间不同的语法关系。例如,俄语、拉丁语都是用格的变化来表示词与词之间的语法关系。此外,动词能综合地表示语法意义,形容词的级通过词本身的形态屈折来表示,也是这种类型语言的特点。纯粹的综合语,也就是说用词的形态变化来表示词与词之间的语法关系的语言并不多见。通常除了词本身的形态以外,还有兼用虚词表示语法关系的语言,这种语言也叫综合语。

2. 分析语（Langue isolante）

分析语主要运用分析性语法手段，如词序和虚词等来表示词与词之间的语法关系。不同的词序，使用不同的虚词会形成不同的语法关系，这是分析语的标志。例如，在汉语中，"意志坚强"和"坚强意志"的词序不同，语法关系就变了；"我和哥哥"和"我的哥哥"，由于虚词的不同，表示的语法关系就有区别。一般认为，汉语是典型的分析语，英语、法语等语言也可以归入分析语。

分析语和综合语的分类是相对的，世界语言的结构具有复杂性，纯粹属于分析语（或综合语）的语言几乎是不存在的，侧重于综合手段的语言常常也使用分析手段。反之，侧重于分析手段的语言，也不排斥使用综合手段。另外，语言是发展变化的，语法手段的类型也常常会有变化，例如，古英语侧重使用综合手段，属于综合语，而现代英语侧重使用分析手段，属于分析语。

二、语言的特点

既然人类的语言有别于动物语言，那么必然具有自身的特性，主要表现为以下几个层面。

（一）任意性

这一理论是著名语言学家索绪尔提出的，他曾经指出，语言的任意性是指符号与能够指代的事物和所指代的事物之间的关系是任意的，即每一个词素的音义关系并不是有意设计的，而是任意形成的。语言的这种任意性有不同层次。

1. 语素音义关系的任意性

在英汉两种语言中，拟声词是比较常见的。拟声词是指词的发音和其所指代的声音基本是类似的，如汉语中的"砰砰""叮咚""嘘嘘""嘎嘎""滴答""哗啦啦""咩咩"等，他们的形式是建立在天然的基础之上。但是在英语中，描写同样的声音用的词语确实相差很多或者说是完全不同的，如在英语中狗叫是 wowwow，但是在汉语中则是"汪汪汪"。

对于拟声现象，很多研究存在一些误解，其实拟声词和任意性是可以同时体现的。例如，济慈（John Keats）的《夜莺颂》（*Ode To A Nightingale*）中有这样的一行诗句。

The murmurous haunt of flies on summer eves.

夏日黄昏嗡嗡的蝇群。

在这个句子中，你可能会感觉到 murmurous 与整个句子的意义有着必要的联系，但是这种效果并不是来自于 murmurous 这个词本身，而是 murmurous 与 summer, eves 等词的意义存在联系。如果将 murmurous 换成是其他的词，如 murderous，意义就发生了改变，就很难建立起联系。因此，只有明白意义之后，才能推断出这个词的形式是非常合适的。

2. 句法层面上的任意性

系统功能语言学家和美国功能语言学家认为语言在句法上并不是任意的。

所谓句法学，是按照语法规则来构建句子的方法，其中的句子成分都是按照一定的规则进行排列，分句的前后次序和事件真实的顺序有着一定的对应关系。也就是说，句子的任意程度小于词语，尤其是涉及真实的顺序时。请看下面三个例子。

They stand up and go out angrily.

They go out and stand up angrily.

They go out angrily after they stand up.

一般人认为，第一个句子的动作顺序是正确的，而第二个句子是不符合逻辑的，但是试想一下，如果第二个人是坐着轮椅出去的，然后生气的突然站了起来也可以理解为是正确的。而第三个句子运用了 after 调换了句子的顺序，因此他们并不是很随意的。因此，功能学家们认为语言中最严格意义上的任意性只存在于对立体中区别性语音单位里，如 pin 和 bin, fish 和 dish 这样成对的词语。

3. 任意性和规约性

通过以上分析可以得出，语言符号的形式和意义之间的关系是约定俗成的，即是约定性的关系。这里我们不得不看一看任意性的反面，也就是规约性。作为英语学习者我们通常被告知"这是惯用法"，这意味着这是一种约定俗成的说法，即使人们觉得它看起来或是听起来有不合逻辑之处，也不可以做任何改动。任意性使语言有潜在的创造力，而规约性又使学习语言变得艰难和复杂。对外语学习者来说，语言的规约性要比任意性更值得注意。这也说明为什么我们在费力地记忆惯用法时，对语言的任意性浑然不觉，但对语言的规约性却时常感到头疼。

第一章　语言概述

（二）双重性

对于双重性，是这样定义的：By duality is meant the property of having two levels of structures, such that units of the primary level are composed of elements of the secondary level and each of the two levels has its own principles of organization.

它的意思是说"拥有两层结构层次这种特征，上层结构的单位是由底层结构的元素组成的，每层结构又有各自的构成原则"。

语言是一个系统，包含两组结构或者说两个层面。通常来讲，话语的组成元素本身是不传达意义的语音，语音的唯一作用就是相互组合构成有意义的单位。例如，/k:/、/b/ 和 /p/ 这三个音组合起来既可以表示一种鱼，也可以表示一个休闲娱乐的公共场所。也就是说，我们把语音称为底层单位，与词等上层单位相对立，因为底层单位没有意义而上层单位有独立明确的意义。而上层单位在更高层面上又能组合、再组合成无数个句子。这种结构上的双重性或者说语言的双层性使得其使用者能够谈论他们所知道的任何事物。

双重性只存在于这样的系统之中，既有元素又有它们组合所成的单位。其他任何一种动物的交流系统都没有也不可能具有双重性。这是因为，许多动物用特定的声音交际，它们都代表相应的意思。所以，我们说动物交际系统不具备这一人类语言独有的区别性特征——双重性。正因如此，从人类角度来看，动物的交流能力受到很大的限制。

说到双重性，我们就必须注意到语言的层次性。例如，当我们听一门完全不懂的外语时，流利的说话者像是在用持续的语流说话。其实，没有哪一种语言是真正没有间隙的。要表达分离的意思就必须有分离的单位，所以要对一门新的语言解码首先要找到那些单位。音段或音节是最底层的单位，是一个个由多个无意义语音组成的音段，我们称之为音节。

音节（syllable）是话语的最小单位。音节间相结合构成数以千计的语义段，也就是词的组成部分，被称为语素。例如，前缀 trans，后缀 ism 等。有了大量的词，我们就可以联系更多的意义，在此基础上才能组成无数的句子和语篇。

正如鲍林泽和舍尔斯（Bolinger & Sears, 1981）指出的那样："分层———种层次套层次的组织——是'有限的手段作无限使用'的物质体现。这个特征是人类语言最明显的标志性特征，它赋予人类语言以无穷尽的资源。"（Stratification—this organization of levels on levels—is the physical manifestation of the "infinite use of finite means", the trait that most distinguishes human communication and that provides its tremendous resourcefulness.）

现在我们能够理解二重性的优势,它使人类语言具有巨大的能创性。仅用为数不多的几个元素就可以创造出大量不同的单位。例如,一套语音系统(如英语的 48 个语音)可以产生大量的词,运用词又可以产生无穷的句子,句子又可以形成无以数计的语篇。

（三）创造性

语言的创造性,又称为"能产性",是指语言的双重性和递归性使语言有无限的潜力。语言比交通信号灯复杂得多,原因之一是我们可以利用语言产生新的意义。无数的例子可以证明,词语通过新的使用方法能表达新的意思,并能立刻被没有遇到过这种用法的人所理解。这种能力正是使人类语言有别于鸟类语言的原因之一。

但是,如果仅将语言看成是一个交流系统的话,那么语言也就不是人类独有的。我们知道,鸟、蜂、螃蟹、蜘蛛及其他生物都能通过某种方式交流,只是所传达的内容极为有限。语言的创造性部分来源于它的双重性。双重性使得说话者通过组合基本的语言单位就可以创造出无限多的句子,其中的大部分句子说话人可能从没有听过也没有说过。从另一个层面来讲,语言是创造性的,是因为它有潜力产生出无限长的句子。语言的递归性为这种可能性提供了理论基础。例如,我们可以将下面的句子无限地扩展下去。

English is an interesting subject.

I know that English is an interesting subject.

Alice knows that you know that I know that English is an interesting subject.

Is it a fact that Alice knows that you know that I know that English is an interesting subject？

……

汉语也是如此,例如：

我喜欢杂志。

我喜欢简装杂志。

我喜欢印刷精美的简装杂志。

我喜欢厚薄适中、印刷精美的简装杂志。

你知道我喜欢厚薄适中、印刷精美的简装杂志。

我还以为你知道我喜欢厚薄适中、印刷精美的简装杂志呢。

……

由此可见，语言具有创造性，它的使用者可以利用原有的符号建构或解释新的符号。这就是人们能造出并且理解无数的句子的原因，这也包括一些人们以前从未听说过的句子。语言的创造性可以令人们发出从未有人发过的信息，这也就是为什么人们所说的和所听到的很多信息都是第一次说或第一次听到。

（四）移位性

语言的移位性，又可以称为"不受时间控制性"，是指语言既可以描述当前发生的事物，也可以描述之前或者以后发生的事物，它超越了自然事物的阻隔，因此即使距离比较遥远，也能够沟通顺畅。因此我们在交流中可以提及曹操、孔子、孟子、秦始皇，也可以提及北极、南极、北美洲等，这些都是不受时间、空间限制的。

当发生利害关系的时候，大多数的动物都会做出反应，这是刺激的作用。但是人类与动物不同，它并不会受到刺激的控制。蜜蜂的舞蹈动作在某种程度上来说可以展现移位性，因为它能够指代食物的来源，告知伙伴的方位。但是狗就不能告诉其他人后天主人是否在家。可见，语言能够让我们谈及未曾发生或者已经发生的事物或者现象。

从上面可以看出，语言的移位性其实是赋予了想象力和抽象性。词在指代某些具体的事物的时候并不会出现在形象化的语境当中，如果我们谈到并非现在的事物的时候，需要理解这词的"非实体"的概念。

（五）文化传承性

与动物不同，动物的语言信号是遗传下来的，而人类的是教与学获得的，一般需要在文化的环境下进行习得。脱离了语言学习的环境，即使拥有健全的发音器官，也不能发出准确、合适并且美妙的语言。这里有一个特别注明的例子，就是狼孩，狼孩因为从小就和狼生活在一起，因此它丧失了人类的语言，虽然具有人类的器官特征，但是语言就有着人与动物的差别。

三、语言的功能

语言学家主要是从抽象的角度讨论语言的功能，而并没有从语言的应用角度讨论语言的功能,如思考、聊天、读写、买卖、问候、谴责、表扬等。他们对语言的实际功能进行总结,试图对语言的基本功能作统一的概括分类。下面我们来列举两个比较有影响力的语言学家。

韩礼德提出了元语言功能的理论(a theory of metafunctions of language),即语言有概念功能、语篇功能以及人际功能。

(1)概念能力(ideational)。该功能建立了逻辑关系以及经验的模式。

(2)人际功能(interpersonal)。该功能体现了社会关系。

(3)语篇功能(textual)。该功能使语言与语境内容相互关联。

在韩礼德的早期著作中,他通过观察儿童语言发展的情况提出了语言的七种功能,即工具功能(instrumental)、表达功能(representational)、互动功能(interactional)、控制功能(regulatory)、教导功能(heuristic)、自指性功能(personal)和想象功能(imaginative)。

雅格布森(Jacobson)认为,语言和其他的符号系统是一样的,交际是其首要的目的。对于大多数人来说,交际的目的只是为了传达信息,但是雅格布森并不这样认为,他指出交际并不是唯一的目的,甚至也不是主要的目的。他的《语言学与诗学》(Linguistics and Poetics)一书中曾经指出,言语事件包含六项关键要素:发话人(speaker)、受话人(addressee)、语境(context)、信息(message)、语码(code)、接触(contact)。在这六个基本要素之上,雅格布森又建立了一套著名的与六项要素相对应的语言功能。

(1)所指功能(referential),用于传递信息。

(2)诗歌功能(poetic),享受语言本身的乐趣。

(3)感情功能(emotive),用于表达观点、情感和情绪。

(4)意动功能(conative),通过指令或肯定说服或者影响他人。

(5)寒暄功能(phatic),与他人建立关系。

(6)元语言功能(metalingual function),弄清交际意图、词语和意义。

根据图1-1所示,我们可以进一步了解这六种相应的语言功能。

上面的两种功能划分至今都起着重要的意义,下面我们对这些功能进行总结和归纳,并逐一进行说明。

(一)信息功能

信息功能,又称为"概念功能",它被认为是语言的主导功能。语言是思维的工具,人们往往觉得有必要大声讲出他们的思想。另外,语言可以记录事情发生的情况,这是社会发展的前提,因此信息功能的确是语言的一项关键功能。

```
                    语境 context
                    所指功能 referential

发话人 addresser      信息 message        受话人 addressee
感情功能 emotive      诗歌功能 poetic      意动功能 conative
(如:发怒语调)         (如:诗歌)           (如:祈使和呼格)

                    接触 contact
                    寒暄功能 phatic
                    (如:早上好!)

                    语码 code
                    元语言功能 metalingual
                    (如:喂,能听到我说话吗?)
```

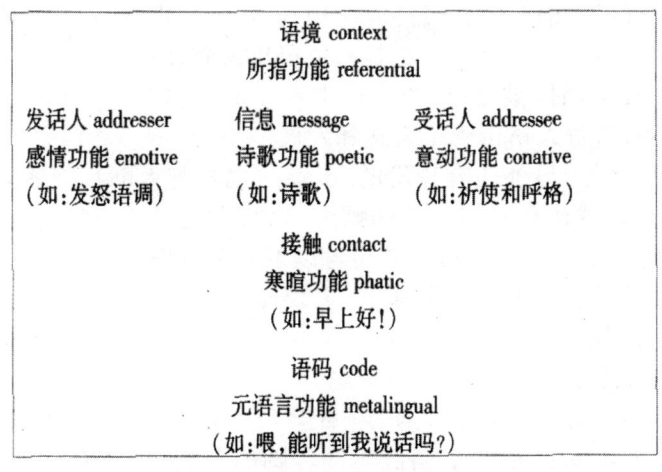

图 1-1　雅格布森的语言功能分类

韩礼德认为,语言是用来表达内容的,而其中的内容就是发话人在真实世界中的一些经验,包括自我意识的内在世界。语言是为这些内容服务的,因此会把与内容相关的这些经验结构化,帮助听话人形成看待事物的方式。所以,如果我们不按照语言提示的常规去做而要另辟蹊径的话,就需要付出大量智力劳动。

(二)施为功能

施为这一概念源自奥斯汀(Austin)和塞尔(Searle)为代表的语言哲学研究。施为功能已成为语用学的支柱性理论。

施为功能主要用于改变人们的社会地位,如婚礼、判刑、婴儿的洗礼等。施为行为使用的一般都是非常正式甚至是程序化的语言。

在某些特殊的或宗教仪式中,施为功能还被用类控制现实世界。例如,在汉语语境中,当有人打碎碗或盘子时,主人或在场者会说"岁岁平安",以此来控制打碎东西带来的力量对自己生活不好的影响。

(三)人际功能

人际功能属于一种社会功能,并且是语言最为重要的社会功能。人与人之间就是依靠这一功能进行构建与维持。人际功能关注的是发话人和听话人的互动关系以及发话人对对方说的话、所写的东西所持的态度。例如,在称呼上,有些话语方式显示了人际关系中的阶层关系,如尊敬的校长、敬爱的女士、你顺从的奴仆等。

韩礼德认为,语言建立维持社会规则,包括由语言本身造成的交际角色,例如提问者与回答者的角色是通过提出或者回答问题来实现的,通过此项功能,社会团体被划分,个人也得到了识别和强调,因为通过人们间的语言互动,自身人格得到了表达和发展……[①]

除称呼之外,另外还有身份的表达,这也是与人际功能密切相关的,比如在观看篮球比赛时观众的呐喊声,公共集会中的口号声等都可以用来表明身份。语言表明身份主要包含以下几个方面。

(1)生理层面,包含性别、年龄、声线等。
(2)心理层面,包含个性、智力、谈吐等。
(3)地域层面,包含方言、口音等。
(4)伦理层面,包含阶级、阶层、社会角色等。

可见,人际功能是一个涵盖非常广阔的范畴,经常会涉及不同的术语,而上面的施为功能以及下面将要介绍的寒暄功能、感情功能等其实都会包含人际功能的某些层面。

(四)寒暄功能

寒暄功能是一种比较常见的人际功能,我们经常会用一些简单的、看似无意义的表述来维持人与人的和谐关系,如"Thanks.""Sorry.""Bless you."等。在日常生活中,有关问候的话语,如"早上好!""下午好!"等,也有表达天气的话语,如"好天气!""坏天气!"等。如果将这些用于实际的交际中,就很容易打开交际的话题。但是同样的寒暄语在不同的文化中使用的话题方式也是不一样的,一般中国人喜欢放在最开始,美国人习惯在交谈中进行穿插。中非的布隆迪妇女一般在离开之前会说:"我现在要回家了,否则丈夫会揍我。"或许中国人听起来不太习惯,但是这是用一种幽默、诙谐的形式来进行回答。可见,寒暄功能是有助于维持人际关系的,常用的寒暄话语有行话、方言、玩笑、俚语等。因此,在以后的学习中,应该对这一点要多加重视,有助于跨文化交际。

(五)情感功能

根据调查显示,尽管在多数情况下语言使用是用来传达信息,但它在口头交际中所占的比例仅为20%左右(Nida,1998)。情感功能是语言最

[①] 胡壮麟.语言学教程(第3版)[M].北京:北京大学出版社,2007:9.

有用的功能之一,因为它能够左右听众的情绪,在改变听者对某人、某物的态度上有着关键的作用。大卫·克里斯托(David Crystal,1992)认为,语言是我们面临压力时释放紧张情绪的方式之一。如誓言、猥亵之词、对艺术或美景发出的不自觉的感叹;习惯性话语,如上帝、天哪、该死、哦、好美的景色等。

情感功能在表达功能(expressive function)中也有所讨论。表达功能可以完全是个人化而不掺入任何与他人的交际。例如,一个人不小心被锤子砸到了手指,会喊"哎哟";当某人意识到自己忘掉一个约会,会不自觉地咒骂自己。类似 Man(天哪)!Oh boy(我的妈呀)!And hurrah(好哇)!这些感叹词一般不是用来和别人交流的,完全是个人对自身感觉的一个反应。这样的表达感情的语言还可以是一群人的相互反应,他们想通过这样做来巩固相互的言语表达以显示他们的团结。

(六)娱乐功能

娱乐功能应用的范围是比较小的,因此常常被忽略,但是并不能否认语言的这一功能存在的意义,如婴儿时期的牙牙学语。当你观察孩子玩耍的时候,就会发现声音的力量,有时候他们的歌谣其实是没有任何意义的,但是就是为了表达他们在游戏中的快乐,用语言的节奏来控制玩耍的节奏,孩子也可以获得很大的乐趣。

还有一种就是歌曲或者歌剧吟唱,也是最好体现语言的娱乐功能。在中国的少数民族,对歌是比较常见的,一名歌者以短歌开头,然后另一方就会运用相同或者相似的韵律或者节奏进行吟唱,相当于一问一答的形式,而且这种对歌一般持续的时间是相当长的,这就是为了娱乐。

(七)元语言功能

语言也可以被用来讨论语言本身,我们可以用"书"一词来谈论一本书,我们也可以用"书"一词来谈论"书"这个语言符号。为了把书面文本组织成一个连贯的整体,作者一般会采用特定的语言来告诉读者将要发生什么。例如:

The lion chased the unicorn all around the town.
狮子追着镇周围的独角兽。
All around the town the lion chased the unicorn.
在镇周围狮子追着独角兽。

第一个句子在告诉读者狮子在哪儿,第二个句子告诉读者狮子在做什么,这种顺序的变化就改变了句子的意义。这就是元语言功能,和系统功能语法中的主位功能相吻合。

第二章 语言学概述

语言学对什么是语言、语言使用的相关要素等问题进行了解释,可以帮助人们清晰了解与把握语言的本质,明白语言到底是什么。对语言学进行研究与学习,不仅是语言学家应该考虑的事情,也是外语研究者、教育工作者考虑的事情。因此,本章就从语言学的界定、发展、分类以及与相关学科的关系入手探讨什么是语言学。

第一节 语言学的界定

什么是语言学?关于语言学的定义,通常被定义为:
Linguistics is generally defined as the science of language, alternatively, as the scientific study of language.[1]
语言学是一门与语言相关的科学,或者是对语言的科学研究。

这一定义实际上是以人类语言作为研究的对象,并回答了两个基本的问题:什么是语言以及语言如何运作。除此之外,语言学也研究了其他与语言相关的问题,如语际之间的差别有多大,语言之间是否有共性,使语言发生变化的因素是什么,社会阶级的差异体现在语言上的程度是怎样的,孩子如何习得语言等。可见,这是一个既丰富又十分有趣的领域。

但是关于语言学是一门科学这个论断曾经引起了不少的争议,尤其在语言学形成之初。但是现在这些争议已经不复存在,因为语言学已经成为人类学与社会科学的主要学科之一。语言学是一门被公认的学科,它有着巨大的研究潜力,犹如一座工厂,每年都会产出数量巨大的论文、专著或者文章等。

从上述论断中,不难看出我们对于语言学的研究蓬勃发展是有理由

---

[1] 廖美珍.语言学教程(修订版)精读精解[M].成都:西南交通大学出版社,2009:13.

的。传统的语言学又被称为语文学,它探索的是古代文献以及书面语;现代的语言学则探讨的是当代语言以及口语。因此,现代语言学是一门独立的学科。它不仅对个人重要,对人类社会也是非常重要的。由于现代语言学本身有着其复杂的层面,因此很多国内外学者也专于其研究。而这种关注产生了各种具有应用价值的研究,如教育、言语矫治、翻译技巧等。另外,语言学还具有理论研究的价值。例如,索绪尔(Saussure)的结构主义理论就影响到了与之相关的其他社会学科(如文学研究、社会研究等)。就中国来说,对于语言的研究历史是相对比较久远的,但是现代语言学的研究还需要一个相当长的时期。

作为一门独立的学科,语言学目前已经拥有了自身的理论、分支以及方法,这在后边的章节中会有论述。同时,在研究语料的方面,关于之前的创设语料库还是凭借直觉的争论已经淡化,因为这两种理论都有其自身的优势。随着计算机技术的不断发展,语料库语言学也飞速发展。20世纪70年代,著名语言学家莱昂斯(Lyons)明确指出:语言学是经验性的而不是直觉的或者是猜想的,语言学的研究必须要经过观察和实验。因此,我们现在期待着更多关于语言学的研究来进行补充和细化。

第二节 语言学的发展

一、五大阶段

所谓五大阶段,指的是语文学、历史比较语言学、结构主义语言学、形式语言学、交叉语言学。

(一)语文学研究

语文学是一门对古文献、古书面语进行研究的学问。众所周知,文字的发明标志着人类逐渐进入文明时代,千百年以来,人类祖先用文字留下了很多古文献。但是,随着时代的变迁,后人阅读这些古文献非常困难,这就需要有专门的人对其进行注解,目的是让后人能够读懂这些文献。

古印度、古希腊与古罗马、古中国被认为是语文学的三大源头。公元前4世纪,古印度学者巴尼尼对梵语诗歌集《吠陀》进行了整理和注解,并总结出了《梵语语法》。古希腊学者亚里士塔尔库斯对《荷马史诗》进行整理与编辑,其学生狄奥尼修斯·特拉克斯写出了《希腊语法》这一权威文献。在这些经验的基础上,古罗马学者瓦罗与多纳图斯继续研究拉丁语,瓦罗的《论拉丁语》被认为是一本权威著作,多纳图斯的《语法术》长期被当作标准课本。古中国的语文学研究非常独特,中国对文字十分考究,自秦朝以来,虽然有着纷繁复杂的方言,但是文字基本上是统一的,要想对古文献进行考究,必须围绕汉字的音形义展开,因此就诞生了文字学、音韵学、训诂学等,出现了很多相关的著作,如《说文解字》《广韵》《尔雅》等。

(二)历史比较语言学研究

19世纪初期,西方语言学者开始采用历史比较法对语言本身加以研究,并产生了"历史比较语言学",早期称为"比较语法"。英国人威廉·琼斯(Willian Jones)最早发现了希腊语、梵语、拉丁语存在极大的现实性,因此就提出了"印欧语假设"这一论断,且这一论断逐渐成为历史比较语言学的先驱。德国著名的学者施列格尔(F. von Schlegel)也认识到梵语与欧洲许多语言存在相似,因此提出"比较语法",被认为是历史比较语言学的奠基者。之后,很多学者也基于此进行了研究,并建立了一套历史比较方法,能够探索出不同语言之间存在的亲属关系。

这些学者的研究使得语言学摆脱了传统的束缚,并成为一门独立的学科,也为普通语言学的研究奠定了基础。19世纪中期,普通语言学诞生,其主要从理论上对人类语言的一般规律加以研究。其中德国著名学者洪堡特(Humboldt)是普通语言学的奠基者,其很多观点被后代学者继承。索绪尔是"现代语言学之父",他的学生对他的语言学观点进行了总结,写出了《普通语言学教程》一书,该书起着划时代的意义。

(三)结构主义语言学研究

索绪尔是结构主义语言学的鼻祖。他认为,语言学领域存在两种语言学,一种是语言的语言学,另一种是言语的语言学,这在之前已经做过论述,这里就不再多加赘述。同时,他认为语言本质上属于一种符号体系,语言学就是对这一符号体系加以研究,探究其内部结构的过程。

受索绪尔的影响,心里社会学派与结构主义语言学派两大学派诞生。前者以梅耶(Meilet)、巴利(Bally)为代表,认为语言是社会事实与心理现象的结合。后者分为三大派别:以雅各布逊(Jakobson)为代表的布拉格学派、以布龙达尔(Brondal)为代表的哥本哈根学派、以博厄斯(Boas)为代表的美国学派。布拉格学派强调索绪尔提出的语言社会观,重视从社会的视角研究语言,发挥语言的社会功能,从而在音位、音位区别层面做出了重大贡献,因此又可以称为"功能派"。哥本哈根学派强调索绪尔提出的语言符号说,并将其发展到极端,认为语言是一种由内容与表达构成的符号,这一符号并不依赖于语音,也不依赖于现实世界,因此哥本哈根学派的研究并不是对语言结构的研究,而是对抽象的关系结构的研究。美国学派着重于对实际语言的记录与描写,他们对于语言的意义是非常排斥的。他们注重描写中的分布,并在此基础上对语言单位进行切分与组合,因此又可以将美国学派称为"描写派"。

(四)形式语言学派研究

结构主义语言学存在几十年,直到 20 世纪 50 年代中期,转换生成语法的产生,才打破了结构主义语言学称霸的局面。著名学者乔姆斯基创立了转换生成语法。在乔姆斯基看来,对语言进行描写与分析的目的并不是在于对语言加以分类,而是为语言建构一种理论,研究人的语言的生成,即如何运用有限的成分、有限的规则生成无限的句子。

乔姆斯基的目标是建构一个能够产生所有句子的语法系统,其包含两大层面:生成、转换。

生成规则又包含两类:一类是短语结构规则,另一类是词汇插入规则。短语结构规则用一套符号来表达,如 S → NP + VP,NP → D + N,VP → V + NP 等。例如,"The boy posted the letter."这句话可以表示为图 2-1。

词汇插入规则是合格句子得以生成的保障,即限制一个句子中的各个成分。例如,上例中的 posted 这个词之前的名词一定是生物名词,即人。如果不是生物名词,那么这个句子必然是不合格句子。例如,我们不能说"石块寄信""书本寄信"等。

转换主要是对句子结构、句子形式所进行的转换。在初期的研究中,乔姆斯基对核心句子与非核心句子之间进行转换,如肯定句与否定句之间的转换等。随着研究的深入,乔姆斯基又提出表层结构与深层结构的转换。

在生成与转换中,乔姆斯基都采用了形式表达,因此乔姆斯基的转换生成语言学又可以称为"形式语言学"。就语义层面来说,乔姆斯基的形式语言学经历了四个阶段。

```
                    ┌─────┐
                    │  S  │
                    └──┬──┘
              ┌────────┴────────┐
           ┌──┴──┐           ┌──┴──┐
           │ NP  │           │ VP  │
           └──┬──┘           └──┬──┘
          ┌───┴───┐          ┌──┴────┐
        ┌─┴─┐  ┌──┴──┐    ┌──┴┐   ┌──┴──┐
        │ D │  │     │    │ V │   │ NP  │
        └───┘  └─────┘    └───┘   └──┬──┘
                                  ┌──┴──┐
                                ┌─┴─┐ ┌─┴─┐
                                │ D │ │ N │
                                └───┘ └───┘
```

The　　　　　　　　　　　boy posted the　　letter

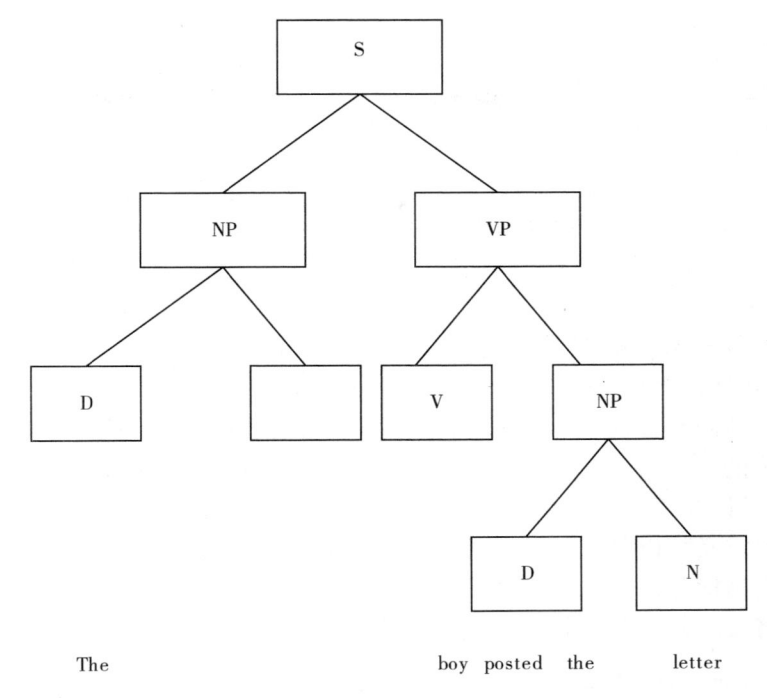

图 2-1　"The boy posted the letter."的分解图示

（资料来源：岑运强，2015）

1. 经典理论阶段

语法包括三大组成部分。

其一，短语结构，由很多 A → B + C 的改写规则而构成的。

其二，转换结构，指一系列的转换规则，且每一条规则都包含两个步骤：一是分析；二是变化。

其三，形态音位，其由形态音位规则构成，当然也可以称为一系列的改写规则。

在这一阶段，乔姆斯基认为语法学有着自己的系统，不能将"有意义"与"合乎语法"这两个概念进行等同，音位二者有着本质的区别。

2. 标准理论阶段

随着语法研究更加深入，经典理论逐渐显露出自身的缺陷。因为从表面上看很多句子是合格的句子，但是在语义上并不合格，甚至解释不通。因此，乔姆斯基经过慎重的考量，将语义关系融入语法研究中。具体而言，标准理论的模式可以用图 2-2 表示出来。

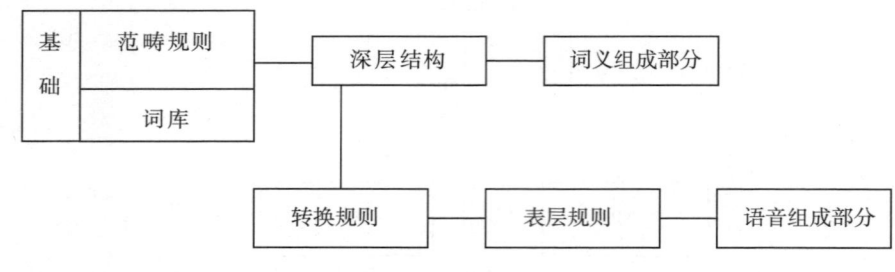

```
┌──┬────────┐
│基 │ 范畴规则 │──→┌──────┐    ┌──────────┐
│础 ├────────┤   │深层结构│──→│词义组成部分│
│  │  词库  │──→└──────┘    └──────────┘
└──┴────────┘        │
                     ↓
              ┌──────┐    ┌──────┐    ┌──────────┐
              │转换规则│──→│表层规则│──→│语音组成部分│
              └──────┘    └──────┘    └──────────┘
```

图 2-2 标准理论模式

（资料来源：刘颖，2014）

乔姆斯基的标准理论包含三个部分，即句法、语义与语音。其中句法部分有基础与转换两个部分，基础又有范畴与词库两个部分。句法部分对句子的结构进行了规定，分为表层与深层两大结构，前者输入语音部分，通过语音规则对语义加以传达，后者输入语义部分，通过语义规则对句子的意义加以传达。转换对语义并不会产生什么影响，通过转换获得的表层结构与语义之间也并不存在什么关联性，但是深层结构能够将所有的语义信息呈现出来。

3. 扩充式标准理论阶段

从上述的表述中可知，乔姆斯基的标准理论将深层结构与语义相关联，指出表层结构与语义没什么关系。但是，在下面的表述中，表层结构却能够对语义产生影响，甚至转换也会在某种程度上改变语义。

第一，否定词顺序、逻辑量词顺序会影响语义。

第二，译文转换会影响语义。

第三，转换对句子的语义会造成变化。

第四，only，even 等词在句子表层结构的位置不同，语义也会随之发生相应的改变。

因此，乔姆斯基将标准理论进行了完善，形成了"扩充式标准理论"。

4. 管辖与约束理论阶段

对于上述乔姆斯基的解释，很多人提出了问题，因此乔姆斯基又深入研究语法，提出了"管辖与约束理论"。在这一阶段，乔姆斯基认为，语法是组合的，可以对语法进行划分，这可以从两大系统来考量。

就规则系统来说，词库规则系统主要用于说明词项的特征，如它的语音特征、形态特征、语义特征等，当然其中还涉及两大规则——构词与冗余。在句法上，句法包含两个部分，就是基础与转换，前者就是短语结构规则的采用，后者是 X 价系统。

就原则系统来说,乔姆斯基将其重心放置于此,其包含很多理论,如上面说的 X 价系统、约束理论、管辖理论、格理论等。

他的这些学说适合计算机的运用,也克服了结构主义语言学只注重表层结构的弊端,但是其也脱离了社会语境,因此也存在缺点。

(五)交叉语言学研究

随着社会的进步与发展,语言学与自然科学、社会科学等紧密联系在一起,它们彼此相互渗透,形成一些交叉性学科。例如,语言学与社会科学相融合,形成社会语言学;语言学与心理学融合,形成心理语言学;语言学与人类学融合,形成人类语言学等。

当前,人们不仅对微观语言学予以重视,对宏观语言学也加以重视,我们已经进入了一个交叉学科研究的时代。

二、两条路线

所谓两条路线,是指"整齐论"与"参差论"之间展开的斗争。

(一)上古时期的两线斗争

围绕"名与实"的问题,西方与东方几乎同时出现了两线斗争。

在西方,约公元前 469—399 年,苏格拉底的两个学生赫尔摩根与克拉底洛展开第一次争论,赫尔摩根提出"约定论",即名由人来定;克拉底洛提出"本质论",即名与实相应。苏格拉底先支持了"本质论",后又支持"约定论",第二次争论要长于第一次争论。

之后,亚里士多德等人支持"约定论",并提出相应的"类比论",实际上都属于"整齐论",即注重规则与类似;而斯多葛学派则支持"本质论",并提出"不规则论",实际上都属于"参差论",即注重不规则与驳杂。

在我国,关于"名与实"的争论更早,可以追溯到孔子、老子、墨子时期,且各家的争论也有很多。

(二)中古时期的两线斗争

七八世纪巴施拉学派与苦法学派的争论。在古希腊,巴施拉与苦法为两大著名城市,巴施拉学派强调古典阿拉伯语法,强调语言的严谨与整齐;苦法学派着重对游牧部落语言的研究,强调语言的参差差异。

十三四世纪的摩迪斯泰学派与普利西安语法学派的争论。摩迪斯泰学派强调于对理论的研究,注重程式化,未考虑语言使用情境。普利西安语法学派强调对语言材料的研究,立足于文学文献,注重语言的实际运用。

(三)近古时期的两线斗争

17世纪的唯理论学派与经验主义学派间的争论。唯理论学派认为语言是思想的表现,而思想是普遍性的,因此语言的语法也必然具有普遍性。在唯理论学派看来,语言是人的天赋,是人类理性的呈现,对语言的研究要从语言内部出发。经验主义学派认为人类的一切知识都是从外部感官印象而来,并不是理性的呈现,而是外部感官的呈现。

(四)现当代时期的两线斗争

现当代时期的两线斗争表现在"谱系论"与"波浪说"之间的争论。"谱系论"学派认为,世界上存在不同语系,每一个语系必然存在其原始的语言,从原始语言这一树根出发,其他同系语言诞生并生出枝丫。因此,每一种语系就构成了一株谱系树。"波浪说"学派认为,语言之间的关系并不是如同树干与树枝那样,只要语言与其他语言进行接触,就会形成波浪式关系。

除了"谱系论"与"波浪说",还有青年语法学派与方言地理学派之间的争论。青年语法学派认为,语言规律没有例外情况,这是"整齐论"的精神体现。但方言地理学派则认为,每一个词都有着自己的历史,其观点与语言规律没有例外这一观点是对立的。

总而言之,"整齐论"强调语言的、内部的、共时语言,"参差论"强调语言的文化性与民族性。前者是一种偏向超理论、超社会、超形式的语言的语言学,是一种整体的、相对静态的内部语言学;后者侧重功能的、社会的言语的语言学,是一种不规则的、相对动态的外部语言学。前者善于运用公式法与推理法研究语言,后者善于运用调查法与统计法研究语言。

三、三次解放

在对语言学历史总结的基础上,吕叔湘指出语言学的历史最初是为读古代书籍、学习写作服务的。

到了19世纪中期,历史教学的兴起使得语言学得到第一次解放,从而寻求新的语言规律。但是这时,语言学仍旧被认为是历史科学的一个分支。

到了 20 世纪初期,以索绪尔为代表的学者强调从语言本身来研究语言,因此使得语言学得到了第二次解放。这一观点延续了半个多世纪,很多学者和流派也都从语言本身来研究语言,从而探讨语言的规律性。

20 世纪 50 年代之后,一些学者不满足于将语言本身作为研究,而是指出应该将语言作为一种社会现象来研究,因此使得语言学得到了第三次解放,这在 20 世纪 60 年代表现得更为明显。

第三节　语言学的分类

一、根据研究方法划分

根据研究方法的不同,语言学可分为历时语言学和共时语言学,二者是由索绪尔提出的。

历时语言学主要研究语言随着时间的前进而产生的发展和演变,是动态的、不稳定的;共时语言学主要研究在某一个特定时段下语言的状态,是静态的、稳定的。语言学家对语言进行静态研究时也要考虑到历史的演变,也就是说,共时语言学的背后有历时语言学的影子。若要将语言放在历史演变的角度下进行动态研究,就需要知道语言在一个共时平面下的状态,即历时语言学需要共时语言学提供素材,需要研究共时语言学中存在的现象。遗憾的是,很多语言学资料被淹没在了历史的长河中,后辈们需要运用一定的技能和特别的方法才能推断出这些语言资料的来龙去脉。因此,历时语言学与共时语言学相互联系、相互制约。单单从共时的角度或者历时的角度看,很难看到语言的全貌,也就难以发现语言发展变化的规律性,所以需要将两种研究相互结合。

二、根据研究范畴划分

根据研究范畴的不同,语言学分为微观语言学与宏观语言学。

微观语言学研究语言系统内部的具体问题,如语音系统、语法范畴、语义系统等,因而从微观的角度可以把语音分为发声语音学、听觉语音学和声学语音学。

与之对应的是,宏观语言学是研究如何建构人类语言的系统模型,从而解释语言的运行机制。人类语言学、社会语言学、心理语言学和计算语言学等都属于宏观语言学。其中,人类语言学始于20世纪初期,是凭借语言学和人类学的研究方法,研究语言结构和社会文化结构之间的关系。社会语言学是指运用语言学和社会学的研究方法,从社会科学的不同角度探索语言的社会本质的一门学科。心理语言学是研究语言交际和人类心理活动的学科,它涉及如何运用语言系统以及为了运用该系统需要的知识储备。计算语言学是研究如何运用计算机技术来分析、处理人类社会中自然形成的语言的一门学科。

三、根据研究范围划分

根据研究范围划分,语言学分为个别语言学和普通语言学。

个别语言学是对某一个具体语言进行研究,如对英语进行研究的语言学叫英语语言学,对日语进行研究的语言学叫日语语言学。

普通语言学是对人类语言的共性进行研究。普通语言学可以指导个别语言学的研究,而个别语言学的详细研究又为普通语言学提供了丰富的理论素材。

四、根据研究层面划分

理论语言学和应用语言学是相互对应的一组概念。语言研究有多种范畴,有理论层面的,有应用层面的。

理论语言学主要侧重在发现语言现象背后的一般规律,从而揭示语言发展变化的机制。理论语言学关注的是语言的内部结构。理论语言学包括普通语言学、语言哲学等。

应用语言学是研究如何将语言运用到实际生活的方方面面。应用语言学关注的是语言的应用问题,如语言教学法的问题、语言与社会的关系问题、语言政策的问题等。应用语言学包括计算语言学、神经语言学、教育语言学等。

第四节 语言学与其他学科的关系

一、语言学和认知科学

语言是一种心理符号,因此它与人的心智开发有密切联系。而认知科学就是研究人脑或心智工作机制的一门新兴学科,所以语言其实是认知科学探索的重要内容。如果不和认知科学相结合,语言学是无法进行深入研究的。因此,在20世纪,语言学和认知科学进行交叉形成了认知语言学,它认为语言必须从心智层面进行解释。由此可见,认知语言学的存在是必然而且合理的。

二、语言学和信息科学

有人说,语言的本质是人类的交际工具,那也意味着语言携带着诸多信息。而信息科学是研究信息的获取、传递、加工及应用的一门综合性科学。因此,语言如何传递信息、使用不同语言的人们如何进行互动交流、智能化的机器如何与人类沟通、人类如何传递有效信息等一系列问题无疑带给语言学家和信息科学家大量的思考。机器翻译技术、人工智能技术、语言信息处理技术、网络与多媒体技术等正成为人们研究的问题。可以想象,随着社会文明程度的提高,语言学与信息科学的结合也并非空中楼阁。

三、语言学与教育学

关于语言是如何产生、发展和运行的,语言学界仍存在着不同结论。并且人和人之间也具有差异性。这就带给语言教学工作者一个思考的问题:语言教学到底该如何开展?可是,无论是语言的先天主义者还是后天主义者,都不得不承认第一语言和第二语言的学习都是一个循序渐进的过程。人类也具有普遍性。因此,作为语言教学工作者,必须既要了解语言运行的普遍规律,又要掌握人类发展阶段的规律性,才能有的放矢,选择科学合理的语言教学方法。相应地也就出现了语言学习理论和教学理论的研究,如外语教学法、二语习得等领域。

四、语言学与社会学

社会语言学(Sociolinguistics)是应用语言学的重要分支,是20世纪50年代才兴起的一门较年轻的学科。所以,关于社会语言学的性质、特点、研究内容等,语言学家和社会学家还没有形成统一的认识。

(一)社会语言学的性质

英国语言学家戴维·克利斯特尔(David Crystal)指出,作为语言学的分支之一,社会语言学主要对语言和社会的各种关系进行研究。其主要研究社会集团语言是否具有同一性、社会对语言是怎样的态度、语言采用哪些标准与非标准形式等。

美国社会语言学家罗杰·夏伊(Roger W. Shuy)指出,社会语言学是语言与社会交叉形成的一个复杂领域。他指出,社会学、语言学和教育方面的研究都属于社会语言学。

在讨论社会语言学时通常会论及语言学、社会学。有学者认为二者是不同的,认为虽然都是对语言学与社会学二者的关系进行论述,但是重点是探讨语言如何在交际中发挥作用,语言社会学则倾向通过对语言的研究来了解社会结构。

(二)社会语言学的研究范畴

社会语言学的研究范围有微观和宏观之分。微观社会语言学又称"小社会语言学",其以语言为出发点,研究语言的社会性变异,探讨社会因素对语言的影响,考查语言变异发生的原因和规律等。宏观社会语言学又称"大社会语言学",其以社会为出发点,研究社会中的语言文体,探讨语言在社会组织中所发挥的功能。实际上,二者并不是相互对立的,而是相通的。

1. 微观社会语言学

语言总是处于不断的变化当中。语言的变化有两种,一种是语言作为一个有机体而自发进行的自我调适行为,属于客观的、语言结构内部的变化,称为"内部变化"。另一种是因语言结构外的社会因素引发的变化,是社会中的某些"言语共同体"为区别其自身的社会特征而主观产生的变化,称为"外部变化",又称"变异",而变异的结果是"社会方言"。微观语言学就是研究语言变异和导致变异的社会因素之间的关系,揭示变异的规律,寻找导致语言变异的社会参数。

微观社会语言学常采用统计的方法和概率的模式来描写变异现象。引发语言变异的社会参与包括性别、年龄、阶级、城乡、教育程度、职业等社会变项。基于这些变相,微观社会语言学主要包含以下内容。

其一,语言的性别变体。性别变体是指因社会性别的不同形成的语

第二章 语言学概述

言变体。社会中的男性和女性因为生理、心理以及社会等方面的不同,在语言习得、语言能力和语言运用上呈现出一定的差别。通常,女性的语言能力要比男性强,身份意识很强,关心语言的形式,注重语言的清晰性和规范性,用词比较文雅,表达比较委婉,常用声调和疑问句。相比较而言,男性更注重言语的内容,常使用非标准化的语言形式,表达率直、肯定、粗犷,常用降调和祈使句。在对语言运用的态度上,男性和女性的态度也截然不同。从社会的角度来讲,由性别差异形成的语言变体,对男性和女性的社会地位有着直接的反映,即男性处于社会主导地位,女性处于社会从属地位。

其二,语言的年龄变体。年龄变体是指因年龄差异形成的语言变体,如儿童、青年、中年、老年等语言的差异。很明显,不同年龄的人的话语有很大不同,所以语言的年龄差异实际上是语言在时间上的差异,体现的是语言在同一时代不同年龄层面上语言的渐变。语言的年龄差异有大有小,这主要受时间和地点差异的影响。社会变化越快,语言年龄差异就越大。语言年龄差异最明显的是词汇,其次是语音和语法。通常,年龄相差越大,语言差异就越大,而年龄越大语言越稳定,青少年往往追求语言的标新立异,是语言变异的先驱。

其三,语言的阶级变体。阶级变体是从社会阶级角度划分的社会方言。因社会身份、经济地位、从事的职业、教育程度等的不同,社会分为了不同的阶层,不同阶层的人们所使用的语言有着不同的特点,形成了不同的语言变体。例如,日本的德川时代,社会分为士、农、工、商四个不同的阶层,每个阶层的人们都使用不同于其他阶层的语体。

其四,语言的地域变体。地域变体是从社会地理角度划分的社会方言,包括城市与乡村社会方言的差异以及因某些地域原因产生的语言变体。城、乡语言的发展演变速度是不平衡的,城市语言变化快,乡村语言变化慢。例如,就"医生"这一称呼而言,在湖北省武汉市叫"医生",在鄂南农村多叫"郎中"。"医生"是近现代西方医学传入中国后对行医者的规范称呼,而"郎中"则源自宋元以来南方汉语中对中医的称呼。不同的称呼反映出了不同的社会环境和历史文化背景。

其五,语言的职业、集团变体。职业变体是从社会分工的角度划分的社会方言,具体是指在某个专业领域所使用的符合本领域特点的语言形式,多是词汇形式的变异。职业变体主要包括术语和行话。具体而言,术语和行话是职业或专门领域为准确表达和有效沟通所使用的语言形式。

2. 宏观社会语言学

宏观社会语言学是从社会学、人类学、心理学、历史学、地理学、哲学等其他社会学科的角度研究语言与社会的关系。宏观社会语言学侧重研究语言的社会功能,具有很强的解决社会现实问题的应用性,其常采用定性的、阐述性的研究方法。

宏观社会语言学研究的内容主要包含以下四个方面。

其一,社会学的社会语言学。社会学的社会语言学主要研究语言与社会的宏观战略性问题,如一个国家或地区为实施语言文字的行政管理所制定的法律法规和宏观的规范、措施。具体而言,国家的官方语言、国家语言的确立,文字的改革,语言的规范化,多语言社会标准语言与方言的关系,国家与研究教育政策等都属于宏观社会语言学研究的内容。其研究成果主要应用于国家、政府的语言决策和建设。

其二,文化学的社会语言学。文化学的社会语言学主要研究语言与文化之间的关系。其具体研究内容包括因文化交流而产生的外来词、洋泾浜语、混合语,语言对文化的影响和制约,语言的禁忌和崇拜、亲属称谓的文化人类学研究,人名、地名的历史文化内涵等。

其三,民族学的社会语言学。民族学的社会语言学的主要研究内容包括立足于少数民族母语的双语教育,少数民族语言与主要民族语言的相互影响,少数民族母语的价值与维护,少数民族成分的语言识别,少数民族文化的推广和翻译等。

其四,语用学的社会语言学。语用学的社会语言学以不同语域和语体的言语活动为研究对象,研究语言的功能变体和语言转换,也就是研究言语交际的原则、策略、会话结构和风格等。具体包括语域变体、语体变体、会话分析等。

五、语言学与心理学

心理语言学主要是研究语言和心理的,是一门只有几十年历史的边缘学科。所以,心理语言学的诞生是语言学和心理学发展的结果。

(一)心理语言学的性质

从广义上来讲,心理语言学是从心理角度研究语言的一门学科。
岑运强认为心理语言学是语言学,而不是心理学。
朱曼殊认为,心理语言学是研究语言的心理过程的学科。

从狭义上来讲,心理语言学是研究语言与大脑的关系,即研究语言行为和行为发生时的心理过程的科学。

桂诗春认为心理语言学是用以考察语言习得、学习和使用的心理机制及心理过程的一门新兴学科。

可见,心理语言学是一门交叉学科,它的研究会对很多学科产生影响,如语言学、心理学、社会学、神经学、教育学、社会语言学、计算机科学等,同时这些学科的研究成果都可应用于心理语言学中。近年来,心理语言学在我国的外语教学中广泛运用。

(二)心理语言学的研究范畴

朱曼殊认为,心理语言学的研究对象是语言的心理过程,即个体语言活动的心理过程,主要包括语言的产生和理解以及儿童的语言获得。

岑运强指出,心理语言学的研究范围有语言习得、语言和思维的关系问题、语言的辨识与语言的产生以及语言的生物基础。

桂诗春认为,心理语言学综合运用语言学和心理学的理论和实验方法来研究语言的习得、学习和使用的心理过程。

靳洪刚认为,心理语言学研究的主题包括语言处理过程、大脑中潜在的语言知识、语言发展及获得过程。

彭聃龄指出,语言心理学的研究范围很广泛,主要包括语言的性质、语言的感知与理解、语言的生成、儿童语言的获得与发展、语言心理学的应用。

整体而言,心理语言学是以语言习得和使用的心理过程为主要研究对象的。这一特点将心理语言学与以研究结构为目标的理论语言学和以研究功能为目标的社会语言学区别开来。

六、语言学与神经学

神经语言学(Neurolingustics)是一门与心理学、神经分析学、生物学等多种学科相关的交叉学科,是研究语言的重要手段之一。它运用神经科学和语言学中的一些方法和理论来研究语言的生成机制,对语言的感知、处理和习得等各层次神经系统进行分析。无论从理论还是实践上,神经语言学都对现代语言学有着重要的贡献。

（一）神经语言学的性质

神经语言学的定义有狭义与广义之分。狭义上,神经语言学是由多个学科相互交叉、相互促进形成的一门边缘学科,它用神经科学的方法研究言语生成、言语理解、语言习得、语言掌握的神经机制和心理机制,分析人类大脑如何接受、储存、加工和提取有效信息,探索人类学习和使用语言的神经学基础。广义上,神经语言学涉及神经生理和医学科学、计算机科学领域的人工智能、哲学领域的逻辑生成等多个学科,但不仅仅是这些学科的简单相加,而是运用这些学科的方法来研究自然语言与大脑神经的关系。简单来讲,微观上的神经语言学研究人类大脑中的神经心理活动,宏观上的神经语言学研究作为人类重要社会活动的言语行为。

神经语言学最终要探索的是语言与意识的起源问题,以及语言与意识的关系和活动规则等问题。语言学家卡普兰(Caplan)指出,将语言结构、语言习得和语言运用理论中的各种术语与神经结构和功能的理论中的术语联系在一起,两种理论在概念上是一致的,在经验上也是相互联系。这就说明,无论是依据语言学的理论,用神经科学的方法进行验证,还是依据神经科学对语言活动现象提出假设,通过语言学理论得出结论,神经语言学都是为现代语言学研究奠定坚实基础的自然科学基础。

西方语言学家认为,认识和揭示人类自然语言存在的本质,是神经语言学研究的重要成果。此外,神经语言学还在很多领域发挥着重要的实践作用,如语言教学、外语教学、失语症治疗等领域。神经语言学不仅在理论上对现代语言学的贡献卓越,而且在语言学的应用上也发挥着关键作用。语言的研究十分困难,人类的大脑更是复杂,而神经语言学就是研究这复杂的两方面的关系,其难度是不言而喻的。但是,正是因为神经语言学不断地探索未知的世界,而且具有重要的理论意义和实用价值,所以备受语言学界的关注和重视。

神经语言学作为一门独立的学科建立的时间虽然并不长,不过几十年,但其产生的历史背景是十分久远的。最早可追溯至公元前,古希腊哲学家亚里士多德在其著作《灵魂论及其他》中提到了各种各样的感觉形式与这些形式对于知觉的作用,尽管没有明确指出语言和神经的概念,但也是最早对大脑与语言关系的论述。亚里士多德对所有可感知的精神活动进行了分类,细分出多种思维与判断的功能,使人们在大脑中对这些功能有所印象,不至于混淆它们的概念。继亚里士多德之后,有很多的哲学家和语言学家开始对语言以及人类的诸多活动进行分析。

第二章　语言学概述

公元4世纪左右,哲学家尼梅希(Nemesius)在《论人性》中论述了语言和大脑、感觉、记忆、思考的关系的问题。并在总结前人理论的基础上创造了脑室学说,这一理论在文艺复兴之前一直都是研究大脑与语言关系的基础学说。

17世纪后期至18世纪前期,有学者将研究的视角转向分析人类大脑内部的精神和灵魂,最具代表性的人物是英国笛卡尔(Descartes)。他提出松果腺位于大脑底层中央,它是一个具有最完善机能的腺体。松果腺可以通过各种条件反射进行相关活动,笛卡尔称其为"大脑的灵魂部位"。之后,斯波兹海姆(Spurzheim)在总结前人理论的基础上,提出了完整的颅相学,开始对大脑器官的心理过程进行描述。

19世纪中叶之后,众多的神经心理学家、神经医生以及神经病学家开始对脑部的行为进行临床分析。他们不仅在探索的内容上研究得更加细致,在研究方法上也由过去的单纯性推测转向实际的病变研究。其中,最具代表性的人物是法国著名神经解剖学家布洛卡(Broca)和德国神经病理学家韦尼克(Wernicke)。布洛卡于1865年发表一篇题目为"我们用大脑左半球说话"的论文,这篇论文可以说是脑功能研究历史上的一座里程碑。韦尼克多年都致力于对神经病与大脑特殊区域之间联系的研究,试图将多种类型的失语症与大脑中不同区域的精神活动损伤结合起来。

在此之后,越来越多的学者开始对大脑神经与语言的关系进行研究,促进了神经语言学的产生。

(二)神经语言学的研究范畴

神经语言学作为研究各种语言活动中的神经机制的学科,主要研究对象是人类语言与人类神经系统之间的关系。在人类的神经系统中有很多器官和组织都与语言行为有着密切的关系,大脑可以说是与语言关系最为密切的神经器官,所以神经语言学主要研究的对象是语言的脑机制。无论从语言的生成和理解角度,还是语言的习得与掌握角度,神经语言学都是以研究语言的神经生理机制和语言障碍的神经病理机制为研究内容的,此外也对人类大脑如何进行各种语言信息活动进行分析。

王德春指出,神经语言学的任务是多方面的,从哲学理论的角度而言,对神经系统与语言之间的关系进行研究,可以探索人类语言和意识的起源、语言与思维的关系等问题;从语言交际的角度而言,对语言过程中的神经心理进行分析,可以解释语言生成与语言理解的神经机制。

详细而言，神经语言学的研究范畴包含以下几个方面。

（1）神经语言学研究语言生成方面的神经机制。语言生成的内部过程包括语言表述动机、语义初迹、内部语言、外部语言等要素。表述动机是语言生成的基础，语言表述是一种有目的的活动，只有以某种动机为基础才能生成。在有了表述动机之后，就会形成语义初迹，也就是以传入的有关神经刺激为基础，对大脑皮层的活动进行控制。内部语言和外部语言是多个神经机能区协同活动的过程，过程中的每一环节都和人类大脑中的某一部位发生反应关系。

（2）神经语言学研究语言理解方面的神经机制。人类理解语言的过程是一个复杂的神经心理过程，这一过程与语言生成相反。语言理解的过程包括语音感知、词汇识别、句式构造、语义图式和意图推测等环节。语言理解首先从语音感知开始，通过对不断的语音进行感知来接收语言的声学信号，从而区别音位。之后听者会将这些音位进行组合，并与记忆中的词汇进行对照，也就是进行词汇识别。在此之后，就要通过句式结构和语义图式来理解句子的整体意义，同时推测话语的内在意图。可以看出，人类的语言理解始于感知外语语音，经过大脑对语音的分析，总结主要的语言内容，从而深入理解话语的含义。

（3）神经语言学研究语言掌握的神经机制。语言掌握既包括对本族语言的掌握，也包括对外语的掌握。本族语和外语的掌握都发展了人类总体语言能力的过程，都与神经机制的活动有关。儿童的语言掌握与神经心理发展有密切关系，儿童从出生到基本掌握本族语言，大致需要五六年时间。这一时期大致包含四个阶段，即辨声练音期、声语过渡期、形成发展期、成熟完善期。语言的掌握是以神经生理发育为基础的，而且神经系统的能动反应的功能还反作用于神经生理过程，在一定程度上促进发育。外语掌握的神经机制与本族语在神经生理和神经心理上存在异同，神经语言学就从生理和心理的状况对其进行深入研究。

（4）神经语言学研究其他的语言或言语行为的神经机制。例如，认读与书写词汇的神经机制、语言不同群体进行语言活动的神经机制和语言调节的神经机制等都是神经语言学研究的内容。

七、语言学与人类学

人类语言学又称"语言人类学"，其产生于20世纪初期，于20世纪50年代开始发展，现在已经发展成为应用语言学中一个比较成熟的学科。简单而言，人类语言学就是运用语言学和人类学的理论和方法来研究社会民族文化的一个学科,其主要研究语言的起源、语言与思维、语言与民族、语言与社会文化等。

（一）人类语言学的性质

人类语言学是随着西方文化人类学的发展而产生的。西方人类学直接来源于对美国土著印第安人语言和文化的研究。1911年,人类学家鲍阿斯出版的《美国印第安语言手册》第一卷成为现代人类语言学的第一里程碑。

源于对人类语言学的不同认识,学者们有着不同的看法和解释。

《辞海》中这样界定:人类语言学是人类学与语言学的边缘学科,研究语言材料与民族及其文化行为的相互关系。它与语言存在与发展规律的语言学相比,更注重把语言置于文化背景中来考察它的起源、结构、演变过程,考察它与社会环境、思维方式、民族心理、宗教信仰等文化要素的关系。

李如龙认为,人类语言学就是从人类学的角度来研究语言,用语言材料来研究人类,它是语言学和人类学相互作用的边缘学科。

（二）人类语言学的研究范畴

人类语言学研究不仅涉及一些重要的人文学科,如语言学、文化学、社会学、心理学、跨文化交际学,还涉及语言的起源与发展、语言的习得、语言的描写、语言的比较、方言学等一些语言学的重要领域。人类语言学的研究突破了纯语言形式研究模式的束缚,将语言置于人类赖以生存的文化环境中加以研究,这显著拓宽了语言学研究的空间。

海姆斯指出,人类语言学的主要研究内容是人类学环境中的言语或语言,具体包含以下几个方面。

（1）评价各种语言的异同。

（2）民族词语与其他兴趣领域之间的关系。

（3）语言模式对一个民族基本观念的认识。

（4）介入人与人之间相互作用的话语规范。

（5）戏剧和艺术动机如何以言语表现。

（6）言语层次间或变体间的关系,社区各种类型及其界限。

（7）语言间类同点的归纳和界定方式。

近年来,人类语言学研究的重点有所转移,主要倾向以下几个方面。

（1）欧洲语言的混杂语言，如洋泾浜英语、克里奥尔法语等。

（2）语言的社会变体。对其进行研究有助于了解语言在移植到新的环境过程中的演变和促进演变的各种文化因素。

（3）对话语模式和体态的微型分析。

（4）语言间的异同及其社会文化根源。

李如龙指出，人类语言学主要有六个研究论题：语言起源、语言与思维、人类群体和语言社区之间的关系、从不同语言的借用看民族间的接触、从语言材料看人与社会的发展、语言与精神文化的关系。

理群也对人类语言学研究的问题进行了系统探讨，具体包含以下几个方面。

（1）在研究人和语言时首先要面对语言起源问题。人类语言学如果能够与生理语言学、体质人类学等结合起来研究，或许能够解决语言起源的问题。

（2）就某种意义而言，一个民族的语言就是一个民族的历史，因此人类语言学就是将语言当作一种文化构成的现象，并重点探讨语言与人类历史、社会和民族的关系。人类语言学最为关心的问题就是语言与人类生成的一切关系。

（3）人类语言学也十分关注语言与思维的关系。语言与思维的共同规律，这些规律与语言规律的关系，人类演化过程中思维规律和语言规律的发展过程等都是人类语言学研究的内容。

（4）人类语言学注重对词义的研究。对同义词、多义词、词义的延伸等词义形式进行研究有助于加深对语言背后民族文化的了解。

（5）人类语言学还研究人类群体和语言社团之间的关系，这有助于了解各民族的发展过程。

（6）人类语言学家非常关注民族语言之间的相互潜用和相互渗透，并对其进行了深入细致的观察和研究。

（7）社会人类学家还通过对语言中的语音、语感、语义等问题的研究来研究不同社会民族的文化。

史灿方认为，人类语言学研究的主要目的是从语言的层面揭示人类的发展变化，所研究的内容也是以此为中心，具体包含以下几个方面。

（1）语言功能论。

（2）语言思维论。人类语言学要探索各民族的语言思维模式和民族语言心理特征，研究他们在特定语言结构下的情感价值观、行为理念和生活观念。

（3）语言和社会文化的特质论。语言不仅是一种社会现象，也是一种文化现象,以语言为基础来研究民族的社会文化,有助于探究语言对社会和文化的作用。

（4）语言与民族的关系论。人类语言学致力于考察世界各民族地区的语言文化差异,探索语言在民族文化形成中的作用,研究民族语言的接触与融合以及语言类型与民族关系等问题。

（5）语言文字与人类考古。语言和文字记载着人类文化,通过对字形分析、方言考释和历史印证等,可以还原一个民族的社会结构形态和精神生活面貌,勾勒出当时的社会图景。

林书武认为,人类语言学包含以下几个基本研究课题。

（1）语言类型研究。

（2）语言与思维的关系。

（3）语言接触。

（4）言谈民俗学。

可以看出,人类语言学的研究视野十分广阔,而且所取得的研究成果也十分丰硕,对社会科学的发展起到了重要的推动作用。

第三章　语言学与英语教学的融合研究

语言学的理论对英语教学具有指导作用。一方面,宏观语言学理论在很大程度上影响着英语教学法的发展趋势;另一方面,微观语言学理论即语言各方面的知识有助于教师更好地与自己的英语教学策略相结合。简言之,英语教学可以从语言学理论中得到支持与启示。因此,教师如果能够掌握一定的语言学知识将有利于他们英语教学效率的提升。为此,本章就来研究语言学与英语教学的融合。

第一节　语言学流派及产生的教学法

现代英语教学法大多是由西方外语教学界研究总结出来的,这些教学方法由于缘起、理论依据不同,而分为一些流派,其中结构派、人文派和功能派的教学方法最具代表性。了解这些教学方法的起源、理论依据、特点、实施以及优缺点对深刻认识每种教学法对我国外语教学而言十分重要。本章就对这三大流派的英语教学方法展开深入探讨。

一、结构派及具体教学法

(一)语法翻译法

1. 语法翻译法的产生背景

语法翻译法(Grammar-translation Teaching Method),又称"翻译法",形成于18世纪末和19世纪中期,在很长一段时间内都是欧洲外语教学的主要方法。

语法翻译法具有最悠久的历史,但是语法翻译法同时也是最具争议的一种教学方法。

根据英语语言教学史的记载,现代语言教学起始于中世纪末。只要

第三章 语言学与英语教学的融合研究

有语言教学的存在,教学法就会随之存在,并是语言教学一个重要的组成部分。语法翻译法的产生与当时的社会历史背景以及人们学习外语的目的有着密切的联系。18、19世纪,欧洲的一些学校开设了现代外语课程。在当时,人们学习外语的主要目的是希望能够阅读希腊文和拉丁文的书籍。他们需要懂得这两种文字以便进行交流,并能够使用这两种文字著书立说。这就使得阅读和翻译成为他们学习语言的主要目的,而通过语法翻译法学习希腊文和拉丁文颇具成效,因此语法翻译法就得以产生,并在相当长的时期内成为欧洲外语教学的主要教学方法。

此外,语法翻译法的产生也有赖于人们对语言的研究和认识。18、19世纪的语言研究也为语法翻译教学法提供了理论依据。具体包含以下三个方面。

(1)18世纪学者对词类的研究以及词类的划分为语法翻译教学法的形成和发展奠定了重要的基础。语言学家将语言看作是词类的划分,认为掌握了词汇,就掌握了所学语言。斯多葛学派(Stoics)最先确定了语法的范畴,即时态、语态、非限定动词等。此后,在研究词的基础上,亚历山大里亚学派(Alexandrian)确定了八大词类,包括动词、名词、形容词、代词、副词、介词、连词和冠词。

(2)在18、19世纪的语言学家看来,语言学习者主要能够依照语法规则将词汇黏合在一起就可以表达思想,因此他们认为语法是一种黏合剂。在此基础上,通过对语言规律的研究和分类,他们逐步建立了"希腊—拉丁语法体系",并在这一体系下确定了主语、谓语、表语、定语、状语等。这一体系的建立初步完成了语法翻译教学法的基本框架。

(3)18、19世纪的语言学家认为,书面语是语言的精华所在,并将书面语看作是不变的经典。所以,他们认为书面语应该是学习者学习的重点。

2.语法翻译法的主要特点

(1)以书面语教学为目标

从语法—翻译法的起源发展来看,它把口语和书面语分离开来,把阅读能力的培养当作首要的或唯一的目标。口语教学仅限于使学生掌握单词的发音。因此,语法—翻译法注重书面语,轻视口语。语法—翻译法中将书面语和口语分离开来,避免了他们的不分离给教学带来的障碍。

(2)以语法教学为重点

翻译教学法强调以语法为教学纲要,采用演绎法进行教学。精细的语法规则和广泛的词汇知识使得语言输入更易于理解,能够使外语学习者将所接触到的各种语言现象系统化,由浅入深地将语言分级处理。有助于学习者在语法知识的学习过程中加强词汇知识的理解,利用语法知识将所学习的单一的词汇进行分类汇总,这也难怪更有利于学习者语言知识的巩固,有利于打好语言基础。

（3）以翻译教学为主要手段

在语法—翻译教学中,教师主要用本族语组织教学,进行讲解。学生的学习活动除了背记、阅读外,主要是通过本族语和外语之间的互译来试用、巩固所学的规则和词汇。因此,教材中每个语法项目都配有相关的翻译练习。

（4）以母语教学为基础

语法翻译教学法认为母语是外语学习的基础。人们可以根据已有的母语知识来帮助英语的学习。虽然英语和汉语术语是不同的语系,但是两者都是语言,毕竟语言学习之间总会存在一些共性的东西。英语和汉语在知识层面也有很多相似的知识点。学生在学习新知识时,可以根据自己母语的知识来帮助新知识的理解和运用。例如,在英语和汉语中,句子的基本类型是大体一致的。学生对于母语的句子类型相对比较熟悉,可以通过汉语的语法知识帮助他们学习英语语法。

（5）以句子为主要教学单位

语法—翻译法的倡导者为了使外语学习易于进行,用句子取代了希腊语、拉丁语教学法中艰深的语段材料,因此,句子是教学和练习的基本单位。在教学活动中以句子为基本教学范围,有助于培养学习者的语言构造能力,使学习者在学习语言知识的同时,能够熟悉第二语言的句子表达,使他们在大量的积累之后能够更加轻松地输出语言。这对提高学习者对语言的实际运用意识和运用语言解决实际问题能力的提升有很大的帮助。

（6）强调教师的主导地位

在语法翻译法中,教师是教学的中心,在教学中占据主导地位。这是因为,语法翻译教学法的顺利实施依赖于教师的指导,教师在教学活动期间对语法知识点的讲解和分析是学生学习的重要方法,教师对教学内容的翻译也是学生理解语法知识、掌握词汇句型的主要途径。

3. 语法翻译法的实施过程

一般情况下,语法翻译法的课堂教学活动主要是:译述整篇文章的大意,将课文逐句从外语翻译成母语,对课文的语法规则进行演绎式的讲解,并直接阅读课文以加深对课文的理解。

第三章 语言学与英语教学的融合研究

例如,我们在语法翻译法的课堂上听课,教师正在教授"最后一课"(*The Last Lesson*),课堂的活动可以进行如下设计。

首先,教师运用母语简单介绍文章的写作背景以及作者的相关情况,接着对文章的基本大意进行介绍,以确保学生对文章的整体有一个初步的了解。

然后,教师对文章进行逐句翻译。一般情况下,在翻译前,教师会带领学生阅读单词表里的单词,以使学生了解单词的发音和意义。在逐句翻译时,教师会先朗读句子,然后用母语解释词的意义、短语的意义和句子的意义。针对语法方面的问题,教师会对语法现象、语法规则和语法的具体用法进行详细阐述,并举例说明。

在整体教学活动中,逐句翻译和语法讲解占了绝大部分时间,它们是语法翻译法的中心活动。教师在教授第一段"I was very late that morning on my way to school and was afraid of being scolded, The master had told us he would question us on verbs, and I did not know a thing about them, for I had not studied my lesson."中的第一句时,会边朗读"I was very late…"边把它译成"那天早晨上学,我去得很晚,心里害怕挨骂"。为了让学生更好掌握该短语的用法,教师会举例"He is now on his way to Shanghai"是"他现在正在赴上海途中"的意思。此外,教师还会让学生翻译一些句子。

在教授第一句的下半句时,教师对 of being scolded 进行讲解,同时也会对动名词被动式的构成法——being + 过去分词进行说明。通过边翻译、边用演绎法解释语法项目的方法,教师完成全篇课文的讲解。在这一教学过程中,所使用的语言主要是母语。

在上述讲解的基础上,为了让学生巩固所学知识,教师还会让学生直接阅读课文并做一些阅读理解的练习。阅读理解的练习大多是以多项选择的形式出现。

至此,基本上一堂课的教学就结束了。此外,教师还可以根据具体情况给学生布置一些笔头的翻译练习。

以语法翻译法形成的语言教学模式可归纳为:阅读—分析—翻译—讲解—背诵。一般是先阅读文章,教师分析课文和句型,之后逐句翻译讲解。讲解主要是对句子的结构、复杂的语法现象和两种语言之间的互译进行分析。最后要求学生背诵相关的段落,从而熟记所学的词汇和语法规则。

4. 语法翻译法的优缺点

概括起来,语法翻译法的优点具体表现在以下几个方面。

(1)在外语教学里创建了翻译的教学形式。

(2)便于使用,不需要任何教具和设备,只要教师掌握了外语的基本知识进行教学即可。

(3)强调对书面语的分析,着重原文的学习,这样有利于学生对目的语的深入理解和掌握。

(4)重视词汇和语法知识的系统传授,这有利于学生语言知识的巩固,利于打好语言基础。

(5)有助于学生肯定或否定他们对目的语所做出的无意识或有意识的假设,辨别母语与目的语的异同。

(6)有助于学生将目的语的结构内化,从而提高其使用外语表达的能力。

(7)易于管理,便于测试学生。

不可否认,语法翻译法有着诸多的优点,但由于语法翻译教学法是在古典语言学研究以及对语言传统认识的基础上形成的,因此它有自身的缺陷。

(1)忽视了语音和语调的教学,不利于学生的口语能力的培养。

(2)教学方式单一,强调死记硬背,课堂教学气氛沉闷,不易吸引学生的兴趣。

(3)过分强调翻译,主张一味地通过翻译手段教外语。这样容易养成学生在使用外语时依靠翻译的习惯,不利于培养学生用外语进行交际的能力。

(4)过于重视语法规则,这在一定程度上束缚了学生的口语交流意识,妨碍了学生口语能力的提高和发展。

(5)过于强调教师的主导作用和教师的语言讲解作用,而忽视了学生的主体性,不利于学生语言习惯的形成和语言能力的培养。

(6)忽视了语言教学中的文化因素、语言运用的内在因素以及语言在不同情景中使用的客观规律。

(二)直接法

1. 直接法的产生背景

19世纪末,法国拉丁语教师戈恩(Gouin)提出了直接法。1880年,

第三章　语言学与英语教学的融合研究

戈恩发表了他的一本重要著作《语言教学艺术》，并称自己的教学方法为"直接法"。

直接法（The Direct Teaching Method）又称"自然法"，是由法国拉丁语教师戈恩提出来的。直接法是指在教学和学习过程中不依赖于学生的本族语，而是通过思想与外语的直接联系组织教学，在之后被称为"直接教学法"。

后来，伯力兹（M.D.Berlitz）和帕默（H.E.Palmer）的研究再次推动了直接教学法的发展，并使其得到了广泛的普及。其中，伯力兹的教学主张是通过编写教材和教材用法说明得以贯彻和实施的，而相关的论著却少之又少。伯利兹的思想集中体现在如下五个方面。

（1）培养学生的口语能力，以达到用外语思考的境界为主要教学目的。

（2）采取外语单元教学，不再使用学生的本族语。

（3）使用教师引导下的会话、问答为主体的教学形式。

（4）有计划地但非随意地选择词汇，标准为词在口语交际中的使用频度。

（5）语法不再在语言教学中发挥主要作用。语言教学被置于一个次要的位置。

帕默对直接法的发展也做出了重要的贡献。帕默一生发表了较多的论著，这些论著大致分为两类：一是阐述他的教学思想和理论，二是教学用书。他的论著和教学用书较全面地体现了他的教学思想，集中体现在以下几个方面。

（1）语言学习的实质是形成习惯。需要重视语言活动的流利性。尽可能避免错误的出现。对错误需要及时纠正。

（2）重视自然学习能力和正规学习能力的融合，两种能力的兼顾才是有效的教学方法。

（3）在外语学习的初级阶段，需培养学习者潜在的自然学习语言的能力，重点是听力理解、音标教学、语音训练等。

（4）注重外语教学的顺序，提出了"5个先于"的原则。

（5）应该采用多元化的教学手段，吸取各种教学思想、教学方法之所长。

伯力兹和帕默的教学思想得到了广泛的认可，并在一定的范围内付诸实施。此外，直接法也是当时的历史环境、人们对外语的需求变化下的产物。社会的发展、不同民族之间的交往要求人们能够用外语交流。这种对口语的需要是直接法产生的社会背景。另外，语法翻译法所暴露出来的缺点也为直接法的产生奠定了基础。

2. 直接法的主要特点

（1）用目标语教学

直接教学法是指通过运用母语习得第二语言的过程，直接用目标展开语言教学。母语会对学生的第二语言学习产生一定的影响，尽管用母语来学习第二语言可能会在某种程度上降低语言学习的难度，但因母语负迁移的影响，也会使学生对母语产生依赖或者影响其语言学习的准确性。因此，在语言教学中应避免使用母语，应使目标语与客观事物直接建立起联系，避免母语的负面影响。直接教学法还强调运用目标语表达的准确性，做到有错必纠。

（2）采用归纳教学方式

归纳教学方式就是以听—联想—实践—掌握为主要教学模式。这种教学方式有利于学生英语综合运用能力的培养。其中，听的过程可以锻炼学生听力、语言理解和捕捉重点内容的能力，而联想和实践的过程则可以增强知识之间的联系，提高学生的运用语言的能力。

（3）强调语音的准确性

直接教学法特别注重语音教学，力求使学生的发音准确、地道。直接教学法认为，外语教学的首要目标就是使学生形成良好的口语交际能力。这种强调语音准确性的教学为学生今后的口语交流打下了坚实的基础。

（4）强调教学的趣味性

直接教学法还强调语言教学活动和教学内容的趣味性，注重调动学生的学习积极性。学生对知识的掌握水平在一定程度上取决于学习内容是否可以引起其兴趣。一般来说，学生会对于自己喜欢的知识有更大的学习兴趣，而对自己不喜欢的内容则很少有兴趣。

（5）运用多种教学手段

在直接教学法中，由于是直接通过目标语来学习的，有的概念可以通过讲解而使学生了解，但有的概念或知识如果直接用目标语讲解，则会给学生的学习带来很大难度。因此，在直接教学法中特定的意义通常会采用动作、物体等手段结合语境来表达。

3. 直接法的实施过程

对于直接法的实施，这里通过美国教学法专家弗里曼（Diane Larsen-Freeman）记录的一些教师参观一个直接法教学课堂的相关情况来进行说明。从弗里曼的描述中我们可以更清楚地了解直接法课堂教学的活动。

当时,教师正在教授一篇题为 Looking at a Map 的课文,课文描述美国地理的情况。

We are looking at a map of the United States.Canada is the country to the north of the United States, and Mexico is the country to the south of the United States.Between Canada and the United States are the Great Lakes.Between Mexico and the United States is the Rio Grande River.On the East Coast is the Atlantic Ocean and on the West Coast is the Pacific Ocean.In the East is a mountain range called the Appalachian Mountains. In the West are the Rocky Mountains.

课堂是通过学生一个接一个地朗读课文句子开始的。学生读完一个句子,教师就指向教室中挂着的地图中学生朗读句子的那一部分。学生借助地图加深了对句子含义的理解。然后教师针对课文内容对学生进行提问,并要求学生用完整的句子回答。

教师提问之后接着让学生发问。当发现学生的某些单词发音有错误时,教师随机要求学生模仿他的发音和他所说的句子,以保证学生掌握正确的发音。

在提问结束之后,教师开始另一项练习:以教室为情景,练习使用介词,以使学生更明了介词的意义和用法。

由此可见,在直接教学法的课堂中,语法是通过归纳法教授的,也就是教师不在学生接触语言材料之前去讲授任何语法规则,而是先让学生实际掌握语言材料,再从他们所积累的感性语言材料中总结出语言的规则。

以直接法为基础形成的教学模式可概括为:听—联想—实践—掌握。这一教学模式有助于培养学生的口语能力。

4. 直接法的优缺点

直接教学法的优点可以归纳为以下几点。

(1)强调口语教学和语音教学,抓住了外语教学的实质。

(2)在直接法教学课堂中,教师会采用各种直观教具,并且广泛运用接近实际生活的教学方式和方法,能够较为生动活泼地进行外语教学,这就大大提高了外语教学的质量,而且还丰富了外语教学法的内容,这对引起学生学外语的兴趣,调动学生学习的积极性有很大的好处。

(3)有利于培养学生的外语思维和言语能力。

(4)注重实践练习,教师通过句型教学,使学生在语言实践中有计划地学习实用语法,发挥语法在外语教学里的作用。

（5）编选教材注意材料的实用性与安排上的循序渐进。

由于直接法对外语教学里各种问题的认识和处理，存在着简单、片面的倾向，因而也存在着一些缺陷，主要表现在以下方面。

（1）过分强调外语的使用，而忽略母语的作用。

（2）忽视了语法的作用，片面强调机械模仿和记忆的重要性。

（3）过于重视直观教学。直观教学方式在学生初级阶段是可取的，但是中级和高级阶段则难以实现。

（4）忽视青少年或成年人学习外语的特点，完全照搬儿童在家里学习本族语的方法，给外语教学带来了不必要的困难。

（5）没有科学地处理好口语和书面语的关系、听说与读写的关系以及处理语法和实践练习的关系。

二、人文派及具体教学法

（一）全身反应法

1. 全身反应法的产生背景

全身反应法（Total Physical Response Method）是美国加州圣约瑟大学心理学教授詹姆斯·阿谢尔（James Asher）于 20 世纪 60 年代提出的。这种教学法强调语言和动作之间的相互作用，并通过动作来巩固和强化语言记忆。全身反应法主要是以人体大脑左、右两个半球的不同功能为依据的，左脑主要控制的是逻辑思维，而右脑主要控制的是人的形象思维。该教学法强调学习活动是在形象思维的基础上进行逻辑思维的发展，因此它强调要在真实的语言情境中习得语言。另外，基于人本主义心理学的全身反应法强调情感因素对学习的作用，该教学法主张以听为基础，听的量达到一定程度，便会逐渐发展为说的能力，继而发展为读和写的能力，因此在整个教学过程中，学生的心理状态是非常轻松和自然的，而轻松愉悦的心理环境，有助于学生从自我约束的紧张状态下解放出来，将注意力聚焦于语言意义而不是语言形式，从而可以有效提高其语言学习的效率和效果。

2. 全身反应法的主要特点

全身反应法试图通过身体动作来讲授语言，强调初学者要尽量使用身体动作来表示理解与否。全身反应法的主要特点如下。

（1）注重听力理解

阿谢尔认为,在语言学习的过程中理解能力先于输出能力,即听先于说。因此,应该先培养学生的听力理解能力,其他能力的教学应推迟至听力理解能力具备之后,这样的教学形式既符合语言学习的客观规律,又可以减轻学生在学习语言时所产生的焦虑。

（2）语言与动作有机结合

全身反应法的主要教学形式是发命令和对命令做出反应,即教师口头发布指令,学生在完成动作后,对教师的指令做出回应。由于所发的指令可以派生出其他形式的句子,学生在行动中就可以边实践边学到许多词汇和语言结构。

（3）以祈使句为中心

在阿谢尔看来,动词尤其是祈使句中的动词是语言的中心内容,语言学习和语言运用都需要以它为中心而展开。目标语的大部分语法结构和成千上万的词汇可以通过教师熟练使用祈使句而掌握。因此,祈使句的操练是全身反应法中的主要课堂内容。

（4）意义重于形式

全身反应法关注的是学生对语言意义的理解和掌握,而不是语言的形式。因此,教学不应过分关注学生的反应是否积极或表达是否正确,而应关注学生是否能够真正理解所学内容。

3. 全身反应法的优缺点

全身反应法的优点有如下几点。

（1）可以在某种程度上缓解学生的学习焦虑。在学生还不愿意或不敢参与"说"的训练时,教师并不强迫他们参与"说"的活动。这样,学生在学习英语时就不会因为压力大而对英语学习产生逆反情绪。

（2）教学形式灵活多样,充分发挥学生情感因素的积极作用,能有效帮助学生在轻松愉快的环境中掌握初步的听说能力,有利于调动学生的积极性,培养学生坚持学习的自信心。

全身反应法的缺点有如下几点。

（1）主要适用于初级阶段的英语教学,而不适用于教授复杂的、难度较大的语言项目。

（2）缺乏系统的教学理论,教学效果主要取决于教师本人的英语水平和其他方面的素质如创造性、感染力等,因此难以保证教学质量。

（3）单方面强调培养学生的听说能力,忽视了阅读与写作能力方面的教学,不利于学生英语素质的全面提高。

（二）沉默法

1. 沉默法的产生背景

沉默法（The Silent Way）是20世纪70年代早期由美国教育家兼心理学家凯莱布·加特诺（Caleb Gattegno）提出来的。沉默法最大的特点是，强调英语教学中应使用各种直观教具，以使学生通过联想和对比的方式学习英语。在英语教学过程中，在不必要的情况下，教师都可以不讲话，而只用表演、手势或其他教具示意学生。

沉默法提倡充分使用直观教具，如彩色棒、挂图，彩色棒可长可短，主要用于教授词汇和句法，挂图主要用于对发音、语法方面知识的介绍，通过使用这些直观教具，激发学生的想象力，且通过对比来学习外语。该方法主张，在外语教学过程中，教师应尽量不讲话，即保持沉默，而应多组织学生开展活动，通过教具、手势等示意学生，让学生进行最大限度的语言活动。

2. 沉默法的主要特点

（1）口语领先

培养初学者听和说方面的能力是沉默法的总体目标。因此，沉默法强调，应首先对学生听、说能力的培养。读、写能力的培养应建立在听、说能力的基础之上。

（2）教从属于学

沉默法认为，在教学中应始终将学生的学放在第一位，教师的教学应从属于学生的学习。作为学习的主体，学生在学习过程中应依靠自己，同时对自己的学习负责。

（3）学生角色的多样性

在沉默法中，学生的角色是多种多样的，如学生可以作为小组活动的一个成员，也可以作为一个独立的学习者。至于应该扮演何种角色，学生应根据具体情况自行决定。

（4）教师主要利用教具进行教学

教师首先讲授发音，可采用挂图的方式，使学生对单词、词组以及句子的语音、语调等有一个更好的理解，同时加以操练。接着，教师引导学生操练句型、结构和词汇，教师每说一句话之后，可借助彩色棒将其演示出来，然后要求学生反复练习，从而达到语言学习的目的。

（5）教师不改正学生的错误

沉默法认为，如果学生在学习过程中出现错误，教师并不轻易加以改正，而是让学生自己学会改正错误，教师只是起引导作用。

3. 沉默法的运用原则

（1）教从属于学。学生的学是第一位的，学生的学要比教师的教还重要。学生是学习的主体，学生应依靠自己，并对自己的学习负责。

（2）教师应利用教具进行教学。教师要先教发音，通过挂图等让学生理解和操练单词、词组和句子的语音、语调等，然后再进行句型、结构和词汇的操练。教师没说一句话，就通过彩色棒进行直观演示，接着让学生进行练习，直到练会为止。

（3）口语领先。沉默法首先培养学生的听、说能力，特别是用准确的语音、语调进行说话的能力，然后再培养读、写能力。

（4）教师不改正学生的错误。教师不轻易改正学生的错误，教师的任务是帮助学生建立一套内在的判断正误的标准，从而自己改正错误。

4. 沉默法的优缺点

虽然沉默法具有诸多优点，如注重学生的主体性以及师生之间的情感因素；对学生的语言能力和思维能力的培养也十分有利，但是它也存在一定的缺陷。在沉默法中，教师在很多时候都不讲话，保持沉默，这就使学生失去了主要的语言输入来源，不利于学生学习效果的提高。

三、功能派及具体教学法

（一）交际法

1. 交际法的产生背景

交际法又称"功能法"或"功能—意念法"，产生于20世纪70年代初期的西欧共同体国家。交际法的理论基础是海姆斯（Dell Hymes）提出的交际能力理论（Communicative Competence）。该理论主要从语言交际的角度解释语言的本质。海姆斯认为，交际是在特定的语境中说话者与听话者、作者与读者之间的意义转换。

此外，海姆斯还提出一个极其重要的观点，即语言社会的文化现象，所以对语言的研究不要仅仅局限在语言本身的句子结构上，应该在真实的社会环境中对语言加以研究。

在海姆斯所提出的观点的基础上,卡纳尔和斯温(Canale & Swain,1980)从语言教学的角度对"交际能力"展开了进一步的解释,且受到了广泛的认可和接受。他们将"交际能力"分为如下几种知识和技能。

(1)语法能力。语法能力是指掌握语言规则的知识,即理解和表达语言的字面意思所需要的知识和技能。

(2)社会语言能力。社会语言能力主要指目的语民族的社会文化知识、习俗、礼节等,还包括不同的社会语言环境中恰当理解和表达语言的能力。

(3)语篇能力。语篇能力是指根据不同的题材,将语言形式和语言意义结合起来,形成统一的口语体或书面体。

(4)策略能力。策略能力是指交际者为了顺利完成或提高交际效果而采用的各种方法与技巧。

2. 交际法的主要特点

交际法有着显著的特征,具体表现在以下几个方面。

(1)以学习者为中心

一般情况下,以学习者为中心开展的课堂活动被视为是一种主动的学习过程。在这一过程中,学生应积极主动地吸取新的语言内容,并在交际中正确运用所学语言去表达自己的思想。

要创造以学习者为中心的教学环境需要以下三个方面的条件:要求学习者提供带有真实意义的语言交际情景,并在交际性活动中学生有计划地表达自己的思想,并能够进行双向的交流;要求学习者自己有参加这些交际活动的愿望;重视教学内容的真实性。

教学内容的真实性对学生交际能力的培养十分重要。在实际生活中,人们极少使用书面体的语言,如果以这样的教学内容为基础进行外语教学是很难达到培养学生语言交际能力的目的的。鉴于此,交际教学法创造了"以任务为基础的语言活动""以解决问题为基础的语言活动"和"以专题为基础的语言活动"。使学生围绕"任务""问题"或"题目"有目的地掌握语言功能,掌握熟练使用外语进行交际的能力。

(2)注重教学环境的真实性

交际法除重视教学内容的真实性外,还注重教学环境的真实性。正如利特尔伍德(Littlewood,1981)所指出的那样,"交际教学法使我们更强烈地意识到只教会学生掌握外语的结构是不够的,学习者还必须掌握在真实的环境中将这些语言结构运用于交际功能中去的策略。"可见,教学环境的真实性对语言交际能力培养尤为重要。因此,外语教学中就应

第三章 语言学与英语教学的融合研究

积极地创造语言交际环境,使学习者在交际活动中掌握使用语言的能力。

(3)重视教学方式的真实性

采用交际法进行教学,为了确保学生能够参与各种语言实践活动,应采取多种多样的教学组织形式,如 role-play, group discussion, pair work, simulations 等。

(4)强调教学过程的交际化

在交际教学法中,教学的重点已从语言的形式转向内容;从单向的语言知识的传授转向双向的互动式的语言实践。由此可见,交际教学法对教学过程交际化的重视,突出学习者的语言交流和互动作用。

3. 交际法的运用原则

(1)意义中心原则

在实际的交际过程中,不论是用母语还是用英语与他人交流,人们首先关注的是意义的传达,而不是追究语法有没有错误。因此,在交际型教学法中,尤其要强调以意义为中心。在传统课堂上,学生基本上是为了学英语而学英语,他们说出的英语句子不是为了真正的交际目的,而只是为了证明他们对于语言形式的掌握,因此即使学了多年英语,他们也不一定能说出一句最基本的日常用语。也就是说,学生在课堂上学习的是语言形式的用法而不是语言的真正运用。

在交际型教学法中,教师要摒弃处处挑学生语法错误的做法,相反,教师应当高度容忍学生所犯的错误。教师应该明白,任何学习包括语言的学习,都是在不断的犯错中逐步进行并往好的方向发展的,如果学生能顺利地表达出自己的观点,教师就没必要纠正他们,主要帮助他们自己发现并纠正错误即可。

需要指出的是,以意义为中心强调语言与当时情境的融合。任何对话都是发生在一定的时间、空间之中,有些信息只有交际的双方才能心领神会。当然,我们重视语言的意义绝不是说完全忽视语言的形式,毕竟语言形式作为语言的基础知识是学生必须正确掌握的。我们只是强调在交际型教学法的前提下,有意识地培养学生灵活运用语言、重视语言意义的意识。只有这样,学生才能做语言的主宰与支配者。

(2)交际中心原则

交际中心原则是交际型教学法的重要原则。在英语课堂上,交际活动可以大体分为两类,即直接的交际和间接的交际。直接的交际活动如教师向学生提出问题或发出指令以及学生的回答等,间接的交际活动其本身并不是交际活动,而是与完成交际任务有关并为交际活动而服务的活动。例如,教师在进行某堂课之前,可以就与教学内容相关的话题引导学生说出一些可能涉及的基本词汇或句型,并进行适当操练。可见,这种活动是为之后的课堂教学活动服务的,可以活跃课堂气氛,激发学生的学习兴趣。总之,交际中心原则要求英语教师在课堂上所组织或进行的一切教学活动都要以交际这个目的为中心。

(3)任务指向原则

在语言教学过程中,教师如果为学生提供一定的交际活动或分配一定的任务,他们就会有机会使用所学的语言进行真实的交际,而学生在实践中进行语言交际能将语言学得更好。因此,在交际型教学中,不能局限于对语言本身的学习,或是将语言单独作为一门独立课程来学习,而应将语言的学习渗透到其他学科的学习任务中,将语言作为一个工具或介质来学习其他学科的知识。事实上,任务和交际是不可分割的,以任务为中心,学生之间可以有更多、更真实的交流,学生的积极性和主动性也会更强。此外,由于任务往往有其具体的上下文,学生在任务活动的过程中无形中提高了语言运用能力。而且,以任务为中心还意味着将学生从呆板固定的课题中解放出来,在形式多样的课外活动与任务,如英语辩论、英语演讲、英语歌唱中,学生可以培养与发展自己对语言的运用与驾驭能力。

(4)整体性原则

学生学习语言的目的就是为了获得语言交际的能力,包括对语言的接收性能力和产生性能力。因此,要重视对语言教学的整体与综合性的把握。重视整体性要求将听说读写等基本语言技能与学生的具体交际能力结合起来。具体来说,无论上什么课,都要贯彻综合训练听说读写四项基本技能的精神,只是在局部上,要对各个单项的技能的教学内容有所侧重。此外,整体性原则还要求教师不仅重视语言交际手段,还要重视非言语交际手段,例如身势语、符号、图标等这些都可以用于课堂上的交际。

4. 交际法的优缺点

交际法既注重语言的交际功能,又注重语言的结构功能,具有以下几个优点。

(1)交际法重视话语教学,在话语中使用语言,培养交际能力。在交际法看来,教学要为学生的交际需要服务,以语言功能为纲,针对学生对象的不同需要加以安排。因此,教师要提供真实的情景和创造外语环境,让学生主动地、创造性地学习和运用语言。

(2)交际法主张采用多种教学手段和资源,如教学包,即教师用书、

第三章　语言学与英语教学的融合研究

辅导读物、磁带、挂图、录像、电影、电视等。

（3）交际法强调语言的流畅性，不苛求语言没有错误，允许学生经过一个由不完善到完善的语言阶段，逐步做到正确地运用语言进行交际。

（4）交际法不排斥讲解语法，也不排斥母语和翻译。

交际法的不足主要表现在以下几点。

（1）交际法过于重视口头的交际，不重视语言知识学习，语法学习不系统。对于如何培养学生的读写能力，交际法并没有切实可行的办法。同时，交际方法重视语言表达的流利性而忽视准确性。即使交际教学法的倡导者一再声称"交际"包含口语交际和书面交际两类，但实际上人们多重视前者，而忽视后者。因此，交际法从本质上存在着重听说、轻读写的弊端，不能使学生很好地掌握目的语的语法体系，不利于学习者对语言知识的掌握，也不利于学习者打好必需的语言基础。

（2）交际法的本意之一是弥补其他教学流派忽视语言运用的不足，然而，它并没有很好地达到这一目的。它只是让学生孤立地记住功能、情景和语言表达形式的对应关系。因此，人们对学习者交际能力的有效培养，以及他们创造性地运用语言的能力依然持有异议。

（3）交际法以功能为纲，忽视语言结构规律，学生学习语言只能靠直觉模仿习得，违反外语学习主要靠"学得"这一事实。

虽然交际教学法存在着一定的缺陷，但它具有较好的理论依据，有一批从事语言教学研究的学者不断地充实和完善这一教学理论和教学体系，同时它本身也在不断地修正，所以依然有着很强的活力。

（二）活动法

实际上，活动教学法属于交际教学法的一个分支。活动教学法的主要倡导者是著名语言学家哈默（Jeremy Harmer）。哈默对外语教学进行了系统地研究和探讨，且明确了以"平衡"命名自己的教学思想，还提出"平衡活动教学法"这一新的方法。活动教学法中最具代表性的方法就是平衡活动教学法。

1. 活动法的产生背景

哈默的平衡活动教学法是以交际教学原则为理论基础的，它从课堂活动的角度探讨教学法，即探究如何在这些活动中达到一种平衡。该方法认为，交际的任务是保证学生可以参与各种活动，而这些活动还必须是利于学生语言学习和习得的。哈默还提出，教学计划应该使语言输入与输出之间相平衡;教学内容与学习需要相平衡;课堂教学活动与学习者的学习兴趣相平衡;教师控制程度、学习者的自主程度与教学流程之间相平衡。总之,教师、学生与教学三者之间必须是平衡的。

2. 活动法的大纲设计

活动教学的大纲设计应该考虑到三大内容:主题、话题和活动。其中,主题可以分为若干个话题,还可进一步分成若干个小话题,直到分到适合学生的水平的程度。而活动通常主要有三种形式:语言成分讲解综合教学、以意义为中心的情景化活动和以语言使用为目的的交际活动。

3. 活动法的教学程序

活动教学法对教学程序的要求是很有弹性的,它并不苛求必须一成不变的教学模式教学。因此,教师可以根据具体的课堂情况,来决定教学活动。活动教学法的教学程序是 PPP 模式: Presentation, Practice, Production。该教学原则的主要特点是:课堂程序以呈现新的语言点为起点,以交际运用为终点,中间是语言实践的环节。

总而言之,活动教学法的核心就是活动,教师的主要作用是组织课堂的活动,创造和谐师生关系,确保学生可以参与各种不同的活动。

第二节 语言学与英语习得

一、语言习得研究

人们掌握母语后怎样具备第二语言的运用能力是第二语言习得研究的主要内容,对第二语言习得的过程与本质进行研究的理论就是第二语言习得理论。由于第二语言习得理论具有自己的研究对象与特殊性质,它也是一门学科。在学科发展过程中,第二语言习得研究应对学科性质的科学定位以及学科体系的科学建构予以充分重视。

从语言习得机制(LAD)的运行过程或语言系统的形成过程来看,外语学习与第二语言习得并没有本质性的差异,其主要区别在于外语学习主要依赖课堂教学,而第二语言习得更加注重自然的语言环境。需要注意的是,二者所形成的语言能力在动机、语言输入的质与量、语言的接触时间等方面有所区别,并由此带来语言能力发展的不均衡现象及语言速度上的差异(杨连瑞、张德禄,2007)。因此,在掌握自己的母语之后,学习者在课堂内或课堂外对另一门或二门、多门的语言的学习或习得在学术界常被称为"第二语言习得"。

彼德·科德(S.P.Corder)是英国应用语言学研究的先驱和奠基人之一,他所撰写的《学习者所犯错误的意义》(*The Significance of Learner's Errors*, 1967)一文成为二语习得研究的发端。经过近几十年的发展,二语习得研究已成为一门独立学科,它虽与其他诸多学科相互交叉但又有自己明确的研究对象。此外,从研究方法与知识体系方面来看,二语习得研究还具有与一般语言习得理论、普通语言学相独立的一整套系统。它不仅是当代应用语言学的前沿阵地,还能够为包括外语教学法理论在内的其他相关学科提供理论基础。就目前的情况来看,全球范围内特别是欧美等国家的语言教学界、语言学界普遍将二语习得研究看作是一门独立的学科,很多大学都专门开设了二语习得系,并建立了学士、硕士、博士的一条龙人才培养路径。这充分说明第二语言习得研究具有广阔的发展前景与旺盛的生命力。

就我国的情况来看,对第二语言习得在整个人类的知识系统中进行准确定位具有十分重要的意义,要处理好第二语言习得研究与其他相关学科的关系,对学科属性的认识也应与时俱进,这样才能推动二语习得研究的健康发展。

具体来说,第二语言习得研究不仅从教育学、心理学、语言学、社会语言学、心理语言学等学科中吸收有益的理论,借鉴科学的方法与手段,还从一些自然科学(如神经语言学、神经生物学、神经系统科学等)和社会科学(如认知心理学、社会心理学、社会学、哲学等)中吸取科学元素(Bialystok, 1998)。随着二语习得研究的不断发展,应对其跨学科的融合方向进行准确把握,将一些对第二语言习得研究发展有价值的成分及时吸收与借鉴,以有利于理论研究的创新与突破。

从另一个角度来看,第二语言习得研究也正在改变索取多而贡献少的地位,它不仅对认知发展、语言普遍性规则、生理发展、语言发展、社会语言问题及文化普遍性等问题正在产生积极、广泛和深远的影响,还对其他一些相关学科的研究也起到不可替代的促进作用。

总之,第二语言习得研究将第二语言习得看作一个有结构特征的实体,通过各种研究方法与运用来揭示其内在规律,从而深化人们对第二语言习得这一复杂过程的认识。

二、英语语言习得的影响因素

对于影响英语语言习得因素,有些学者将其分为智力因素与非智力因素;也有些学者将其分为主观因素和客观因素;还有些学者将其分为个性因素与共性因素等。笔者在上述分类的基础上做了总结,将影响语言习得因素分为两大类,即内在因素与外在因素。

(一)内在因素

英语语言习得的对象是学习者,因此学习者是影响语言习得重要的内在因素。温和约翰逊(Wen & Johnson,1997)认为,"语言学习者存在着个体差异性,其中环境与制度(如社会、文化、经济、家庭背景、语言环境、测试方法、教学质量、学校资源等)、学习者自身(如学习能力、智力水平、年龄、学习目的、学习经历、性别、努力程度、信念、学习策略等)都是影响其差异的相关因素。"罗宾(Rubin,1994)认为,"学习者因素对于听力理解有着重要影响,其中语言水平、情感、记忆力、性别、年龄、背景知识、母语学习障碍、处理技巧、学习能力、自信程度、学习动机等都属于学习者因素。"鉴于上述学者对这些因素进行了论述,笔者将其进行总结,并归纳出影响语言习得的几个内在因素。

1. 语言潜能

语言潜能属于语言习得的认知层面因素,是一种能力的倾向。实际上,语言潜能就是说学习者是否具备语言习得的天赋。一般来讲,要想努力提高学习者语言习得的素质,就需要培养学习者的综合能力,而语言潜能恰好是测试学习者听力水平的。

在很多学者看来,语言习得的潜能应主要包含以下四个层面。

(1)是否具备对语音的编码与解码能力。

(2)是否具备对语言学习的归纳能力。

(3)是否具有对语法习得的敏感性。

(4)是否具备联想记忆能力。

在这四项语言习得能力中,语音编码实际是属于语言的输入,而语音解码属于语言的输出;语言学习的归纳能力是指学习者能否对语言相关材料进行组织和操作;语法的敏感性是指能否根据语言材料来推断语言规则的能力;联想记忆能力是指学习者能否对新材料进行吸收和同化。

不得不说的是,不同的学生,其语言潜能也存在明显的差异,因此在

第三章　语言学与英语教学的融合研究

英语语言习得过程中,学习者应该从自身实际出发,制定符合自己的习得策略,从而努力提高自身的听力习得效果。

2. 学习风格

在语言习得中,学习风格是一把利刃,对语言习得策略有着重要的影响。

所谓学习风格,其主要包含五点:学习风格是学习者能力的偏好形式;是个人经验与环境相互交织的结果;在一定条件下可发生改变;具有独特性、稳定性、一致性;风格种类多样,无优劣好坏。

学习风格种类多样,一般来说,它可以按照感知方式、个性特征来划分。

按照感知方式的不同,学习风格可以分为听觉型、视觉型及动觉型三类。听觉型是学习者运用耳朵学习的一种学习风格。通过听,学习者可以了解更多信息,因此对于教师的口头教学与听力教学有着重大意义。这一类型的学习者往往习惯于教师的口头传授,但不擅长书面表达。视觉型是学习者运用眼睛学习的一种学习风格。通过看,学习者就可以获取重要信息。视觉材料具有直观性,并可以在学习者的头脑中形成清晰的视觉形象。这一类型的学习者往往习惯于教师利用板书或者多媒体工具展开教学,而不习惯口头传授的形式。动觉型是学习者通过实践学习的一种学习风格。通过实践,学习者可以获取新的知识和信息。换句话说,这类学习者习惯于挑战性的活动,并愿意去执行计划,在亲身的实践中他们体会到无比的快乐。

按照个性特点的不同,学习风格可以划分为外向型与内向型、直觉型与程序型、开放型与封闭型。(1)外向型与内向型。一般情况下,前者性格外向,善于交往,兴趣也十分广泛。在课堂上,他们习惯于积极回答问题、参与讨论等。也就是说,一旦他们有接触英语的机会,他们就不会惧怕任何困难而表达自己的思想。后者性格内省,善于独处,兴趣也比较少。在课堂上,他们习惯于独立思考问题,不愿参与问题的讨论等。在面对学习问题时,他们往往比较惧怕。(2)直接型与程序型。一般情况下,前者善于发现事物,习惯于从推测或抽象思维的视角来发现事物的规律。后者善于按部就班,习惯于从传统记忆的角度来对事物进行发现,严格按照指令做事。(3)开放型与封闭型。一般情况下,前者善于收集和总结外部的信息,但是并不急于下结论,而是当收集足够的资料之后才会做出结论。此类型的学习者习惯顺其自然,不受规则的限制,属于发现式的学习。后者习惯于制订计划,在规定的期限内做出结论,完成任务。此类学习者不能接受模糊式学习,希望能够得到明确的指令和解释。

3. 自我效能感

著名的社会学理论创始人班杜拉(Bandura)提出了自我效能理论,这一理论其实属于一种动机理论。在班杜拉看来,"自我效能"是指个体在执行某一操作之前,对自己在何种水平上完成该活动应该具备的信念、片段、自我感受的把握能力。自我效能感对语言习得有着极大的影响作用。这主要体现在以下两个层面。

首先,影响学习者对不同语言习得策略的选择。班杜拉认为自我效能感能够影响人对环境、对活动的选择。一般来说,学习者可以对那些自我控制的环境加以选择,但是很难选择那些不能控制的环境,甚至会将那些加以规避。对于同一项语言任务来说,学习者是选择有效的语言习得策略还是选择那些非有效的语言习得策略都需要依靠自我效能感来加以控制和调节。

其次,影响运用语言习得策略的动机。在班杜拉看来,只有当学习者认为自己有能力胜任某项学习任务时,他们才会产生付诸该项学习的动机。这就需要其强大的自我效能感。如果学习者的自我效能感低,那么他们就不愿意尝试运用恰当的语言习得策略,甚至避而远之。可见,自我效能感对学习者的学习动机起着极其重大的作用。

(二)外在因素

上面仅对影响英语语言习得的一些内在因素进行了探讨,除了这些内在因素,一些外在因素也对学习者的英语语言习得造成了重大影响,具体表现为以下两点。

1. 教师

教师是影响英语语言习得的最为重要的外在因素之一,对英语教师来说,教师的责任不仅仅是讲授语音、词汇、语法等基础语言知识,也不仅是传授听、说、读、写、译等语言技能,更重要的是教会学习者如何自主学习。教师的教学理念、教学手段、教学态度以及教学资料等都会对学习者的习得策略起到不同程度的促进或者制约的作用。

2. 学习环境

学习环境对于英语语言习得有着更直接的影响。学习环境是比较特殊的,是学校教学活动和学生学习活动必需的主客观条件的综合体。一般来说,学习环境是为了满足学习者身心发展需要,而建立起来的育人环境,是学习者英语语言习得的基础。[①]可见,语言学习环境是学习者进行英语习得、培养和运用习得策略的实际外在因素。一般来说,它有以下两个组成部分:一是个人环境,二是学校环境。

(1)个人环境。学习者自身所处的个人环境对语言习得也会产生一定的影响,其主要包括学习者的经济状况、物质生活条件、文化水平、拥有的英语学习工具和设备、家庭成员的社会地位、对英语学习的态度、学习方式等。

(2)学校环境。学校为学习者提供了学习场所和学习手段,是最佳的学习环境,对英语教学与习得的成败起决定性作用。学校环境包括课堂教学、教学设施、教学资料、班级大小、英语课外活动、学习者接触英语时间的频率、师生关系、校风师风、英语教师的英语水平以及英语教师与其他教师对英语的态度等。

第三节 语言学与英语教学大纲的设计

一、英语教学大纲的要素

通常而言,英语教学大纲中的要素包括如下几个方面。

(1)教学目的。具体是对课程结束后所取得预期教学结果的描述。

(2)教学要求。具体是对学习者需要掌握的知识内容、学习技能的描述,在这些内容与技能的基础上达到预期的教学目标。

(3)教学中的非语言能力。具体包括兴趣、自信、动机等情感态度的培养;思维能力、学习策略、人际交往能力等的提升;文化素养与意识的提高。

(4)教学内容。具体是指词汇、语法知识;听、说、读、写、译等技能;功能与意念;话题;文化知识。

(5)教学实施。具体指的是教学的理念、步骤、建议,以及课本与课外教学资源的推荐等。

(6)教学评价。这方面指的是教学过程中评价的主体、评价的对象、如何开展评价,以及评价的最终目的。

---

① 鲁子问.英语教学论(第2版)[M].上海:华东师范大学出版社,2009:51.

二、英语教学大纲的类型

一般来说,常见的英语教学大纲有结构教学大纲、情景教学大纲、功能—意念教学大纲、交际教学大纲、任务型教学大纲这几种。下面逐一进行分析和论述。

(一)结构教学大纲

结构主义语言学派所倡导的语言学理论是语言由一系列的语法规则所构成,学习者想要掌握一门语言必然离不开对这些语法规则的学习。在这种理论的影响下,出现了结构教学大纲。编写结构教学大纲的人通常会根据结构的复杂程度、使用频率、有用与否等因素来精心编写大纲中所涉及的词汇、语法等规则。可见,该教学大纲的核心是语言项目与语言结构。

结构教学大纲在设计时会根据语法的难易程度将语言内容进行归类,然后安排学习者从易到难学习语言点。可以说,结构教学大纲在外语教学历史中具有很大影响,即便在今天,该大纲依然在一些外语教学项目中占据主导地位。不过,随着时代的发展,越来越多的人已经意识到结构教学大纲自身存在的不足之处。例如,结构教学大纲单方面重视语法结构、单词意义,从不考虑语境对句子、语篇含义的影响。在结构教学大纲中,不管句子处于何种语境下,该句子的含义是明确的。在这种教学大纲的指导下,学习者不懂得将句子放入真实语境下来运用。因此,结构教学大纲培养出来的学习者往往十分缺乏在真实环境下开展语言交际的能力。

(二)情景教学大纲

众所周知,语言是交际的工具,是人们开展沟通与交流的重要工具。在这一观点的影响下,大纲编写人员创造出了"情景教学大纲"。该大纲重点区分了目的语使用的不同情景,以情景为线索来选择和组织语言,如介绍语法结构、练习句型,其主要的训练方式就是对话。常见的情景如"在机场""在超市""在银行""在饭店""在学校"等。情景教学大纲指导下的课堂教学采用的教学方法是听说法,学习者首先通过听、说来认识所要学习的材料。虽然听说教学法依然是以教师为中心,但不得不承认的是学习者有了更多的参与课堂活动的机会,教师通过图片、实物等来引导学习者积极参与对话活动或角色扮演。

情景教学大纲开始重视学习者直接交流的需要,这是它优越于结构教学大纲的地方。不过,情景教学大纲从本质上来看依然是以语法为基础的,在情景的组织与安排方面也缺乏系统性。

(三)功能—意念教学大纲

"功能—意念大纲"是由威尔金斯(Wilkins)与范·艾克(Van Ek)于20世纪70年代首次提出的。该大纲以海姆斯的交际能力理论与韩礼德的功能语法为理论基础。所谓功能,即个体利用语言可以做什么;所谓意念,即个体想要传达的概念。功能—意念教学大纲认为人们学习语言的目的就是为了利用语言进行交际,从而实现语言的各种功能,其中语法是交际的手段而不是目的。该大纲的宗旨是引导学习者不仅掌握语言各方面的结构知识,而且还要能够在不同情景中熟练运用语言来表达自己的思想。

威尔金斯等提出的意念大纲(notional syllabus)包括两个部分。

(1)语义—语法类概念,如空间、数量、时间等。

(2)交际功能类,如语式、情感关系、个人情感、人际关系等。

1975年,范·艾克提出功能大纲,其受到韩礼德元语言功能的影响。功能大纲主要涉及语言的活动、形式、功能,以及情景、普通意念与特定意念等。

功能—意念大纲首次将语言的形式与使用场景结合起来,充分考虑了学习者的需求,对学习有很大的促进作用。然而,该大纲同样具有自身的缺陷,如无法包含所有的语言功能与意念;无法系统、科学的处理功能与意念的顺序;语言形式与功能之间无法实现一一对应等。

(四)交际教学大纲

在功能—意念教学大纲的基础上,相关人士提出了交际教学大纲。该大纲重视交际的过程,旨在提高学习者的交际能力。学者耶登(Janice Yalden, 1983)在经过大量的研究后列出了交际教学大纲的具体组成部分,如下所述。

(1)教学中需要涉及的词汇内容。

(2)教学中需要涉及的语法内容。

(3)要求学习者掌握的语篇衔接技巧,如修辞技巧。

(4)最大限度地考虑学习者学习一种目的语的目的。

（5）分析学习者使用目的语进行交际的社会、文化等背景。

（6）明确学习者在使用目的语进行交际的过程中所扮演的社会角色以及对话者角色。

（7）尽量包括一些可以让学习者参与的社交活动，如日常交际活动、职业交际活动、学术交际活动等。

（8）明确交际活动中目的语所具有的各种功能，或者学习者利用目的语能够实现的目的。

（9）明确交际活动中所体现的意念，或者说学习者参与交际活动中必须要谈论的内容。

（10）明确目的语的语言变体，即学习者将要达到的书面语、口语的具体水平。

上述方面有效保证了交际的顺利进行，即便该大纲不能囊括上述方面的全部，但也需要最大限度的考虑其中的大部分内容。

（五）任务型教学大纲

任务型教学大纲十分重视学习者学习的过程。那么，什么是任务呢？斯凯恩（Skehan, 1998）指出，任务是这样一种活动。[1]

（1）活动的首要目的是意义的表达。
（2）活动过程中学习者不是对他人提供信息的简单重复。
（3）学习者所参与的活动比较贴近现实生活。
（4）参与活动的首要目的是完成任务。
（5）根据任务的结果来评价任务。

任务型教学大纲的实施应该遵循以下几条原则。

（1）明确任务的目的。
（2）任务中必须设计获取、传递、加工信息的内容。
（3）任务要促使学习者进行实践。
（4）任务场景要相似于真实情景。
（5）任务需要重视语言意义的使用。
（6）任务结束后需要得出一个结果。

需要明确的是，虽然任务型教学大纲比较关注最终结果，但并不是说该大纲是以结果为导向的，相反它是以过程为导向的。任务型教学大纲关注学习方法，提倡体验式学习，让学习者在做任务的过程中探索、体验、习得语言。

---

[1] 胡壮麟.语言学教程（第3版）.北京：北京大学出版社，2007：274-275.

三、英语教学大纲设计的过程

通常情况下,外语教学中大纲设计的过程主要是对教学内容的选择与排列。

(一)选择教学内容

一门语言所囊括的内容是纷繁复杂的,即使能力再强,我们也无法习得一门语言的全部内容。为此,在设计英语教学大纲时首要的一步就是选择教学内容。通常而言,设计者在选择教学内容时可参照以下两个方面的标准。

(1)将语言的范围缩小到一定的语域范畴中。

(2)在此语域范围内选择需要用到的词汇、语法、语境、文化等。

事实上,英语教学大纲的设计经常会受到设计者的主观影响。如果设计者比较推崇结构主义语言学派的语言观点,那么他自然就会选择语言结构方面的知识作为教学内容;如果设计者推崇功能主义的语言观,那么他就会选择语言功能、概念方面的知识作为教学内容。

(二)排列教学内容

排列教学内容是设计者完成语言项目选择之后的第二步任务。合理排列教学内容通常被称为"分级",该过程包括两个步骤。

步骤一:为自己所选择的语言项目规定合理的教学期限,以课时、天、星期、月份、学期、年等为单位。该步骤又被称为"分阶段"。

步骤二:明确语言各个项目的排列顺序,即"排序"。

在上述过程中,语言学其中的作用主要体现在如下方面。

第一,语言学提供了对第二语言的描述,并解释这些因素是如何在整个语言系统中发挥作用的。

第二,教学计划的制订需要参考语言学的分类。需要明确的一点是,此处并不是将语音、词汇、语法、文化等分开教学,而是对语言概念的描述,并不是教学的步骤。

四、英语教学大纲设计的趋势

随着时代的发展,人们对语言学习的要求也日渐不同。受这种情况的影响,英语教学大纲的设计也会与以往不同。下面以我国大学英语教学大纲的发展历程为例来了解英语教学大纲设计的趋势。

大学英语教学大纲是在相关教学思想、理论内容的指导下,对大学英语教学的目标、要求、内容、评估等进行具体描述与给出明确规定的文件。纵观我国历史上所颁布的大学英语教学大纲,可以看出英语教学大纲设计的一系列变化。

1962年,中国第一部大学英语教学大纲颁布,即《英语教学大纲(试行草案)》,其中提出了大学英语教学的主要目的是"为学习者今后阅读本专业英语书刊打下较扎实的语言基础"。当时的中国正处于百废待兴的阶段,大学英语教学旨在提高学习者的语言基础,重点培养他们的英语阅读能力。

1980年,《英语教学大纲(高等学校理工科本科四年制试用)(草案)》颁布,该大纲中规定的大学英语教学目标包括以下两个阶段。

(1)基础英语教学阶段,这一阶段主要是为学习者阅读英语科技书刊打下扎实的语言基础。

(2)专业英语阅读阶段,这一阶段要求学习者具备顺利阅读有关专业英语书刊的能力。

1983年高考中恢复英语这一科目,从而使我国高中英语教学得到大范围的普及。在这种新形势下,1985年和1986年分别颁布了《大学英语教学大纲(高等学校理工科本科用)》《大学英语教学大纲(高等学校文理科本科用)》两个教学大纲。

(1)《大学英语教学大纲(高等学校理工科本科用)》中提出的理工科英语学科的教学目标是"培养学习者具有较强的阅读能力、一定的听和译的能力以及初步的写和说的能力,使学习者能以英语为工具,获取专业所需的信息,并为进一步提高英语水平打下较好的基础。"

(2)《大学英语教学大纲(高等学校文理科本科用)》中提出的大学英语教学目标与理工科教学目标基本一致,不过没有"译的能力"这一项内容。

根据上述两项教学大纲的内容可以看出,培养学习者通过口头、书面进行交际的能力是外语教学的最终目标。语言能力与交际能力是完全不同的两个概念,二者不能等同。事实上,语言能力是交际能力的基础,但有了语言能力并不等于就具备了交际能力。

1999年,当时的大学生英语水平得到较大的提升,四、六级通过率的上升也十分明显。为此,新颁布的《大学英语教学大纲(修订本)》中规定,大学英语教学的目的是"培养学习者具有较强的阅读能力和一定听、说、

第三章 语言学与英语教学的融合研究

读、写、译的能力,使他们能用英语进行信息交流,大学英语教学应帮助学习者打下扎实的语言基础,掌握良好的语言学习方法,提高文化素养,以适应社会发展和经济建设的需要。"这是我国大学英语教学大纲中首次对学习者在文化素养方面提出要求。

2000年,我国教育部高等教育司颁布的《高职高专英语课程教学基本要求》中指出,"高职英语教学应该以实用和应用为教学主要思想,对学习者的语言应用能力进行培养与提高。"

2004年,为了适应21世纪社会发展的迫切需求,国家教育部门颁布了《大学英语课程教学要求(试行)》,其中提出大学英语的教学目标是"培养学习者的英语综合应用能力,特别是听说能力,使他们在今后工作和社会交往中能用英语有效地进行口头和书面的信息交流,同时增强其自主学习的能力,提高综合文化素养,以适应我国社会发展和国际交流的需要"。[1] 该教学要求中还指出,大学英语是以外语教学理论为指导,以英语语言知识、应用技能、学习策略、跨文化交际为主要内容,集多种教学模式、方法、手段为一体的教学体系。大学英语不仅是一门语言知识的基础课程,更是学习者拓展知识、了解世界文化的重要教育课程。因此,大学英语课程在设计时应该充分考虑文化素质的培养以及国际文化知识的传授,使大学生通过语言这种载体了解西方的科学技术、文化习俗等知识。另外,要尽量在教学过程中安排跨文化交际方面的内容,促进大学生综合素质的提升。

2006年,国家教育部门颁布的《关于全面提高高等职业教育教学质量的若干意见》中指出,高职院校应该在党的教育方针引导下,"以服务为宗旨,以就业为导向,为社会主义现代化建设培养千百万高素质技能型专门人才"。[2]

2007年,社会的发展对高校教育提出了更高的要求。为此,国家教育部门颁布了《大学英语课程教学要求》。其中提出的教学目标是"培养学习者的英语综合应用能力,特别是听、说能力,使他们在今后工作和社会交往中能用英语有效地进行交际,同时增强其自主学习能力,提高综合文化素养,以适应我国社会发展和国际交流的需要"。该要求中指出了大学英语课程具有工具性、人文性的特征,明确了教学内容除了语言方面的知识、技能外,还包括人文方面的情感、素养、理想,这充分体现出一种转变,即从以往认为英语只是一门工具转变为现在认为英语是素质教育的

---

[1] 康莉.跨文化视角下的大学英语教学:困境与突破[M].北京:中国社会科学出版社,2014:55.
[2] 同上.

组成部分。

2009年教育部制订的《高职高专教育英语课程教学基本要求(试行)》中明确指出,"高职英语教学强调打好语言基础和培养语言应用能力;强调语言基本技能的训练和培养实际从事涉外活动的语言应用能力并重"。

在人们眼中,语言只是一种与人沟通、交流的工具。然而,语言并不仅仅只是一种工具。每一种语言中都承载着人的灵性、精神、感悟、风格,将人类的无穷智慧深藏其中。一种语言体现着一种与众不同的世界观,反映着一个民族文化的鲜明特点。多学习一门语言,就是多认识了一个民族和一种文化。人们学习语言的过程其实就是学习一种文化的过程,一个不断建构个人世界图景的过程。

综上可以看出,新教学大纲的颁发都是在以往教学大纲的基础上进行的修订与完善。英语教育的普及、社会的发展、高校的扩招等变化都对高校英语教学提出了新的挑战。为了迎接这些挑战,国家教育部门不断改进教学目标。大学英语教学从最初的传授语言知识、操练语言技能,逐渐转变为重视文化对大学生的影响作用,要从文化的角度来深入改革大学英语教学。在提高大学生英语水平的前提下,全面提高他们的综合文化素养。

通过对我国大学英语教学大纲发展历程的分析可以看出,英语教学大纲设计的趋势呈现出以下特点。

(一)传统教学大纲与新式教学大纲并存

虽然外语教学历史上出现了各种不同的教学大纲,但到目前为止传统的教学大纲并没有被废弃,如当前世界上很多国家使用的依然是传统的结构主义教学大纲;新的教学大纲由于其历时不久而还没有得到大范围的使用,如任务型教学大纲。可见,当前英语教学大纲呈现出一种新旧方式并存的状态。

(二)新式英语教学大纲中出现非语言目标

新式英语教学大纲中出现了"非语言目标"的内容,这是与传统教学大纲的不同之处。所谓非语言目标,即情感态度、思维能力、学习方式、学习策略、人际交往、文化意识等方面的培养。出现这种教学大纲的原因是,外语教学作为一门教授学习者语言知识的体系,不仅要帮助学习者提升自身的语言知识、技能水平,而且还需要发展学习者的智力、情感、学习能力、文化素养等方面,达到全面发展的目的。

(三)新式英语教学大纲比较注重学习过程

与传统教学大纲注重学习结果相比较而言,新式教学大纲十分注重学习者的学习过程,如任务型教学大纲就重视学习者学习语言的过程。因此,新式英语教学大纲又被称为"过程教学大纲"。与此相反,注重结果的传统教学大纲仅关注教学结束后学习者达到的技能水平与所获取的知识水平。

(四)多元教学大纲的设计

如前所述,传统英语教学大纲与新式英语教学大纲都有自身的优点与不足之处,为了更加有效地利用上述两种大纲的优点,有关人士提出了"多元教学大纲"的设计。在设计语言课程的总体框架时,选择哪种语言理论并不是关键,关键是要突出哪些方面的内容。大部分的英语教学大纲都体现出了不同的维度,如语法与技能相结合、任务与话题相结合、技能与功能相结合等。

需要明确的一点是,多元教学大纲的设计并不是将各种类型教学大纲简单拼凑起来,而是通过选择优先考虑一些内容。就当前的外语教学而言,坚持一种教学大纲类型的现象是很少的。大部分大纲设计者都会倾向于多元教学大纲的框架,他们通常有两种选择:其一,在外语教学课程的不同阶段设计不同类型的教学大纲;其二,设计一种多元教学大纲,然后将当前各种流行的教学大纲的优点融合进去。

第四章 词汇学理论观照下的英语教学改革

词汇是英语语言系统中最为活跃、生命力最强的一个因素,也是人们进行交际、表达思想的基本语言单位。词汇无论对于英语学习还是交流而言,都至关重要,越来越多的学者开始对词汇进行研究,并逐渐形成了词汇学这一学科。词汇学作为语言学的一个认知,其主要目的是通过语言学理论来研究语言中词汇的相关问题,如探究词的形态结构、词的构成方式、词的意义及其发展变化等。将词汇学理论运用于大学英语教学,能显著提高英语词汇教学的有效性,对大学英语教学改革起到指导性作用。本章将对词汇学理论观照下的英语教学改革进行探究。

第一节 词汇学的内涵

一、词

(一)词的定义

关于词的定义,不同语言学家从不同的角度对其进行了不同的阐述。下面列举几个较具代表性的观点。

(1)现代语言学的创始人之一费迪南·德·索绪尔(Ferdinand de Saussure)认为语言是"词的语言",而词是"语言的机构中某种中心的东西"。[1]

(2)张维友认为,词是语言最小的自由形式,它有一定的声音、意义和句法功能。[2]

(3)汪榕培(2008)认为,词是语言的最小单位,意义完整,可以在口

---

[1] 汪榕培,王之江.英语词汇学[M].上海:上海外语教育出版社,2008:2.
[2] 夏章洪.英语词汇学:基础知识及学习与指导[M].杭州:浙江大学出版社,2011:3.

第四章　词汇学理论观照下的英语教学改革

语和书面语中独立、自由使用。

上述定义各有侧重，但是总体上来看，目前语言学界主要从以下三个角度对词进行界定。

1. 词是自然的可界定单位

通常而言，在日常的口语表达和书面表达中，人们使用的语言是联系，但偶尔也会出现停顿和空白。因此，词可以被看作"两个间隙或空白之间的一套音段成分或是字母组合"。①

2. 词既是普通用语又是专门术语

词具有普通用语和专门术语的双重特性。例如，如果人们看到一组名词，如 girl, girls，或一组动词，如 shout, shouts, shouted, shouting，会分别把它们当成两个词、四个词。当人们把 girl 和 girls 当成两个词时，就是将词（word）看成了专门术语。反之，将 girl 和 girls 当成一个词时，词（word）就成了普通用语。

3. 词是一个语法单位

一种语言的语法由多个层面构成，其中的每一个层面都是一个"级阶"，而所有的级阶一起构成了层级体系。如图 4-1 所示。

句子
小句
短语/词组
词
语素

图 4-1　语法层次示意图

（资料来源：胡壮麟，2007）

由上图不难看出，词是语法层级体系中的一个级阶，位于语素和词组之间。由此可知，与语素、短语、小句和句子相同，词也是一个语法单位。

（二）词的特征

词与词之间具有一些共性特征，主要包括最小自由形式、稳定性、相对连续性。了解词的这些特征，有助于帮助学习者更好地理解词的内涵。

---

① 胡壮麟. 语言学教程（第 3 版）[M]. 北京：北京大学出版社，2007：52.

1. 最小自由形式

布龙菲尔德（Leonard Bloomfield,1933）首次提出"词是最小自由形式"的观点。他认为，句子是"最大自由形式"（the maximum free form），而词则是"最小的自由形式"（the minimum free form）。也就是说，"词是能够独立构成一个完成语句的最小单位"。[①] 例如：

——Is John coming tomorrow?
约翰明天来吗？
——Surely.
一定。

在这个例子中，surely 就是一个单独构成完整语句的词。

然而，反对者认为，这一标准并非对所有像词的单位都适用，如英语的冠词 a 和 the，就不能单独使用。对此，布龙菲尔德的支持者以下面的例子来论证自己观点的正确性。

——What is missing in a sentence such as "girl in red is my sister"?
——The.

2. 稳定性

从词的内部结构来看，词具有明显的稳定性。例如，ape 不能被排列为 epa，above 也不能被排列为 avobe。但是，组成一个句子的不同成分经常可以变换顺序。例如：

I read an interesting novel in my bedroom last night.
Last night, I read an interesting novel in my bedroom.

将这个句子的地点状语提前，并不影响句子意思的表达。

3. 相对连续性

词具有相对联系性，即使一个词由几个部分构成，各部分之间也不能插入任何新成分。例如，encouragement 这个词由 en,courage,ment 三个部分构成，但是这三个部分之间既不允许有任何停顿（如 en courage ment），也不可以插入任何成分。

二、词汇

词汇是一个集合概念，它并不是指代某一具体的词或者某些固定的词组，而是一种语言中所有"词"和"语"的总称。英语词汇就是指英语

[①] 胡壮麟.语言学教程（第3版）[M].北京：北京大学出版社，2007：52.

第四章　词汇学理论观照下的英语教学改革

中全部的词和所有固定形式的词组的整体。词与词汇之间是个体与整体的关系。

此外，词汇的含义有很多。词汇既可以指某语言中的所有词汇，而且还可以指某特定历史时期中的所有词语，如古英语词汇、中古英语词汇和现代英语词汇。词汇还可以指某一种语言中的词汇，可以是某一种方言中的词汇，可以是某一本书的词汇，还可以是某一学科中的词汇。由此可见，词汇有一个广阔的领域，而不仅仅是单独的个体。

《麦克米伦英语词典》(Macmillan English Dictionary,2002)对词汇下了如下这一定义。

1.[C/U]all the words that a person knows.

a.[C/U]all the words in a particular language.

b.the words used for talking about a particular subject.

c.all the words used or produced by a computer program, game, or talking toy.

2.[C]a list of words and their meanings, especially in a book for learning a foreign language.[①]

这一定义涵盖了词汇的各个层面，可以说是一个相对完整的定义。

三、词汇学

什么是词汇学？关于这一问题，有很多相关的研究与论述。

（1）Hadumod Bussmann 主编的《路特里奇语言和语言学词典》(Routledge Dictionary of Language and Lingistics)虽然从语义学角度对词汇进行研究，但它承认了词汇学在语言学中的地位。

（2）Tom McArthur 主编的《牛津英语参考词典》(The Oxford Companion to the English Language)明确肯定了词汇学是当代语言学的一个分支。

（3）Kirsten Malmkjaer 主编的《语言学百科词典》(The Linguistics Encyclopedia)对词汇语义学、词项之间的关系、横组合特征、多词词项、转换生成语法框架内的词汇、词汇与话语分析等问题进行了探讨，基本划定了词汇的覆盖范围。

（4）David Crystal 主编的《剑桥英语百科词典》(The Cambridge Encyclopedia of the English Language)共482页，其中有72页都是论述

---

① 转引自汪榕培，王之江. 英语词汇学[M]. 上海：上海外语教育出版社，2008：3.

词汇的。它讨论了词汇的性质、词汇的来源、词源、词汇的结构、词汇的各个方面等问题,涉及的范围已经包括英语词汇学的大部分内容,可以说是一部词汇学的专著。

(5)词汇学专家杰克逊和艾姆维拉(H.Jackson & E.Z.Amvela)在他们合著的《词、意义和词汇》(Words, Meaning and Vocabulary: An Introduction to Modern English Lexicology, 2000)中指出,"作为语言学的一个分支,词汇学对词汇进行调查研究、描述并予以理论化"。[①]

综合上述观点可知:词汇学(lexicology)是一门有关词汇的系统知识的科学(the science of words)。具体来说,词汇学是语言学的重要组成部分,它以语言学的相关理论为依据,对语言中有关词汇的问题进行研究,具体涉及词的形态结构、词的构成方式、词的意义、词的语义关系、词汇的发展变化过程、词典知识等内容。

如今,英语词汇的研究范围变得越来越广泛。一些领域已经形成一门相对独立的学科,还有些领域经过不断的融合形成了交叉学科,如形态学、语义学、认知语义学、词汇语义学、词典学、词源学等。这些学科为英语词汇学研究提供了新的视角,对英语词汇学研究意义重大。

此外,英语词汇的研究还可以从历时和共时比较的角度展开。从历时比较来讲,各个历史时期词汇的比较是研究的重点;从共时比较而言,英语词汇国别变体的比较受到越来越多人的关注。历时和共时比较研究不仅有利于英语研究水平的提高,对英语教学水平的提高也十分有利。

近年来,语料库语言学取得了较快的发展。语料库语言学中的一些科学方法,如语料选择、定量分析、数据统计等为英语词汇研究提供了新的视角与操作手段。语料库不仅可以提供快速的检索工具,又可以帮助人们获取高质量的语言样本,因此其已经成为词汇研究与英语教学的新的手段。

研究词汇学有利于人们更好地了解语言的本质,从而对语言的变化和发展规律进行分析、总结。需要注意的是,词汇学研究是逐渐受到人们的关注,并不断发展的。20世纪90年代以来,《词汇学》(Lexicology)杂志的创办以及相关专著的不断问世使词汇学开始在现代语言学领域有了一席之地。随后,由来自世界各地语言学界的资深学者、教授、专家合作完成的《词汇学国际手册:词和词汇的本质和结果》(Lexicology: An International Handbook on the Nature and Structure of Words and Vocabularies)一书的出版将词汇学研究推到了一个全新的高度。此书的序言提

[①] 汪榕培,王之江. 英语词汇学[M]. 上海:上海外语教育出版社,2008:3.

到:"尽可能提供迄今为止最具代表性的关于词汇学研究的方法论及词和词汇相关的研究成果……"。这也是本书的编著目的,试图将词汇学的研究内容和最新的研究成果展示给读者。

第二节 词汇学的研究内容

一、构词法

(一)词缀法

词缀法是借助于语法形位(即词缀)来构成新词的一种构词法,是派生法的一种,因此,由词缀法构成的词又称"派生词"。

英语词汇数量庞杂、变化丰富。但是,英语中的词根、前缀和后缀的数量非常有限,其中前缀和后缀的数量尤其少,使用场合却特别多,因此,词缀成为扩充英语词汇的重要手段,词根、前缀、后缀被称为"扩大词汇的三把钥匙"。词缀法极大地丰富了英语的表现力,在英语的历史发展过程中发挥了重大的作用。

1. 词缀的特点

(1)词缀来源的多样性

英语词缀来源广泛,主要来自希腊语、拉丁语和罗曼语(包括法语、意大利语、西班牙语等)。例如:

希腊语词缀中的前缀包括 anti-, cata-, di-, hecto-, kilo-, neo-, octa-, pan- 等。

希腊语词缀中的后缀包括 -cracy, -ism, -ist, -ite, -ize 等。

拉丁语词缀中的前缀包括 centi-, deci-, inter-, mal-, nona-, pro-, super- 等。

拉丁语词缀中的后缀包括 -age, -al, -ant, -ate, -ible, -ive 等。

罗曼语词缀中的前缀包括 de-, dis-, non- 等。

罗曼语词缀中的后缀包括 -ery, -esque, -ic, -ment, -or, -ous, -sion, -tion 等。

此外,古英语中的一些词缀一直保留在现代英语中,如 a-, be-, for-, fore-, over-, to-, under-, with- 等前缀和 -dom, -ed, -er, -ing, -ish, -less, -like, -ling, -ly, -ster, -ward, -wise, -y 等后缀。

（2）词缀的多义性

词缀的多义性是指同一个前缀或后缀往往表示两个或两个以上的意思。例如，前缀 in- 既可以表示"不"（如 incomplete 不完备的），又可以表示"入"（如 include 包括）。再如，后缀 -ly 可以表示以下八种意思：

"顺序"，如 firstly 第一

"程度"，如 greatly 大大地

"具有某种性质的"，如 comradely 同志般的

"时间的反复"，如 weekly 每周的

"在……方向"，如 outwardly 在外部

"在……时候"，如 lately 最近

"在……方面"，如 educationally 教育方面

"以……方式"，如 smoothly 平稳地

（3）词缀的同义性

与词缀的多义性正好相反，词缀的同义性是指两个或多个词缀表示相同或相似的意思。例如，-acious，-al，-an，-aneous，-ar，-ary，-astic，-ate，-atic，-eous，-etic，-fic，-ful，-ial，-ian，-ic，-ical，-icular，-id，-ile，-ine，-ious，-itous，-ive，-lent，-less，-ory，-ous，-some，-tic，-tious，-ual，-uous，-y 等后缀都可以表示"性质、状态"。再如，表示"结合、共同、相互关系"的有以下四个前缀：

co-（cochairman 联合主席）

con-（concur 同时发生）

col-（colleague 同事）

cor（correspond 符合、相称、与通信）

（4）词缀对词性和词义的影响

前缀对词性影响不大，前缀的作用主要在于修饰和限制词根的意义。从这个意义上来说，前缀的作用相当于副词，可以表示"范围、地点、时间、方式、否定、态度、程度"等意思。后缀的词汇意义没有前缀明显，但后缀可以用来构成名词、动词、形容词等多种词类，能够决定单词的语法属性。

（5）词缀构词能力的差异性

这种差异性是指不同的派生词缀构成新词的能力有很大差别，主要表现在以下四点。

①跟无构词能力的黏着词根结合在一起的派生词缀，往往都是没有构词能力的，如 -ance，-ant 等。有些源自古英语的词缀似乎也丧失了构词能力，如名词性后缀 -th（用于 growth, strength, breadth, length, wealth, width, health 等）。

②英语中词缀构词能力的强弱与它的出现频率并不是一回事，有些常见的词缀正在逐渐丧失构成新词的能力，如形容词后缀 -ly（friendly, fatherly, motherly, scholarly, heavenly, deadly, beastly, cowardly, lonely, elderly 等）。虽然在英语中被广泛使用，但它构成新词的能力几乎等于零。

③即使构词能力很强的词缀也不能任意构成新词。例如，动词 accuse 可以派生出名词 accuser，但是从动词 blame 并不能派生出 blamer。再如，从动词 admire 可以派出生 admirer，但从 loathe 就不能派生出 loather。

④有些构词能力很强的词缀在实际应用中出现的频率并不高，如副词后缀 -wise 和名词后缀 -(n)ese。令人注意的一个现象是这两个"休眠"了很长一段时间的词缀现在又活跃起来了，特别是近年来在不少领域里被越来越多的人使用。例如：

-wise：

表示"在……方面""关于……""就……来说""就……来看"：curriculumwise（就课程方面来说），housingwise（就住房问题来看），luxurywise（在奢侈享受方面），weatherwise（关于天气、就天气来说）等。

表示"相似于……"：hammer-wise, machine-wise, star-wise 等。

表示"位置""方向"：clockwise, crabwise, lengthwise 等。

-(n)ese：

表示"某地区的人、某地区的口音"：Shanghainese（上海人），Brooklynese（布鲁克林口音）等。

表示"用语""风格""文体"：engineerese, newspaperese, networkese 等。

表示某种"体"的、某种"派"的意思：Carlylese, Johnsonese 等。

（6）词缀变化的时代性

英语词汇是不断变化的，当今世界政治、经济、军事、科技、文化、教育等各个方面的进步有力地促进了英语词汇的发展，拓宽了英语词汇的内涵。例如，-friendly 原来是个组合语素，现在被广泛应用于以下词汇中：

user-friendly（便于使用的）

reader-friendly（易于阅读的）

consumer-friendly（便于消费者使用的）

computer-friendly（对计算机友好的、有利于计算机的）

family-friendly（有利于家庭生活的、适合家庭的）等众多词汇中。

2. 前缀

在当代英语中,表示"反义"或"否定"含义的前缀最多。现将构词能力强的前缀列举如下。

(1) de- 表示"除去""向下"。例如:

debug 拆除……窃听装置

decentralize 权力分散

defunct 已消亡的

deorbit 使脱离轨道

depollute 消除污染

(2) ant-, anti- 表示"反对""反""抗""非"。例如:

anti-art 非正统派艺术

antibiotic 抗生的、抗生素

anti-cancer 抗癌的

anti-hero 非传统式英雄

anti-knock 抗震剂

anti-social 反社会的

(3) non- 表示"无、非、不""假、劣""缺乏传统特征的"。例如:

non-aligned 不结盟的

non-character 非文字

non-conductor 绝缘体

nondebate 假辩论

noninvolved 拒绝介入的

(4) re- 表示"再""又""复"。例如:

react 反作用

reaffirm 重申

rebuild 重建

reconsider 重新考虑

(5) counter- 表示"与……相反""反"。例如:

counterattack 反击

counter-charge 反诉,倒打一耙

counterpart 对应一方

counterplot 对抗策略

(6) un- 表示"不""非",如:

Uncooperative 不合作的

unexpected 意外的

uncorrectable 不能修复的

unwrap 打开,展开

(7) pre- 表示"在……之前"。例如:

prearrange 预先准备

precaution 预防

pre-emptive 先发制人的

(8) post- 表示"在……之后"。例如:

post-doctorial 博士后

post-election 选举后

posttreatment 后期治疗

post-war 战后的

(9) micro- 表示"小的""微的"。例如:

microbiology 微生物学

microchip 微晶片

micro-element 微量元素

(10) under- 表示"在……之下""不足"。例如:

underground 地下的

underdeveloped 不发达的

undereducated 未受过良好教育的

前缀构成派生词,有以下几点需要特殊说明。

(1)前缀的意义大体可以分成以下七类。

①反义前缀: a-, dis-, un-, non-;

②贬义前缀: real-, mis-, pseudo-;

③等级与大小前缀: macro-, micro-, mini-, over-, ultra-;

④态度取向: anti-, pro-;

⑤方位: frore-, inter-, trans-;

⑥时间顺序前缀: ex-, pre-, re-;

⑦数字前缀: uni-, tri-, quint-, multi-。

(2)有些前缀会根据所附词干的发音不同而出现一些变体。例如,in- 有 im-, il- 和 ir- 三种变体,具体的变化规则如下。

①在双唇音前变为 im-,如 imbalance, immune, impossible;

②在边音前变为 il-,如 illegible, illegitimate;

③在卷舌音前变为 ir-,如 irregular;

④在其他音前保持不变,仍为 in-,如 indefinite。

再如，co- 有 com-，col-，cor-，con- 四种变体，具体的变化规则如下。
①如果词干开头字母是元音，直接用，如 coexist，cooperate；
②开头字母是双唇音 [b][p][m]，变为 com-，如 combat，community，comprise；
③开头字母是边音 [l]，变为 col-，如 collateral；
④开头字母是卷舌音 [r]，变为 cor-，如 correlate；
⑤其他辅音字母开头时变为 con-，如 concord，confederate。

（3）大部分情况下，前缀对词根的发音没有影响，但在某些情况下，一些前缀会因为重读而使词根中原来的重读音节降为次重读音节或失去重读，如 worker 的重读在 w 上，当加上前缀 co- 变为 coworker 后，重读音就从 w 转移到 c。

（4）加上前缀变成新的单词后，有的要保留连字符，如 co-drive。有的则不需要连字符，如 coadapted。还有的则两种均可，如 co-operate 与 cooperate 都是正确的。

（5）一般情况下，前缀对词性没有影响，但 en-（或 em-），be- 和 a- 三个前缀属于例外情况，它们可以改变词性。

3. 后缀

后缀的主要作用是改变词性。后缀按词类可以划分为四类：名词后缀、动词后缀、形容词后缀和副词后缀。下面分别进行介绍。

（1）名词后缀

以下是一些常见的名词后缀。

① -ry 或 -ery 表示"与……相关的状态或行为""场所""集合"。例如：
bakery　面包店
machinery　机械
slavery　奴隶身份，奴隶制
surgery　外科手术

② -ee 表示"受……的人"。例如：
conferee　会议参加者
detainee　被扣留者
examinee　考生
interviewee　被采访者
retiree　退休者

③ -age 表示"度""量"。例如：
acreage　英亩数

第四章　词汇学理论观照下的英语教学改革

mileage　英里数,里程
percentage　百分率
wastage　浪费(量)
④ -ness 表示"状态、品质、程度"。例如:
carelessness　粗心
correctness　正确
happiness　幸福
⑤ -hood 表示"某种状态或时段"。例如:
adulthood　成人期
childhood　童年
falsehood　谬误
⑥ -(t)ion 表示"某动作导致的状态或机构"。例如:
admission　进入
alternation　交替
decision　决定
⑦ -dom 表示"状态、领域"。例如:
freedom　自由
kingdom　王国
officialdom　官场
wisdom　智慧
(2)形容词后缀
形容词后缀数量很多,其中常见的有以下几类。
① -able(有 -ible 和 -ble 两种变体)表示"可……的""值得……的"。例如:
eatable　可食用的
contemptible　可鄙的
comfortable　舒服的
② -al(有 -ial 和 -ical 两种变体)表示"有……的""似……的""适于……的"。例如:
agricultural　农业的
industrial　工业的
electrical　电的
philosophical　哲学的
③ -ful 表示"充满着的""有……的"。例如:
careful　仔细的

helpful　有帮助的
faithful　忠诚的
④ -less 表示"无……""缺乏……"。例如：
childless　无子女的
homeless　无家可归的
tireless　不知疲倦的
⑤ -ive 表示"有……倾向""具有……性质"。例如：
creative　有创造性的
substantive　实质性的
interrogative　疑问的
（3）动词后缀
动词后缀主要有以下几类。
① -en 表示"使有""变得有"。例如：
darken　变黑
shorten　变短
strengthen　加强
② -ize（ise）表示"使……变成""使……化"。例如：
computerize　电脑化
criticize　批评
dramatize　改编成剧本
legalize　使合法化
③ -ate 表示"成为""使化合"。例如：
hyphenate　用连接号连接
chlorinate　使氯化
④ -fy 或 -ify 表示"使……成为""使有"。例如：
beautify　美化
classify　分类
codify　编纂、整理
purify　净化
solidify　使……变为固体
（4）副词后缀
常见的副词后缀有以下几种。
① -fold 表示"倍数"。例如：
twofold　两倍
tenfold　十倍

第四章　词汇学理论观照下的英语教学改革

hundredfold　百倍

② -ly 表示"程度、次序、某一时间"。例如：

badly　坏地

calmly　平静地

happily　高兴地

firstly　第一

daily　每天

③ -ward（s）表示"方向，向……"。例如：

toward　朝，向

westward　向西

upward　向上

homeward　向家走地

④ -wise 表示"方式""方向""方面"。例如：

lengthwise　纵向地

clockwise　顺时针方向

weatherwise　在气候方面

同前缀相比，后缀与词根的关系更加密切，因此后缀在大多数情况下都与词根拼写在一起，而不需要使用连字符。

前缀有时会使词根由重读音节降为次重读音节或失去重读，一般情况下对词根的发音没有影响。后缀常常使词根的发音产生变化，有些后缀则对词根的发音与重读音节的位置都有影响。例如，courage（名词"勇气"）加后缀 -ous 变为 courageous（形容词"勇敢的"）后，它的读音由 /'kʌridʒ/ 变为了 /kə'reidʒəs/。不难发现，不仅重读音节由 c 转移到 r 的位置，courage 中 ou 与 a 的发音也分别由 /ʌ/ 和 /i/ 变为了 /ə/ 和 /ei/。

前面所讲的都是词缀法的一般规则，但这些规则也有例外。例如，unsightly 这个词并不是 sightly 加前缀 un- 或者 unsight 加后缀 -ly 构成的，因为英语中并没有 sightly 或 unsight 这两个词。

另外，否定词缀 dis-、-less、in-、im-、un- 等一般表示否定含义，但在某些情况下却丝毫没有否定的意味。例如，valuable 表示"贵重的"，加前缀 in- 生成的 invaluable 并不表示"没有价值的"，而是与 valuable 基本同义，仍旧表示"无法估价的"。再如，一般情况下，-ful 与 -less 的意思正好相反，但 shameful 与 shameless 都表示"可耻的""无耻的"，意思几乎没有区别。

因此，我们不仅要学习和掌握词缀的一般规律，还要学会对这些例外情况进行特殊记忆和特殊处理。只有这样，我们才能对词缀法有更加全面和深入的了解。

(二)复合法

把两个或两个以上的词组合在一起形成一个新词的方法叫复合法,用这种方法形成的词叫复合词。

两个或两个以上的词一起出现,既有可能是复合词,也有可能是根据表达的需要而自由组合在一起的词组。掌握复合词在语法、语义、语音和书写上的特点,是区别自由词组与复合词的关键,下面我们就来介绍复合词的特点。

1. 复合词的特点

(1)复合词的语法特点

构成自由词组的词必须遵守英文的语法规则与表达习惯,而复合词则可以摆脱语法限制,并具有自己独特的结构特点。

复合词的某些特殊结构不符合语法规则,因此不可能存在于自由词组中,只可能存在于复合词中,具体来说包括以下几类。

①动词修饰名词。例如:
callboy 名词 "宾馆男服务员"
pickpocket 名词 "扒手"
breakwater 名词 "防波堤"
②名词与过去分词复合成形容词。例如:
handpicked　形容词 "精选的"
home-made　形容词 "国产的"
duty-bound　形容词 "义不容辞的"
book-learned　形容词 "迷信书本的"
③形容词与过去分词组成新词。例如:
low-paid　形容词 "低收入的"
full-grown　形容词 "生长完全的"
deep-laid　形容词 "处心积虑的"

与自由词组不同,复合词被当作一个独立的词来看待,因此复合词不可能在词的中间发生变化,只能在词尾发生变化。但是,在某些特殊情况下,复合词的中间也会发生变化。复合词发生变化的情况主要有以下两种。

第一,复合词中起修饰作用的形容词一般没有比较级和最高级形式,如 fine arts(艺术)是正确的,但 finer arts 或 finest arts 是错误的。再如,

第四章 词汇学理论观照下的英语教学改革

high school（中学）是正确的，但 higher school 和 highest school 都是错误的。但是，作为例外情况，higher education（高等教育），elder sister（姐姐）和 younger brother（弟弟）都是正确的复合词。

第二，复合名词的复数形式一般在最后一个词上体现，如 eggshells（蛋壳），blackboards（黑板），flowerpots（花盆），mailboxes（邮箱），blackguards（恶棍）等。但是，某些特殊的复合词的复数形式体现在词的中间，如 daughters-in-law（儿媳妇），women teachers（女老师），lookers-on（旁观者），attorneys general（检查总长）等。

（2）复合词的语义特点

复合词的语义较为固定，大多数复合词的语义都可以根据其组成部分的字面意义去理解，如 one-way（单向通行的），sandstorm（沙尘暴）等。但是，有些复合词的词义并不是其组成部分词义的简单相加，而是从中引申出新的词义，如 mother wit（天生的智力），brainchild（脑力劳动的产物，如作品、思想、设想、发现等），greenhorn（没有经验的人），greenback（美钞），Indian paper（字典纸），white lie（善意的谎言），dog days（三伏天）等。

掌握复合词组成部分之间的逻辑关系，可以帮助我们更好地理解复合词的语义。一般来说，复合词组成部分之间主要有以下几种逻辑关系。

①并列关系。例如：
face-to-face　面对面的
pros and cons　利弊
to-and-fro　来回走动
life-and-death　生死攸关的

②限定关系。例如：
compact disc　激光唱盘
French flies　炸薯条
natural resources　自然资源
police station　警察局

③主谓关系。例如：
sunrise　日出
nightfall　黄昏

④动宾关系。例如：
birth control　计划生育
record-breaking　创纪录的

⑤主宾关系。例如：
power plant　发电厂

gaslight 煤气灯
⑥同位关系。例如：
boy friend 男朋友
chairwoman 女主席
⑦整体和部分的关系。例如：
door-handle 门的把手
riverbed/river bed 河床
（3）复合词的书写特点
复合词的书写方式有以下三种。
①分开书写，如 general education（普通教育），remote control（摇控器），think tank（智囊团），bank account（银行存款）等。
②连字符连接，如 man-made（人造的），laid-back（悠闲的），baby-sitter（临时照看婴孩的人），good-for-nothing（无用的）等。
③连写，如 basketball（篮球），earthquake（地震），breakthrough（突破），toothache（牙疼）等。

复合词的书写方式比较自由，有的词甚至有两种或三种写法，如 hotdog, hot-dog, hot dog 都是正确的。具体采用哪种写法，主要依据习惯和英语人士的偏好。一般来说，英国英语习惯于使用连字符，美国英语不用连字符的比较多。

2. 复合词的构成

复合词包括复合名词、复合形容词、复合动词、复合代词、复合数词、复合副词、复合连词、复合介词、句式复合词等。其中，数量最多的是复合名词、复合形容词和复合动词。下面，我们就来分析这三类复合词的构成方式。

（1）复合名词的构成方式
复合名词的构成方式包括以下 13 种。
①名词＋名词。例如：
forgery ring 伪造团伙
clubfoot 畸形足
end product 最后结果
homework 家庭作业
②形容词＋名词。例如：
deadline 截止日期
back-up generator 备用发动机

第四章　词汇学理论观照下的英语教学改革

black hole　黑洞
double-dealer　两面派
③副词＋名词。例如：
overburden　过重的负担
after-effect　后效
afterthought　事后想到的事物
underclothes　内衣
④动词＋名词。例如：
jumpsuit　跳伞装
crybaby　爱哭的人
breakwater　防洪堤
driveway　车道
⑤ -ing ＋名词。例如：
cleaning lady　清洁女工
baking powder　发酵粉
chewing gum　口香糖
⑥名词＋动词。例如：
frostbite　冻伤
daybreak　黎明
heartbreak　伤心
rainfall　降雨
⑦副词＋动词。例如：
offset　抵消
off-cut　下脚料
income　收入
⑧动词＋副词。例如：
follow-up　后续产品
play-off　最后决赛
break-through　突破
⑨名词＋ -ing。例如：
handwriting　书法
air-conditioning　空调
family planning　计划生育
sun-bathing　日光浴

⑩介词＋名词。例如：
by-product　副产品
afternoon　下午
overcoat　大衣
⑪副词＋ -ing。例如：
up-bringing　抚养孩子
outpouring　流露
uprising　起义
⑫ -ing ＋副词。例如：
going-over　彻底检查
carrying-out　执行
taking-off　起飞
⑬动词＋ er。例如：
sports reporter　体育新闻记者
crime reporter　报道犯罪的记者
stockholder　股票经纪人
（2）复合形容词的构成方式
复合形容词的构成方式灵活多样，主要包括以下 17 种。
① -ing ＋形容词。例如：
biting-cold　刺骨的冷
steaming-hot　滚烫的
wringing-wet　湿得可拧出水来的
②形容词＋名词。例如：
blue-collar　体力劳动者的
present-day　现代的
short-term　短期的
③名词＋形容词。例如：
brand-new　崭新的
bulletproof　防弹的
dog-tired　累极了的
④名词＋名词＋ -ed。例如：
chicken-hearted　胆小的
wine-colored　深红色的
hen-pecked　怕老婆的

第四章　词汇学理论观照下的英语教学改革

⑤名词＋-ing。例如：
energy-saving　节能的
record-breaking　破纪录的
peace-loving　爱好和平的
⑥形容词＋-ing。例如：
good-looking　美貌的
easy-going　随和的
free-living　沉溺于吃喝享受的
⑦副词＋-ing。例如：
well-meaning　善意的
oncoming　即将来到的
out-going　性格外向的
⑧数词＋名词。例如：
first-class　一流的
five-star　五星级的
ten-storey　十层的
⑨数词＋-ed。例如：
double-edged　双刃的
two-faced　两面派的
two-legged　有两条腿的
⑩-ed＋副词。例如：
broken-down　出了故障的
burnt-out　燃烧尽的
cast-off　被丢弃的
⑪短语和句子。例如：
heart-to-heart　直率的
wait-and-see　观望的
state-of-the-art　尖端的
⑫介词短语。例如：
in-kind　实物的，非现金的
at-the-first-sight　第一眼的，第一印象的
⑬动词＋名词。例如：
breakneck　非常危险的
cross-country　越野的
cut-price　打折的

⑭形容词＋名词＋ -ed。例如：
warm-hearted　热心肠的
long-haired　长头发的
good-tempered　脾气好的
⑮形容词＋形容词。例如：
dark-blue　深蓝色的
icy-cold　冰冷的
⑯副词＋形容词。例如：
all-mighty　万能的
evergreen　常绿的
⑰形容词＋ -ed。例如：
fresh-frozen　速冻的
far-fetched　牵强附会的

（3）复合动词的构成方式

复合动词的构成方式不如复合名词、复合形容词那么丰富，复合动词一般是在复合名词或复合形容词的基础上通过词类转换或逆生法形成的。此外，副词与动词也可以形成复合动词。

①通过词类转换形成的复合动词。例如：
moonlight（名词"月光"）→ to moonlight（动词"赚外快"）
honeymoon（名词"蜜月"）→ to honeymoon（动词"度蜜月"）
blueprint（名词"蓝图"）→ to blueprint（动词"为……制蓝图"）
sandpaper（名词"砂纸"）→ to sandpaper（动词"用砂纸擦"）
blacklist（名词"黑名单"）→ to blacklist（动词"列入黑名单"）

②通过逆生法形成的复合动词。例如：
housekeeper（名词"管家"）→ to housekeep（动词"操持家务"）
proofreading（名词"校对"）→ to proof-read（动词"校对"）
soft landing（名词"软着陆"）→ to soft-land（动词"软着陆"）
baby-sitter（名词"看管孩子的人"）→ to baby-sit（动词"看孩子"）
vacuum cleaner（名词"真空吸尘器"）→ to vacuum-clean（动词"用真空吸尘器除尘"）

③副词＋动词。例如：
overcharge　超额收费
overeat　吃得太多
overhear　无意中听到
overthrow　推翻

cross-question　盘问
fasttalk　花言巧语地企图说服
off-load　卸货

（三）转化法

转化法是指一个词不经过任何形式上的变化就从一种词类转化为另一种词类，并具备了新的意义和作用的构词方法。转化法使各种词类的标志不像过去那样明显，使语言的表达更加新颖、丰富、形象和生动。现代英语 26% 的新词都是通过转化生成的。

1. 转化法的特点

转化法具有以下一些特点。

（1）词的形式不发生任何变化。例如，doctor 可以从名词"医生"不加任何形式变化就直接转化为动词 to doctor，并产生新的意义"行医"。再如，smoke 最初是名词"烟"，后来转化为动词并用来表示"冒烟""吸烟"，在现代英语中 smoke 又根据"吸烟"的意思转化为一个新的名词，表示"香烟"。不难发现，不管 smoke 作名词还是动词，也不管 smoke 表示何种含义，它的形式没有发生任何变化。也正因为如此，转化法也被称为"零位后缀派生法"，简称"零位派生法"。

（2）转化法多适用于简单词。英语中大多数单音节名词都有与它相同形式的动词，如 pay 与 to pay，walk 与 to walk，talk 与 to talk，play 与 to play 等。一部分复合词可以发生转化，但派生词由于具有明确表示词类的后缀，通常不能转化。

转化法是英语形成新词的重要方法之一，是三种基本构词法中最简便的一种，具有极强的表达力。转化可以发生在各种词类之间，有时一个词往往具有多种词性，但数量最多的是转成动词和转成名词。

2. 转化词的构成

（1）名词转化为动词

名词转化成动词是现代英语中相当普遍的现象，名词转化的动词语义非常丰富，主要包括以下几种。

①表示"用……来做"。例如：
eye（名词"眼睛"）→ to eye（动词"注视"）
finger（名词"手指"）→ to finger（动词"用手指触碰"）
shoulder（名词"肩膀"）→ to shoulder（动词"肩负"）

②表示"像……那样……"。例如：
captain（名词"首领"）→ to captain（动词"当首领"）
dog（名词"狗"）→ to dog（动词"尾随"）
wolf（名词"狼"）→ to wolf（动词"狼吞虎咽"）
③表示"给予""提供"。例如：
fuel（名词"燃料"）→ to fuel（动词"加燃料"）
shelter（名词"避难所"）→ to shelter（动词"掩护"）
butter（名词"黄油"）→ to butter（动词"涂黄油于……"）
④表示"去掉"。例如：
core（名词"果心"）→ to core（动词"挖去果心"）
dust（名词"灰尘"）→ to dust（动词"除去……的灰尘"）
peel（名词"外皮"）→ to peel（动词"削皮"）
⑤表示"用……来送""乘……前往"。例如：
boat（名词"船只"）→ to boat（动词"乘船"）
motor（名词"汽车"）→ to motor（动词"用汽车运送"）
telegram（名词"电报"）→ to telegram（动词"发电报"）
⑥表示"放入""装"。例如：
cage（名词"笼子"）→ to cage（动词"装进笼子"）
corner（名词"角落"）→ to corner（动词"把……逼到角落"）
pocket（名词"口袋"）→ to pocket（动词"装进口袋"）
⑦表示"把……变为"。例如：
knight（名词"爵士"）→ to knight（动词"授予……爵士称号"）
orphan（名词"孤儿"）→ to orphan（动词"使成孤儿"）
wreck（名词"失事"）→ to wreck（动词"使车、船失事"）
（2）动词转化为名词
由动词转化的名词常用来表示以下意义。
①表示原来的动作或状态。例如：
to attempt（动词"试图"）→ attempt（名词"尝试"）
to laugh（动词"大笑"）→ laugh（名词"大笑"）
to doubt（动词"怀疑"）→ doubt（名词"疑问"）
②表示动作的执行者。例如：
to cook（动词"做菜"）→ cook（名词"厨师"）
to cheat（动词"欺骗"）→ cheat（名词"骗子"）
to tramp（动词"流浪"）→ tramp（名词"流浪者"）

③表示地点。例如：
to divide（动词"划分"）→ divide（名词"分界线"）
to dump（动词"倾倒"）→ dump（名词"堆垃圾的地方"）
to retreat（动词"撤退"）→ retreat（名词"避难处"）
④表示结果。例如：
to answer（动词"回答"）→ answer（名词"答复"）
to catch（动词"抓住"）→ catch（名词"捕获物"）
to reject（动词"拒绝"）→ reject（名词"遭拒绝的东西"）
⑤表示工具。例如：
to cover（动词"覆盖"）→ cover（名词"盖子"）
to wrap（动词"包起来"）→ wrap（名词"包裹物"）
to catch（动词"钩住"）→ catch（名词"门闩"）

（3）形容词转化为动词

由形容词转化来的动词有的是及物动词，有的是不及物动词。不管及物还是不及物，动词的语义都比较简单，常常表示状态的变化。例如：
dry（形容词"干燥的"）→ to dry（动词"使变干"）
bare（形容词"赤裸的"）→ to bare（动词"暴露"）
narrow（形容词"狭窄的"）→ to narrow（动词"使狭窄"）
humble（形容词"谦恭的"）→ to humble（动词"压低……的身份"）
rough（形容词"粗糙的"）→ to rough（动词"粗暴地对待……"）

（4）形容词转化为名词

虽然形容词转化为名词的构词能力并不强，但形容词转化成的名词并不少见。形容词转化为名词的情况可以分为两类，一类是完全转化，另一类是不完全转化。

完全转化是指形容词已完全转化为名词，并具有了名词的语法特征，如加 -s 变为复数，加 -'s 成为所有格，或者由形容词进行修饰。例如：
Chinese（形容词"中国人的"）→ Chinese（名词"中国人"）
communist（形容词"共产主义的"）→ communist（名词"共产主义者"）
crazy（形容词"疯狂的"）→ crazy（名词"疯子"）
white（形容词"白色的"）→ white（名词"白人"）
returnable（形容词"可退回的"）→ returnable（名词"可退回的瓶子、罐头等"）
disposable（形容词"用完即可丢弃的"）→ disposable（名词"用后被扔弃的瓶子、罐头等"）

不完全转化的名词不具有名词的所有特点。这类名词常常在前面加上定冠词the来表示具有某种特点的一类人、一类东西或抽象概念。例如：

poor（形容词"贫穷的"）→ the poor（名词"穷人"）
rich（形容词"富裕的"）→ the rich（名词"富人"）
innocent（形容词"无辜的"）→ the innocent（名词"无辜者"）
incredible（形容词"难以置信的"）→ the incredible（名词"难以置信的人或事"）

不完全转化的类型中，有一部分形容词是过去分词。过去分词具有形容词的一部分语法特点，因此，过去分词也可以在前面加定冠词，指某一类人。例如：

accused（形容词"被控告的"）→ the accused（名词"被告"）
bereaved（形容词"丧失亲人的"）→ the bereaved（名词"死难者的家属"）
deceased（形容词"已故的"）→ the deceased（名词"死者"）
unemployed（形容词"失业的"）→ the unemployed（名词"失业者"）
wounded（形容词"受伤的"）→ the wounded（名词"伤员"）

（5）名词转化为形容词

名词转化为形容词最常见的用法是名词定语，即一个名词既不需要加形容词词尾，也不需要任何词格的变化，就直接用作定语来修饰另一个名词。例如：

a gold watch   金表
an Iron box   铁箱子
a silk scarf   丝绸围巾
a consumer city   消费型城市
trouble spot   可能发生麻烦的地点
impulse buying   凭一时的冲动买东西

（四）拼缀法

拼缀法是指对两个独立单词的一个或两个进行部分剪切，然后将剪切后的部分合并成一个新单词的构词方法，通过这种方法生成的词叫"拼缀词"，又叫"合成词""混成词"或"行囊词"。

《爱丽丝漫游奇境记》和《猎取怪物》的作者卡罗尔（Lewis Carroll，1832—1898）在自己的作品中创造了很多拼缀词，如：

chuckle ＋ snort ＝ chortle

第四章　词汇学理论观照下的英语教学改革

chuckle 表示"抿着嘴暗笑",snort 表示"哈哈大笑",这两种笑拼缀成 chortle 则表示"满心喜悦地哈哈大笑"。再如:

gallop + triumph = galumph

gallop 表示"(马)奔驰",triumph 表示"得胜、凯旋",由这两个词拼缀而成的 galumph 表示"得意洋洋地昂首阔步前进"。这个新词无法掩饰的欢快与振奋的心情用中国古诗"春风得意马蹄疾"来形容,再恰当不过了。

拼缀词言简意赅,形象生动,易于记忆,极符合现代人快速的生活节奏。拼缀词以名词居多,其大量出现在科技、报刊中,如:

micro + manipulat + ion = micromanipulation　微操纵技术

macro + meteor + ology = macrometeorology　大气象学

micro + wave = microwave　微波

Communications + satellite = comsat　通信卫星

拼缀法的构词方式主要有以下四种。

1. 词首加词尾

词首加词尾是指将第一个单词的词头与第二个单词的词尾拼接在一起。例如:

smoke + fog = smog　烟雾

smoke + haze = smaze　烟霾

mean + stingy = mingy　吝啬的

television + broadcast = telecast　电视广播

slum + suburb = slurb　市郊贫民区

dove + hawk = dawk（介于鸽派和鹰派之间的）中间派

2. 词首加词首

词首加词首是指将第一个词的词头与第二个词的词头拼接在一起。例如:

psychological + warfare = psywar　心理战

human + intelligence = humint　间谍情报

memorandum + conversation = memcon　谈话记录

teletype + exchange = telex　用户直通电报

3. 词首加单词

词首加单词是指将第一个单词的词头与第二个单词拼接在一起。例如:

psychological ＋ warrior ＝ psywarrior 心理战专家
television ＋ diagnosis ＝ telediagnosis 远程诊断
high ＋ jack ＝ hijack 空中劫持
alphabetic ＋ numeric ＝ alphanumeric 文字数字式的

4. 单词加词尾

单词加词尾是指将第一个单词和第二个单词的词尾拼接在一起。例如：

book ＋ automobile ＝ bookmobile 流动图书馆
tour ＋ automobile ＝ tourmobile 观光车
sports ＋ broadcaster ＝ sportscaster 体育节目广播员
cable ＋ telecast ＝ cablecast 有线电视广播
breath ＋ analyse ＝ breathalyse 做呼吸测醉检验

（五）缩略法

缩略法是指通过对词的音节进行省略或简化而生成新词的构词方法，由这种方法生成的词叫缩略词。缩略法简洁高效、使用便捷，在科技文体和新闻文体中被广泛运用。缩略词包括两种，一种是首字母缩略词，另一种是截短词，下面分别进行介绍。

1. 首字母缩略词

将一个词组或短语中每个单词的首字母提取出来拼成一个单词，这样的词就是首字母缩略词。例如：

ATM：automatic teller machine 自动取款机
AVM：automatic vending machine 自动售货机
ABS：anti-lock brake system 防抱死刹车系统
BBS：British Broadcasting Cooperation 英国广播公司
CD：compact disk 激光唱盘
GPS：global position system 全球定位系统
GSM：global system for mobile communications 全球移动通信系统

2. 截短词

将一个独立而完整的单词中的一部分字母或音节删除所得到的词就是截短词。

将单词截短的方法主要有以下四种。

（1）删除词头

删除词头是指对单词前面的一部分字母进行剪切，保留后半部分，例如：

periwig → wig　假发

bulldozer → dozer　推土机

telephone → phone　电话

violoncello → cello　大提琴

（2）删除词尾

删除词尾是指对单词后面的一部分字母进行剪切，保留前半部分，例如：

gasoline → gas　汽油

kilogram → kilo　千克

examination → exam　考试

advertisement → ad　广告

（3）删除首尾

删除首尾是指对单词前面与后面的部分字母都进行剪切，保留中间部分，例如：

refrigerator → fridge　冰箱

detective → tec　侦探

influenza → flu　流行性感冒

prescription → script　处方

（4）删除词中

删除词中是指对单词中间部分进行剪切，保留词头与词尾，例如：

mathematics → maths　数学

department → dept　部门

spectacles → specs　眼镜

assistant → asst　助手

二、词汇的分类

（一）功能词和实义词

功能词又叫"语法词"，本身没有具体意义，主要的作用是参与构建词组、短语、小句、复合小句或语篇，包括连词、介词、冠词和代词等。例如：

（1）The job has been completed by Jack.

(2)The mother asked her son to lie down.

上述例句中的 the 都没有实际意义,只是为了满足英语的表达习惯。(1)中的 by 用来构成被动语态,(2)中的 to 没有具体的含义,只是动词不定式的标志。上述功能词本身的含义几乎为零,用在这里只起到语法上的作用。

与功能词相反,实义词具有单独的词义,可以命名事物、描述状态、采取行动、体现过程、记载内容,包括动词、名词、形容词、副词等。例如:

(1)Mary is a warm-hearted girl.

(2)Jack usually swims in the pond on Sundays.

(1)中的 is 用于描绘状态,形容词 warm-hearted 给我们呈现了一位热心的女孩。(2)中的 swims 具体地展现了 Jack 的动作,usually 则告诉我们 Jack 游泳的频率。这些实义词使句意真实、具体而生动。

可见,实义词表达主句的重要信息,功能词则负责把这些信息按照内在逻辑连接起来,二者相互配合,实现了语义的有效表达。

(二)本族词和外来词

本族词是本族人民在生产生活中创造出来的、用以描述本民族社会生活中经常使用的基本概念、情境的词汇,涉及本族人民生活的方方面面,如季节、人体、颜色、动作、动物、植物等。例如:

描绘季节的词有 spring, summer, autumn, winter 等。

描绘人体的词有 head, shoulder, ear, eye, nose, mouth, back, arm, leg, foot 等。

描绘颜色的词有 red, yellow, blue, green, brown, black, white 等。

描绘动作的词有 run, jump, swim, lie, sit, stand, eat, drink, read, listen 等。

描绘动物的词有 sheep, cock, hen, tiger, deer, goat, rabbit, elephant 等。

描绘植物的词有 pine, willow, oak, flower, leaf, bud, root, lily 等。

外来词是英语在发展过程中从其他国家或民族的语言中吸收的词汇。这些外来词极大地丰富了英语的内涵与表现力,在英语中占有很大比重,已经成为英语词汇中不可分割的一部分。例如:

来自汉语的词有 maotai, paper tiger, Jiaozi, kowtow, silk, china, brainwashing, tofu, one country with two systems, Peking duck, ginseng, Red Guard 等。

第四章 词汇学理论观照下的英语教学改革

来自拉丁语的词有 area, cup, chalk, genius, formula, mountain, school, sickle, kettle, wine, street, veto 等。

来自葡萄牙语的词有 favela, pagoda, veranda, buffalo, flamingo, caste 等。

来自法语的词有 brochure, country, menu, government, attic, council, vassal, terrain, parliament, soup 等。

来自西班牙语的词有 armada, embargo, plaza, anchovy, autopista, cannibal 等。

（三）封闭词和开放词

根据词汇词和语法词之间的区别，词又可以划分为封闭类词和开放类词。

笼统来说，二者的区别主要在于：封闭类词的成员固定，数量有限；而开放类词的成员数量基本上是无限的。代词、介词、连词和冠词等都属于封闭类词，一般不能轻易增加或衍生新的成员。当各种新思想、新发明或新发现出现的时候，词典中就会不断地增加一些新的词语，这些词就属于开放类词，如名词、动词、形容词和副词等。

实际上，封闭类词和开放类词之间的差别并不像表面看起来那么界限分明。举例来说，介词虽然属于封闭类词，但在英语中却是一个相对开放的词类。如 regarding（关于），throughout（遍及，贯穿），out of（从……中，没有），according to（依照），with regard to（关于），in spite of（尽管），by means of（用……的方法）等许多词语人们现在都把它们看作介词或是介词词组。而有些曾一度标注为开放类词的，其实在数量上是相对封闭的，如助动词。

（四）可变化词和非变化词

根据可变化性，词可以分为两大类：可变化词和非变化词。

（1）可变化词就是指词可以进行屈折变化，换句话说，就是同一个词可以变化成不同的语法形式，但其中的一部分保持不变。下面以动词 follow 和名词 book 为例来进行说明。

一般形式：follow

第三人称单数形式：follows

现在进行形式：following

一般过去形式：followed

单数形式：book

复数形式：books

在印欧语系中，拉丁语和梵语中存在比较多的可变化词，德语次之，而英语中最少。

（2）非变化词指的是词尾不能发生屈折变化的一类词。如 before, since, when, seldom, through, hello 等类似的词。

三、词汇的变化

（一）拼写变化

部分英语词汇在漫长的使用过程中出现了一定的拼写变化。这种变化主要表现在词的曲折变化上。

（1）名词的复数形式发生改变。例如，way 的复数以前是 wayes，现在是 ways。

（2）名词所有格在古英语时期是 's 形式，到了中古英语时期，非人类名词的所有格要用 of 形式，而现代英语则有恢复古英语属格形式的趋势，如 China's modernization。

（3）第二人称的古代形式 ye, yee, thou 现已被 you 取代，thy 则被 your 取代。

（4）主语是第二人称单数时，动词的古代形式是 -(e)st，如 do(e)st, playest, hearest 等，而在现代英语中，动词并不变化，依旧使用原形。

（5）主语是第三人称单数时，动词的现在时从原来的 -(e)th 形式变为现在的 -(e)s 形式，如 do(e)th—does, goeth—goes, hath—has。

除了上述曲折变化以外，英语词汇拼写的变化还反映在部分词汇的改拼上，如 Iesus, sate, sunne 今天分别被改拼成了 Jesus, sat, sun。另外，古英语中的 u 和 v 今天也已经互换了位置，即 u 变成了 v，v 变成了 u。

（二）语义变化

实际交际中，我们可能需要无穷多的单词或者符号来表达我们的经验型概念，但是为了保证交流的顺利进行，我们不能创造出无数个单词。为了解决这一矛盾，我们可以为已经存在的单词赋予新的意义，换句话说，就是用旧的形式来表达一个新的概念，因此这个形式的意义就增加了。语义的变化主要有三种形式，即词义缩小、词义扩大和词义转移。此

第四章　词汇学理论观照下的英语教学改革

外,词性变换和俗词源也对词义的变换有一定的影响。

1. 词义扩大

词义扩大,又称词义的一般化,是指将原来特定的、具体的含义扩大为概括的、普遍的含义,从而使新义大于旧义的现象。例如:

	旧义	新义
pile	桥墩	堆在一起的大量东西
holiday	(宗教)神圣的日子	假日、节日
alibi	被告人不在场证明	借口
task	税款	任务
salary	政府发给古罗马军人的买盐钱	薪水
quarantine	(隔离的)40天	被迫隔离的一段时间

2. 词义缩小

词义缩小,又称词义的特殊化,是指将原来概括的、普遍的含义缩小为特定的、具体的含义,从而使新义小于旧义的现象。例如:

	旧义	新义
knight	少年	骑士
wife	妇女	妻子
meat	食物	哺乳动物的肉
accident	事件	事故
girl	年轻人	女孩
disease	不适	疾病
deer	动物	鹿

3. 词义转移

通常情况下,语义的变化都会涉及词义的转移。这里的词义转移(meaning shift)是指词语的原意由于隐喻用法而离开了原来的语义领域,从而导致了词义的变化。例如,bead 原来的意思是"祈祷",后来的它的意思逐渐转换成了"念珠",到现在它的意思又成了"玻璃或金属或木头质料的小圆珠子"。

4. 词性的转换

词性的变换会使词语从指某种具体的实体或概念变为指某种方法或属性,从而改变原来的词义。我们称这种构词法为零派生(zero-derivation)或变换(conversion)。例如:

· 107 ·

	名词	动词
engineer	工程师	做工程师；计划、操作
stump	树桩	挑战
hog	猪	贪心攫取、多占
share	一份、股份	分享、共享

5. 词义的升降

人们在使用词汇的过程中会赋予词汇一定的感情色彩，或褒或贬。贬义词或中性词获得褒义就是词义的升扬，褒义词或中性词获得贬义就是词义的贬降。例如：

	原义	今义	
constable	马夫	警官	（升扬）
nice	愚昧的	美好的	（升扬）
villain	村民	坏人	（贬降）
sad	满足的	悲伤的	（贬降）

（三）音位变化

音位变化是由语音变化而导致的词形变化。在 14 世纪，双元音 /au/ 原来发成长元音 /uː/，如 hus/huːs/——house/haus/, mus/muːs/——mouse/maus/ 等。另外，/x/ 有时会发成 /f/，如 rough, tough；有时则会发成 /k/，如 elk。类似这样的音位变化还有很多，而导致这一变化的原因主要有以下几种。

1. 脱落

语音脱落是指音位系统中作为音位的某个音素消失的现象。前面提到的 /x/ 这个软腭摩擦音除了变成 /f/, /k/ 的情况外，在 14 世纪到 16 世纪时期就已经完全脱落了。另外，一些非重读元音也很容易脱落。例如：

cabinet/ˈkæbənət/——/ˈkæbnət/
temperature/ˈtempərətʃə/——/ˈtemprətʃə/
postscript/ˈpəustskript/——/ˈpəusskript/
laboratory/ləˈbɔrətri/——/læˈbrətɔri/

2. 换位

换位（metathesis）是语流中一种语音变化的过程。换位的本质实际上是一种语言运用的失误，但是时常被忽略，甚至有的语言集体中大部分人会主动接受。例如，ask（问）在古英语中的发音是 /æs/，这一读音甚

第四章　词汇学理论观照下的英语教学改革

至在一些方言中仍然在使用；单词 bird（鸟）在古英语中是 brid。再如，task（任务）和 tax（税，税款）虽然现在是两个不同的词，但是它们原来是有一定联系的，意思上也仍有相似性。试比较下面两句话：

They taxed him with his failures.（tax=accused，指控，责备）

They took him to task for his failures.（斥责，责备）

3. 同化

同化是指由于邻近语音的影响而产生的语音变化。同化的产生是因为人们在说话时总会不自觉地省力，因此在说一连串的话语时不会太频繁地改变发音部位，从而造成部分语音被临近语音同化的现象。例如，immobile, irrevocable, illegal 这些词的否定前缀原本都是 in-，但受后接词汇第一个字母的影响而分别变成了 im-, ir-, il-。

有时，同化也会发生在相距不远的两个语音之间，产生非临近同化。例如，discussing shortly 中，/s/ 就变成了 /ʃ/。

（四）句法变化

英语词语经过漫长的历史演变，不仅在词的形态上发生了变化，其句法特征也较之于以前不太一样，这方面的例子很多。例如，15 世纪的古英语中有双重比较，它们在现代英语中已经不再使用，如 more lower（较低的），more gladder（更高兴的），moost shame fullest（最不体面的），moost royallest（最高贵的）等。再如，在古英语中，表达否定需要使用语助词 ne 和 na，而在莎士比亚的时代，否定是通过在句子末尾加上否定语助词 not 来表达的，如 I love thee not（我不爱你），therefore pursue me not（因此不要追我），He saw you not（他没有看见你）。甚至在《圣经》中，否定的表达仍然是将语助词放在动词后边，如 And because they had not root, they withered away（因为它们没有根，所以枯萎了）。但是，在现代英语中，否定的成分必须跟在限定成分之后，如 I will not go（我不去），I do not want to go（我不想去），I am not going（我不要去了）等。

第三节　词汇学理论在英语教学中的应用

词汇是语言的三大要素（语音、语法、词汇）之一，在传递信息的过程中，词汇所承载的信息量远远超过语音和语法，所以词汇是人类应用语言的重要前提。正如英国著名语言学家威尔金斯(Wilkins,1972)所描述的:"没有语法很多东西无法传递,没有词汇任何东西无法传递。"[①] 词汇是英语学习的重要内容,在整个英语学习中占据着重要地位。词汇学是专门研究词汇的一门学科,学习词汇学并将词汇学理论运用于英语词汇教学中,有助于提高教学的效率,帮助学生掌握词汇学习的规律,有效掌握词汇学习的方法和途径。具体而言,在英语词汇教学中,教师可结合词汇学理论采用以下几种方法开展词汇教学。

一、扩大词汇输入渠道

词汇的运用都离不开词汇的学习和积累,所以在教学中教师应扩大学生词汇输入的渠道,使学生可以通过不同的渠道获取词汇知识,扩大词汇量。而网络多媒体的发展与运用正好为扩大词汇输入渠道提供了可能。在网络多媒体背景下,教师在英语词汇教学中应该让学生输入足量的语言信息,使学生能够使用这些语言信息进行自然的交流。另外,有很多学习材料都附有音频资料,学生可以根据需要下载听取,对自己的词汇知识进行巩固。

二、讲授词汇记忆方法

词汇的记忆和积累对于词汇的掌握和运用至关重要,所以在英语词汇教学中,教师可根据词汇学理论教授记忆词汇的方法。具体而言,教师可向学生介绍以下几种记忆词汇的方法。

(一)归类记忆

1. 按词根、词缀归类

在词汇学习过程中,记忆词汇是非常枯燥的一件事情,但通过词根、前缀和后缀来记忆可有效提高记忆效率,进而逐渐扩大词汇量,而且也能降低词汇记忆的枯燥感。

2. 按题材归类

日常交际中的话题非常多,针对某一话题,教师可将与这一话题相关

[①] Wilkins, David A. *Linguistics in Language Teaching*[M].Cambridge: MIT Press, 1972: 48.

第四章　词汇学理论观照下的英语教学改革

的词汇进行归类教授,这样可使学生的词汇学习形成系统,有一个系统的记忆,如图 4-2 所示。

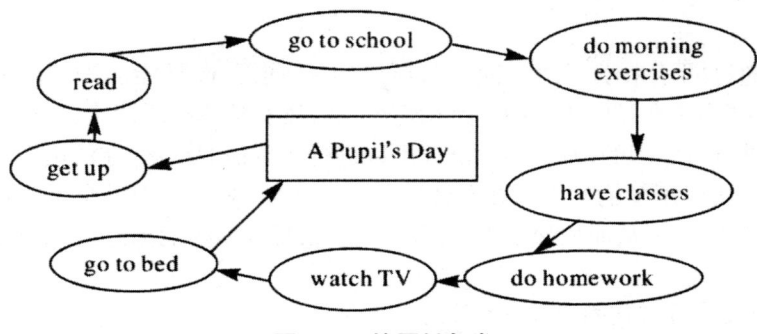

图 4-2　按题材归类

（资料来源：林新事,2008）

通过图 4-2 可以看出,与"A Pupil's Day"这一话题相关的单词有很多,这样记忆更加系统,而且更加有效。

（二）联想记忆

联想记忆就是以某一词为中心,联想出与之相关的尽量多的词汇,这样不仅可以有效记忆词汇,而且可以培养发散思维。如图 4-3 所示。

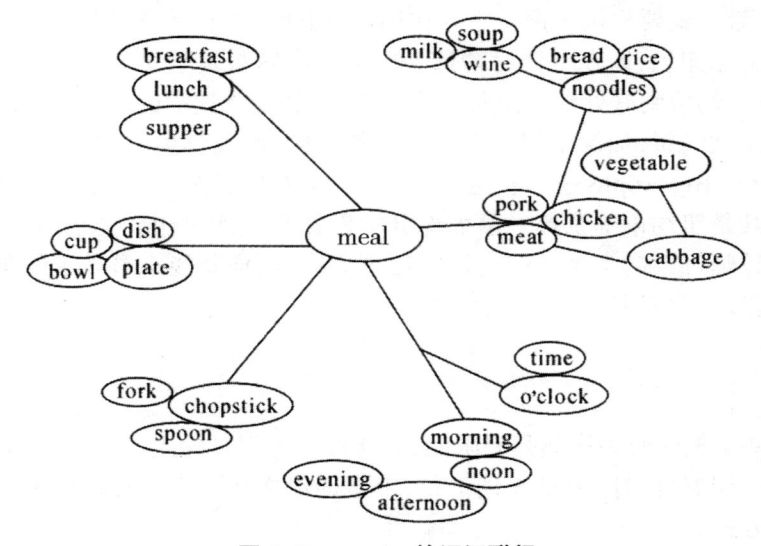

图 4-3　meal 的词汇联想

（资料来源：何少庆,2010）

通过图 4-3 可以看出,通过单词 meal 可以联想到与之相关的众多词

· 111 ·

汇,这不仅能提高记忆的效率,扩大词汇量,还能拓展思维能力。

(三)阅读记忆

通过阅读来学习词汇,不仅能有效记忆词汇,而且能加深对词汇的理解,掌握词汇在具体语境中的运用情况。阅读有精读和泛读之分,通过精读可以进行有意识的记忆,通过泛读可以进行无意识的记忆,在泛读中又可以巩固精读中所学的词汇。在具体的教学过程中,教师可引导学生将精读与泛读结合起来,从而加深学生对词汇的记忆,提高学生的词汇运用能力。

三、进行文化教学

在英语词汇教学中,教师可以采用文化教学法开展教学,即在英语词汇教学中融入文化知识,以丰富学生的文化知识,提高学生的词汇运用能力。具体教师可采用以下几种方法开展文化教学。

(一)融入法

我国学生都是在汉语环境下学习英语,很少接触英语环境,更是较少了解英语文化,所以在遇到与课文相关的文化知识时,往往会感到迷惑。此时,教师就要积极发挥其主导作用,采用融入法在课堂教学中融入一些英语文化知识,即在备课时精选一些典型内容与教学相关的文化信息材料,将它们恰到好处地运用到课堂上,以增加课堂教学的知识性、趣味性,活跃课堂气氛,加深学习内容的深度和广度,激发学生的求知欲。例如,对于 the Big Apple 这一表达,学生基本知道其字面含义,也有部分学生知道其是纽约市的别称。但大部分学生并不知其为什么是纽约的别称,此时教师可以向学生介绍美国的历史文化,这样既能丰富学生的英语文化知识,又能拓宽文化的视野。

(二)扩充法

课堂教学时间毕竟是有限的,因此教师可引导学生进行自主学习,即充分利用课外时间来扩充词汇量,丰富词汇文化知识。具体可采用以下几种方式。

1. 推荐阅读

词汇的文化内涵是极其丰富的,涉及生活的方方面面,教师在课堂上

第四章　词汇学理论观照下的英语教学改革

不可能讲授所有相关的文化知识,因此为了扩大学生的知识面,丰富学生的词汇文化知识,就可以有意识地指导学生进行课外阅读。教师可以选择性地向学生推荐一些英美国家的社会文化背景知识的优秀书刊,如《英语学习文化背景》《英美概况》以及 Chinadaily 等,还可以引导学生阅读原文名著,让学生深刻体会英美民族文化的精华。这不仅能培养学生的自主学习能力,还能丰富学生的文化知识,扩充学生的词汇量。

2. 开展实践活动

丰富的语言文化知识和灵活的实践应用能力是构成跨文化交际能力的重要部分,跨文化交际能力就是通过实际交际来感受不同文化间的差异,从而形成对文化差异的敏感性,并在交际实践中调整自己的语言理解和语言产出。因此,教师应积极为学生创设情境,鼓励学生积极参与实践活动,从而丰富学生的词汇文化知识。教师可以组织学生参与英语角、英语讲座等,让学生接触地道的英语,在英语语境中学习文化知识。

3. 观看英语电影

很多英语电影都蕴含着浓厚的英美文化,而且语言通俗、地道,因此教师可以引导学生观看一些英语电影。观看英语电影不仅能调动学生的积极性,而且能让学生切实感受英美文化,接触到地道的英语,对于提高学生的文化素养和英语能力十分有利。

（三）对比分析法

英汉文化在很多方面都存在着差异,通过对英汉文化的对比分析,可以对英汉文化有一个更加深入的了解,也能获得跨文化交际的敏感性。因此,在英语词汇教学中,教师应有意识地对中西词汇文化进行比较分析,使学生了解中西文化差异,深刻理解和掌握词汇文化内涵。

总体而言,研究和学习词汇学,对有效学习、记忆、掌握和运用词汇具有重要意义。而且,将词汇学理论运用于英语词汇教学也意义重大,其能有效提高英语词汇教学的效率和质量。

第五章　句法学理论观照下的英语教学改革

句法主要涉及短语、句子等句法单位的构成与变化规则。了解英语句法理论体系的相关知识是进行英语句法教学的前提。本章主要介绍英语句法体系的构成内容，包括句法学与句法学的研究内容，在此基础上分析句法学理论在英语教学中的应用。

第一节　句法学的内涵

一、句法

句法是研究句子的各个组成部分和它们的排列顺序。句法研究的对象是句子。

构成句子的基本成分叫句子"成分"。英语句子成分主要包括主语、谓语、宾语、表语、定语、状语、同位语。它们可以由单词来担任，也可以由词组以及句子来担任。

句子可以从两个角度进行分类。按照句子的用途来分，句子可以分为陈述句、疑问句、祈使句、感叹句。按照句子的结构来分，句子分为简单句和并列句。

这里仅简单概述句法的相关理论，第二节会做详细论述。

二、句法学

句法学（syntax）研究的是词、词组和短语组合成句子的种种规则、规律或方式，它研究句子中各种成分之间的关系。

句法学的研究领域涉及产生和理解正确句子所遵循的规则。众所周知，句子的形式和结构受制于句法规则，这些规则规定了词语顺序、句子组织方式及词之间、词类之间和其他句子成分之间的联系。

本章第二节,我们将通过介绍英语中词的范畴,以及一些支配这些范畴组成更大语法单位的简单规则来关注句子的构成。

三、句法、形态和句法学的关系

布斯曼(Bussmann,2000)认为,句法是有关自然语言形态规则和句法规则的知识和研究。形态学是句法的一部分,研究词、词组、短语之间的关系和构词过程的语言学分支学科。句法学也是句法的一部分,研究词、词组、短语之间的关系及其组成句子的规则、规律和方式,它研究句子中各种成分之间的关系,是语言学的一个分支学科。

第二节 句法学的研究内容

一、句法成分

成分(constituent)是在句子结构分析中针对每个语言单位所采用的术语。若干成分可以共同组成一个结构。例如:
The man watered the flower.
这句话包含以下几个成分。
A. The man watered the flower,即句子本身;
B. The man;
C. watered the flower.

(一)直接成分及直接成分分析法

如果两个成分(如B与C)结合起来形成一个更高级的成分(如A),那么B与C就是A的直接成分。在上面这句话中,B(The woman)与C(cleaned the house)就是A(The woman cleaned the house)的直接成分,如图5-1所示。

图5-1是一个树形图(tree diagram),包含三个结点(node)。A由B和C两个部分组成,因此位于顶端的结点A可以被视为下面两个结点B和C的母结点,B和C可以被视为A的子结点。B和C仿佛一位母亲的两个女儿,结点B和结点C可以称为姐妹结。这种将语法结构分解的方法称为直接成分分析法(immediate constituent analysis),简称为

IC 分析。

```
            A（句子）
           /        \
          B          C
      The woman   cleaned the house
```

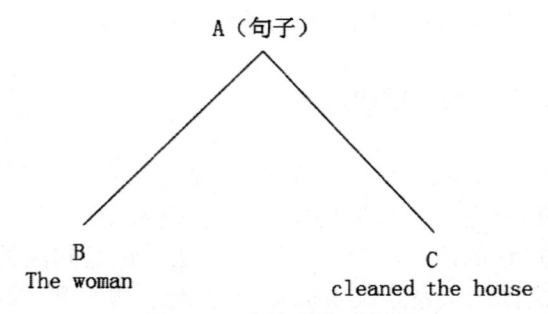

图 5-1 直接成分示意图

直接成分本身也可以是某一具体类型的结构。例如，我们可以将名词短语 the man 进一步分解为"the（限定词）+man（名词）"。因此，限定词 the 和名词 man 是名词短语结构 the man 的直接成分。

（二）句法范畴

在使用树形图来表示一个语法单位（如短语或句子）的成分结构时，常常需要借助句法范畴来标记其结点。常用的句法范畴有如下两类。

（1）词语类的句法范畴。例如：
N（noun）名词
V（verb）动词
A（adjective）形容词
Adv（adverb）副词
P（preposition）介词
Con（conjunction）连词
Det（determiner）限定词

（2）短语类的句法范畴。例如：
NP（noun phrase）名词短语
VP（verb phrase）动词短语
AP（adjective phrase）形容词短语
PP（preposition phrase）介词短语
S（sentence）句子或分句

下面仍以"The woman cleaned the house."这个句子为例，运用树形图对其进行分析，如图 5-2 所示。

```
              S
         ／       ＼
       NP          VP
      ／ ＼       ／  ＼
    Det   N     V     NP
                     ／ ＼
                   Det    N

    The  woman  cleaned  the  house
    The  woman  cleaned  the  house
```

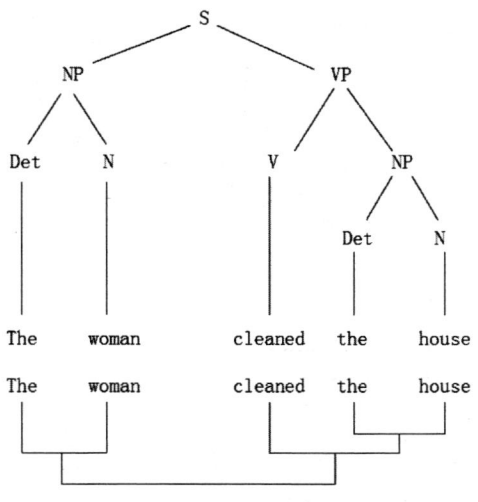

图 5-2　借助句法范畴的树形图

除树形图之外，还有一种括号法也可以用来进行结构分析。括号法简便快捷，但使用频率不高。例如：

(((The)(woman))((cleaned)((the)(house))))

二、句法结构

依据句法结构的分布及句法结构中成分之间的关系，句法结构可以分为向心结构（endocentric construction）和离心结构（exocentric construction）两种类型。

（一）向心结构

向心结构是指该结构的分布在功能上相当于它的一个或多个成分，也就是说一个词或词组可确定为（centre）或中心词（head）。

向心结构通常包括名词短语、动词短语和形容词短语，因为其各成分从属语短语中心词。例如：

按照组成成分之间的关系，向心结构可以分为"并列"与"从属"两个类别。

1. 并列

并列是将两个或两个以上的同一类范畴通过 and，but 或 or 等连词连接成语言的现象。这些词、短语或从句的语法地位是相等的，每一个成分在功能上均能代表原来的结构。例如：

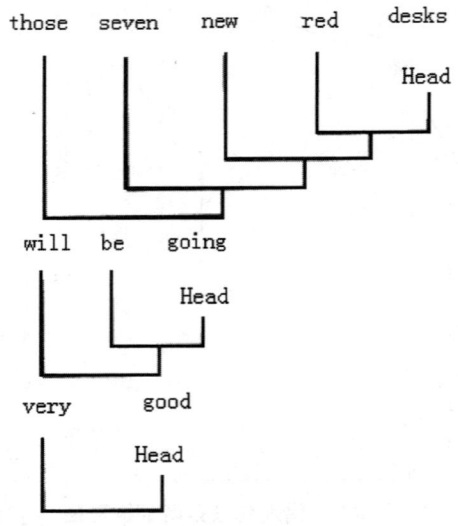

```
        those   seven   new   red   desks
                                     └─Head
                              └────────┘
                        └──────────────┘
                └──────────────────────┘
        └──────────────────────────────┘

        will   be   going
                    └─Head
               └─────────┘
        └───────────────┘

        very   good
               └─Head
        └───────────┘
```

the cats and the dogs
（名词短语 the cats 与名词短语 the dogs 的并列）
go to the hospital and see someone
（动词短语 go to the hospital 与动词短语 see someone 的并列）
very smart and quite gentle
（形容词短语 very smart 与形容词短语 quite gentle 的并列）
inside the yard and outside the yard
（介词短语 inside the yard 与介词短语 outside the yard 的并列）
He cares about her and she cares about him.
（句子 He cares about her 与句子 she cares about him 的并列）

并列结构的一个显著特点是在连词前出现的并列范畴的数量可以是无限的。例如：

There is a book, two pencils, three pencil-boxes, four cups and five spoons on the desk.

从理论上讲，four cups 与 and 之间可以添加无限量的名词短语。

在并列结构中，由于两个连接成分都可以作为更大的单位的中心，人们通常认为这种结构有两个中心成分，即两个或多个句子成分是更高一级句子的姊妹和并列的中心成分。

2. 从属

从属是使一个语言单位从属于另一个语言单位的过程，两个（或以上）的语言单位由此产生不同的句法地位。从属成分是指修饰中心成分的词语。因此,从属成分又称为"修饰语(modifiers)"。

(1)从属成分可以由词语来充当。例如:

two tables

(two 是修饰语,tables 是中心成分)

Her two-year-old brother can count ten numbers.

(can 是修饰语,count 是中心成分)

Walking in such a fine weather is pleasant.

(in such a fine weather 是修饰语,Walking 是中心成分)

The paper was hot beyond endurance.

(beyond endurance 是修饰语,hot 是中心成分)

(2)从属成分也可以由分句担任。基本的从属分句包括以下三种。

第一,关系分句(relative clauses)。例如:

The girl that is standing under the tree is the daughter of Professor Smith.

(that is standing under the tree 是关系分句)

第二,状语分句(adverbial clauses)。例如:

David was late for school yesterday because he got up late.

(because he got up late 是状语分句)

第三,补语分句(complement clauses)。例如:

Lily announces that she will go to America next month.

(that she will go to America next month 是补语分句)

(二)离心结构

与向心结构恰好相反,离心结构是指在一组句法上相关的词中没有一个词在功能上和整个词组相同,即词组内没有"中心词"。

一般来说,谓语结构(predicate construction)、介词短语(prepositional phrase)、基本句(basic sentence)和连词结构(be + 补语)都属于离心结构。例如:

Cathy looks upset.

(将 looks 和 upset 分开后,系表结构将不复存在)

Jack hid inside the box.

(inside 与 the box 两个成分都不能单独起到状语的功能)

The woman cried.

(The woman 和 cried 两个成分都不能替代整个句子结构)

He loves riding horses.

（loves 与 riding horses 两个成分都不能代表动宾结构）

三、句法的关系

句法关系可以分为三类，即位置关系（positional relations）、替代关系（relations of substitutability）和同现关系（relations of co-occurrence）。

（一）位置关系

组合关系（syntagmatic relations）是由瑞士著名语言学家索绪尔（F. De Saussure）发现的，而位置关系就是组合关系的其中一个方面的表现。在一些基础语言学教材中，它被称为横向关系（horizontal relations）或链状关系（chain relations）。值得一提的是，世界上各种语言的分类方法有三种，即词序、起源性（genetic）和区域分类（areal classification）。按照这样的分类方法，世界上共有六种可能的语言类型，即 SVO，VSO，VOS，SOV，OVS，OSV。英语属于 SVO 语言，虽然这不意味着 SVO 是英语中唯一可能的词语排列顺序。

要完成交际功能，语言就要设法用某种方法来标记小句中各短语的语法作用。例如，在句子"The girl walked the dog."中，就须采用一种方法来标明第一个名词短语 The girl 做主语的功能，第二个名词短语 the dog 做直接宾语。在人类语言中，位置关系（word order）和词缀法（affixation）是两种比较常用的传达这种关系的方法。

位置关系（或词序）是指语言中的词语的排列顺序。如果句子中的词语没有按照语言常规的要求以固定的词序进行排列，那么产生的句子就会显得不合语法，或没有意义。例如：

A. The girl walked the dog.

B. the dog walked The girl.

C. The girl dog walked the.

上例中的 B 和 C 两个句子就是不合语法的两个句子。

另外，有一种情况是两个句子使用的词数相当，词形相同，并且两个句子都符合语法规则，但是表达的意义却不一样。例如：

The students saw the teacher.

The teacher saw the students.

（二）替代关系

一方面,替代关系是指语法上在相同结构的句子中互相可以替代的词类或词语的集合。例如:

The man/girl/boy smiles.

另一方面,替代关系是指语法上可以共同替代某一集合中一个词语的含有一个以上词语的集合。例如:

He went there yesterday/the day before/last week.

The strong man/pretty girl/tallest boy smiles.

在第一个句子中,我们可以在副词短语中做出选择,而在第二个句子中,我们可以选择一个名词短语。这就是索绪尔所谓的联想关系（associative relation）,叶尔姆斯列夫（Hjemslev）则将其称为聚合关系（paradigmatic relations）。为了更容易理解,也常常被称为垂直关系（vertical relations）或选择关系（choice relations）。

（三）同现关系

同现关系指的是不同组小句中的词语可以准许或要求另一个集合或类别中的词语同现,以构成句子或句子中的某一个组成部分。名词短语前面可以有一个限定词和一个或多个形容词,后面跟一个动词短语。例如:

（前置）	（名词短语）	（后跟）
The American	minister	keeps silent
A lovely	kid	jumps
The old	man	leaves
...	...	

因此,同现关系部分属于组合关系,部分属于聚合关系。

四、句法的功能

句法功能反映了语言形式与语言模式其他部分之间的关系,语言形式运用于语言模式之中。

句法功能包括主语、宾语、谓语、修饰语、补语等。

词类与功能之间是相互决定的关系,但这并不是说两者是任何一对一的方式。

一个词类通常可以具有几种功能。例如，名词或名词性短语可以做句子的主语、宾语、补语、状语和修饰语。例如：

He came here last month.（状语）

the Summer Palace（修饰语）

The boys are playing basketball.（主语和宾语）

He changed trains at Fengtai.（补语）

同一种功能也可以用多种词类来完成。例如句子中的主语可以由名词、代词、数词、不定式等来充当。例如：

They will stay here.（代词）

The cat is sleeping.（名词短语）

To run fast can be dangerous.（不定式）

Only two-thirds of the population here are workers.（数词）

（一）主语

有些语言中，主语常常指的是一个主格名词，尤其在拉丁语中，主语总是主格。例如：

Pater fulium amat.（The father loves the son.）

Patrem filius amat.（The son loves the father.）

上例中的 pater 和 filius 都是主语.

英语中句子的主语一般是动作的实施者，而宾语则是动作实施者施加动作的对象。但是，这种情况不是绝对的。例如：

John was bitten by a dog.

John underwent major heart surgery.

以上两句中的 John 都承受了动作，即是受事者，但在两句中都是主语。

此外，语法主语和逻辑主语两个术语是为了说明主语在被动句中的格。由于被动语态中核心宾语名词占据了动词前面的空格，它就被称为语法主语。而由于原来做宾语的名词短语出于动词前占据了通常是主语所在的位置，现在做介词宾语的核心主语则被称为逻辑主语。

传统上，主语可以被定义为"句子是关于什么的"，即话题。这个定义也不是放之四海而皆准的。例如：

Bill is a very crafty fellow.

Jack is pretty reliable, but Bill I don't trust.

As for Bill, I wouldn't take his promises very seriously.

以上三个句子都与 Bill 有关，因此可以说这三个句子的话题都是

第五章 句法学理论观照下的英语教学改革

Bill. 但是在第一个句子中，Bill 是主语，在第二个句子中 Bill 则是宾语，在最后一个句子中 Bill 既不是主语也不是宾语。可见，话题并不总是语法主语。

由上述可见，把句子的主语与实施者或话题等同起来并不可靠，这时需要依赖于语法标准去建立一个可行的概念。下面通过几个方面来分析英语主语的特征。

1. 代词形式

当主语是代词时，英语中的第一人称代词和第三人称代词一般以特殊形式出现。当代词处于其他位置时，这种形式不能被使用。例如：

I denies her.
She refuses me.
We borrow money from them.
They borrow money from us.

2. 词序

在陈述句中，主语通常位于动词前。例如：

He walks to work.
Sally lives freely.

3. 反义疑问句

反义疑问句总是包含一个回指主语，而不是其他任何成分的代词。例如：

John loves Mary, doesn't he?
Mary loves John, doesn't she?

4. 对内容提问

在一个句子中，如果疑问词代替了主语，此时句子中的其他部分保持不变。如果疑问词替代了句子中的其他成分，那么主语前必须要有情态动词。如果基本句中没有情态动词，就要在疑问词后加上助动词 do 或其相关形式。例如：

Who steal/would steal Mrs. Thatcher's picture from the British Council?
What would John steal, if he had chance?
What did John steal from the British Council?
Where did John steal Mrs. Thatcher's picture from?

5. 与动词的一致关系

在一般现在时中,当第三人称主语是单数时,动词要用单数形式,而句中的其他成分的数与人称对动词的形式没有影响。例如:

She angers them.
She angers him.
They anger him.

(二)谓语

两分法认为,主语以外的所有必须具备的成分是一个整体。谓语在两分法的句子结构中是一个重要的成分。一般而言,谓语表达与主语相关的动作、状态和过程。例如:

Jackson throws the ball.
The girl is crying.
Bob must be crazy!

由于谓语中含有动词、宾语、补语等成分,在以功能为本的语法分析中使用诸如动词这种词类名称被认为是不合逻辑的,很多人建议应该用"谓词"(PREDICATOR)来指谓语中的动词。

(三)宾语

传统上习惯将宾语看作是动作的接受者或目标。宾语可进一步分为直接宾语和间接宾语。例如:

Mother bought her daughter a gift.

在上述句子中,daughter 是间接宾语,a gift 是直接宾语。

在某些屈折语言中,宾语具有格标记,即宾格(accusative case)对应直接宾语,与格(dative case)对应间接宾语。

英语中的宾语一般是通过追踪其与词序的关系(动词和介词后)以及(代词的)屈折形式来进行确认的。例如:

Mother bought a gift to her daughter.

乔姆斯基(Noam Chomsky)、韩礼德(M.A.K.Halliday)等现代语言学家建议宾语应该是指在被动转换中称为主语的成分。例如:

John broke the glass.(The glass was broken by John.)

而在有些句子中虽然有名词性短语,但不能被转换成被动式。因此,它们不能称为宾语。例如:

He changed planes at Hongkong.
The match lasted two hours.

（四）补语

补语是补充说明其他情况的连带成分。补语常常以短语的形式出现，提供关于实体和处所的信息，一般被附加在中心词的后面。例如：
put it on the wall
nervous about the exam
a story about a sentimental girl
send me an email

一个词汇项目中一般要求一种特定的补语。例如，occur 可以不带补语，cut 则可以带名词短语补语，有些中心词如 put 则可以带多个补语。

此外，英语中，有些句子可以充当补语。例如：
Miss Hebert believes that she will win.

五、常见的语法范畴

语法是语言的组织规则，是对词、词组、句子的组织规律进行抽象、提炼、概括的成果。语法范畴是用一定语法形式表达的一类共同语法意义的概括。不同语言的语法范畴并不完全相同。一些通用语言的语法范畴主要包括以下几种。

（一）时

"时"（time）表示动作发生的时间和讲话的时间的关系。汉语动词没有时范畴，但是俄语和英语中是有的。

俄语未完成体动词有三个时间，完成体动词有过去时和将来时两个时间。例如：

	现在时	过去时	将来时
未完成体	читаю （我在读）	читал(а) （我读了）	буду читать （我将读）
完成体		прочитал(а) （我读完了）	прочитаю （我将读完）

英语中的"时"可以大体分为以下三种。
（1）过去时。过去时表示动作发生在讲话时间以前。
（2）现在时。现在时表示动作时间包含讲话时间。

（3）将来时。将来时表示动作时间在讲话以后。

不同的"时"由动词的特定形式表示。"时"不同,动词形式也相应地发生变化。英语中不同"时"的动词形式如表5-1所示。

表5-1 不同"时"的动词变化形式

不同的"时"	动词变化形式
过去时	did
现在时	do
将来时	will do

（二）态

态（voice）又称语态,是表示主语与动词的语义关系的语法范畴。态一般通过动词的形态变化来区分。

态可以分为以下两种。

（1）主动态。主动态表示主语是动词的施事,即行为动作的主体。

（2）被动态。被动态表示主语是动词的受施者,即行为动作的对象。

英语主动态的动词形式不变,而被动态则用助动词 be 和动词的过去分词形式表示。例如：

Mary ate the green apple.（主动语态）

The green apple was eaten by Mary.（被动语态）

Passengers saw an old man lying on the street.（主动语态）

An old man was seen lying on the street.（被动语态）

（三）体

体（aspect）是动词特有的范畴,表示与时间概念有关系的动作的状态,即动作是处于持续状态还是完成状态。

英语中,"时"与"体"的关系非常密切,如图5-3所示。

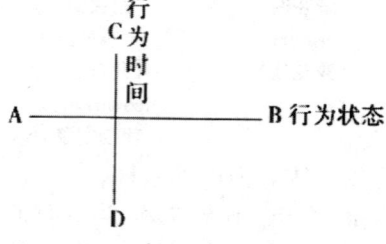

图5-3 英语的"时"与"体"

第五章　句法学理论观照下的英语教学改革

图 5-3 中的 AB 轴表示行为状态，CD 轴表示行为时间，交点为"时"与"体"的复合，即英语中的"时态"（时体）。

具体来说，英语的"时"有"现在""过去""将来""过去将来"四种，"体"有"一般""进行""完成""完成进行"四种。于是，四种"时"与四种"体"共可以组合成十六种时态，其中最常用的是一般现在时、现在进行时、现在完成时、一般过去时、一般将来时五种。

汉语动词有体范畴，一般分为以下几种。

完成体	进行体	已行体	短暂体
听了	听着	听过	听听
看了	看着	看过	看看
闻了	闻着	闻过	闻闻

（四）式

式又称语式、语气或情态，是表示行为与现实的关系的语法范畴，即行为是现实的、愿望的还是假定的。

汉语没有式范畴，式的语法意义是由句子语气表现的。

英语中的"式"包括以下三种。

（1）陈述语气。陈述语气用来陈述一件事情的真实情况，主要用于陈述句。陈述语气有肯定和否定两种形式。例如：

He usually goes to bed at 9 o'clock.（肯定）

Mary doesn't like fried fish.（否定）

（2）祈使语气。祈使语气通常表示说话人对听话人的请求或命令，主要用于祈使句。例如：

Please come to take care of my daughter at night!（请求）

Keep off the laboratory!（命令）

祈使语气的否定形式为"don't + 动词原形"。例如：

Don't take me away from my mother!（请求）

Don't say a word.（命令）

（3）虚拟语气。虚拟语气表示说话人所说的内容与事实相反或者不可能实现，主要用于虚拟条件句。例如：

If I hadn't eaten the rotten apple, I would go to the concert tomorrow evening.（与事实相反）

If I were you, I would not give up such an opportunity.（不可能实现）

（五）数

数（number）是词的语法形式所表示的事物或现象的量的特征,有单数、双数、复数等的差异。

汉语的人称代词和指人的名词后面常通过加"们"来表示复数。例如：

单数：我　　　　　　　复数：我们

单数：他　　　　　　　复数：他们

单数：学生　　　　　　复数：学生们

单数：小朋友　　　　　复数：小朋友们

在有些语言中,动词、形容词、冠词也有数的形态变化,并且与名词的数在形式上保持一致。具体来说,法语的形容词和冠词有数的变化。例如：

le cheval royal（the royal horse）

les chevaux royaux（the royal horses）

此外,阿拉伯语、斯洛文尼亚语等语言的名词分单数、双数和复数三种形式。俄语的名词、动词、代词、形容词都有单数和复数的词形变化,并相互保持一致。

英语中的数主要出现于名词,且只有两种形式,即单数和复数。例如：

单数：banana　　　　　复数：bananas

单数：note　　　　　　复数：notes

英语中的数也反映在代词和动词的屈折形式中。例如：

单数：this teacher

复数：these teachers

单数：He kicks heavily.

复数：They kick heavily.

（六）人称

人称（person）表示主语是包括说话者的一方或者是包括听话者的一方,还是其他事物。说话者一方为第一人称,听话者一方为第二人称,其他事物则是第三人称。

俄语有下列三个人称。

第一人称	第二人称	第三人称
单数　　复数	单数　　复数	单数　　复数
читаю　читаем	читаешь　читаете	читает　читают
（我读）（我们读）	（你读）（你们读）	（他读）（他们读）

汉语没有人称的语法范畴。

英语中的人称范畴常常与数的范畴结合在一起。英语一般动词的现在时单数有第三人称的形式变化,即加后缀-(e)s。例如:

动词原形:tell　　　　　　第三人称单数形式:tells
动词原形:listen　　　　　第三人称单数形式:listens

英语中系动词 be 受时态、人称与数的综合影响,变化形式更加丰富,如表 5-2 所示。

表 5-2　be 的变化形式

一般现在时						一般过去时					
第一人称		第二人称		第三人称		第一人称		第二人称		第三人称	
单数	复数	单数	复数	单数	复数	单数	复数	单数	复数	单数	复数
am	are	are	are	is	are	was	were	were	were	was	were

(七)性

性(gender)范畴由"阳性、阴性、中性"等概括而来,是词(尤其是名词)的语法形式所表示的事物或者现象的性属,且语法的性与动物学的性的概念大多是一致的。

汉语与英语在语法上没有性范畴,性的意义通过词汇的手段表示。

俄语名词分阴性、阳性、中性三类,并且分别用不同的词缀表示,但是每个名词只有其中一种形式,而没有词形变化。

阳性	阴性	中性
дом(房屋)	комната(房间)	окно(窗子)
мальчик(男孩)	девочка(女孩)	дитя(小孩)

(八)格

格(case)是表示词语之间结构关系和语义关系的语法范畴。换句话说,格表示的是名词、代词与句中其他词的关系。

汉语中没有格范畴。

俄语有主格、宾格、与格、属格、工具格、前置格等六个格。

第一格	第二格	第三格	第四格	第五格	第六格
дом(房屋)	-a	-y	-a	-ом	-(о)е
комната(房间)	-ы	-е	-y	-ой	-(о)е

古英语有主格、生格、与格、对格四个格,现代英语有普通格、所有格两个格。其中,普通格由主格、与格、对格合并而来,所有格由生格演变而来。

现代英语的名词所有格常以 -'s 表示。此外,英语人称代词和表示人的疑问代词也有主格与宾格之分。

（九）级

级(degree)是表示性质状态的程度的语法范畴,主要通过形容词、副词的形态变化来区分。英语和俄语的形容词和副词都有级范畴。例如:

	原级	比较级	最高级
英语	rich	richer	richest
俄语	богатый	богаче	богатейший
	（富）	（更富）	（最富）

级有以下三种形式。

(1)原级。原级表示不与其他同类事物比较,或者表示与其他同类事物是平级的。

(2)比较级。比较级表示与某个同类事物比较优劣。

(3)最高级。最高级表示与一定范围内的所有同类事物作最优或最劣比较。

英语单音节形容词和一部分副词一般通过词尾变化区分这三种级。例如:

原级	比较级	最高级
tall	taller	tallest
big	bigger	biggest
easy	easier	easiest
happy	happier	happiest

多音节词在词前加 more 表示比较级,加 most 表示最高级。例如:

原级	比较级	最高级
carefully	more carefully	most carefully
popular	more popular	most popular
beautiful	more beautiful	most beautiful

但是,有些形容词或副词的比较级与最高级属于特殊变化形式,例如:

原级	比较级	最高级
good/well	better	best
little	less	lest
far	farther	farthest
ill/bad/badly	worse	worst

六、短语、分句与句子

（一）短语

短语是包含两个或多个词语的单一结构要素，它没有主谓结构。传统上认为短语是层级结构的一部分，位于小句和词语之间。

首先，短语应该是构成一个成分的一组词语。

其次，短语在语法层级上低于小句。具体来说，简单小句可以（并且通常）含有短语，而简单短语却一般不含有小句。例如：

has been doing（动词短语）

to the door（介词短语）

the three tallest boys（名词短语）

extremely difficult（形容词短语）

very fast（副词短语）

需要注意的是，有一种趋势需要区分短语和词组。短语是所属词类的主要特征没有发生改变，而词组是通过修饰某词类的词语所进行的扩展。因此，我们称之为名词词组、动词词组、副词词组、连接词词组和介词词组。

（二）小句

根据形式构造的句法是否规则，形式完整的英语句子可以分为"大句"（major sentence）和"小句"（minor sentence）。如果一个成分有其自己的主语和谓语，同时还可以被一个更大的句子所囊括，那么这个成分就被称为小句。一个英语句子的主要结构含有分句常规结构的是大句，而小句的结构具有某种程度的不规则性。

小句可以分为限定性小句和非限定性小句。非限定性小句包括传统的不定式短语、分词式短语和动名词式短语。例如：

（1）All our savings gone, we started looking for jobs.

（2）Do you mind my opening the window？

(3) The best thing would be to leave early.
(4) Jane being away, Alice had to do the work.
(5) It's great for a man to be free.
(6) Having finished their task, they came to help us.
(7) It's no use crying over spilt milk.
(8) Filled with shame, he left the house.

(三)句子

从传统上来看,句子是语言中可以表达思想的最小单位。布龙菲尔德(Bloomfield,1935)认为句子指的是"在无论多大的语言形式中,不被任何语法结构所包含的结构"。

1. 句子的特征

句子的特征是述语性以及其主要表达方式——语调。

句子的述语性指的是句子的语义内容与主客观之间的关系。因为语义具有概括性,句子的语义须同客观现实和言语环境联系起来才能使语义具体化,这样才可以使句子成为表述单位。在不同的语言中,述语性可以通过一些语法手段,如词序、辅助词、附加成分等进行表达。

语调是所有语言中述语性所必需的表达手段。语言中词的组合通过语调手段具有述语性之后,就从潜在的句子转化为现实的句子。例如:

陈述句:你研究词典学。(陈述客观事实)

祈使句:你研究词典学(吧)!(表示愿望)

感叹句:你研究词典学(啦)!(表示惊喜等感情)

疑问句:你研究词典学(吗)?(对事实表示疑问)

主谓词组加上语调后就成为句子,其他词组甚至单词有了述语性都可成为句子,如"Wonderful!"就是一个现实的独词句。

2. 句型

句型是一类句子的共同结构形式,它是由必要的成分组成,表示抽象意义。句型是重要的语言单位。按照句型组词成句,赋予述语性即可成为具体句子。

句型是同类句子的高度概括。各种语言的基本句型大体一致,具体细分起来又有差异。

鲍林格(Bolinger,1969)以词类为基础描述了五种基本类型。

第五章　句法学理论观照下的英语教学改革

（1）Mother fell.（名词词组 + 不及物动词）

（2）Mother is young.（名词词组 + 系词 + 补语）

（3）Mother loves Dad.（名词词组 + 及物动词 + 名词词组）

（4）Mother fed Dad breakfast.（名词词组 + 及物动词 + 名词词组 + 名词词组）

（5）There is time.（There + 存在性动词 + 名词词组）

夸克（Quick,1972）等根据句子各组成成分的语法功能,提出了七种句子类型。

（1）SVC 型。例如：

Mary is kind/ a nurse.

（2）SVA 型。例如：

Mary is here/in the house.

（3）SV 型。例如：

The child is laughing.

（4）SVO 型。例如：

Somebody caught the ball.

（5）SVOC 型。例如：

We have proved him wrong/a foo1.

（6）SVOA 型。例如：

I put the plate on the table.

（7）SVOO 型。例如：

She gave me expensive presents.

下面来介绍一些主要句子类型。

（1）简单句和复合句

从结构上对句子进行二分,如下所示：

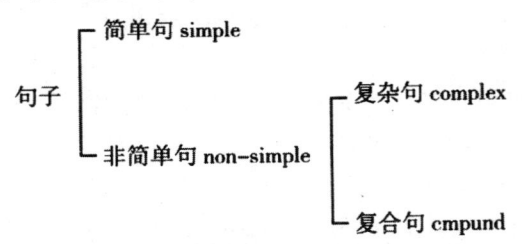

句子 ┬ 简单句 simple
　　 └ 非简单句 non-simple ┬ 复杂句 complex
　　　　　　　　　　　　　 └ 复合句 cmpund

其中,有两个以上述语性的句子叫复合句,复合句可分为并列复合句和主从复合句。

并列复合句的几个分句地位相同,没有主次之分。例如：

He is strict and yet（he is）kind-hearted.

He could neither read nor write.

Tom was not there but his brother was.

主从复合句的几个分句有依赖关系，可以分为主句和从句。从句依赖于主句、说明主句，如主要、表语、宾语、定语、同位语等。例如：

I'd like a room whose window looks out over the sea.

Where did you get the idea that I could not come?

This book is just what I have been looking for.

（2）圆周句和松散句

英语语篇中的主要信息一般都用句子或主句的形式来呈现，而次要信息则以短语或从句的形式呈现。根据核心信息出现的位置，英语句子有圆周句和松散句之分。

圆周句，也叫"尾重句"，它遵循句尾重心的原则。在圆周句中，重点信息和实质部分往往直到句尾才出现，营造一种悬念，吸引读者的注意力，从而起到强调重点信息或实质部分的作用。圆周句结构比较严谨，多用于正式语体。例如：

中国作为疆域辽阔、人口众多、历史悠久的国家，应该对人类有较大的贡献。

In 1942, 12 years after the initial shock of the stock market crash, more than 10 percent of the labor force was still unemployed.

松散句，也叫"弛缓句"，与圆周句形成对比，它是在句首就展现出重点信息或实质部分，其后附加补充说明部分。这是口语和书面语中较为常见的一种句式，因为它遵从自然的叙事方式。简单句、并列句和从句一般都是松散句。例如：

Some of the rarest days of the year come in the September season——days when it is comfortably cool but pulsing with life, when the sky is clear and clean, the air crisp, the wind free of dust.

（Hal Borland）

一年中少有的几日好时光在九月：气温凉爽舒适，却又充满活力，天朗气清，微风徐来，一尘不染。

（3）单部句和双部句

按照是否存在主谓语和句子核心结构的特点，句子可以分为单部句和双部句。

第一，单部句。单部句是只具备主语或只具备谓语的句子。句子中只具备主语，缺少谓语的句子称为独词句。例如：

Spring.

Бесм.（俄语）

第二，双部句。双部句是具备主谓语的句子。按谓语的表达方式和主谓语的相互关系又分为动词谓语句和表语合成谓语句（包括名词性谓语句）。其中，动词谓语句以动词为谓语；表语合成谓语句则是系词和表语组成合成谓语的句子。例如：

The students study linguistics.（动词谓语句）

Linguistics is an important science.（表语合成谓语句）

第三节 句法学理论在英语教学中的应用

一、英语句法教学的内容

初级阶段的语法教学（图5-4）包括两大部分：词法和句法。

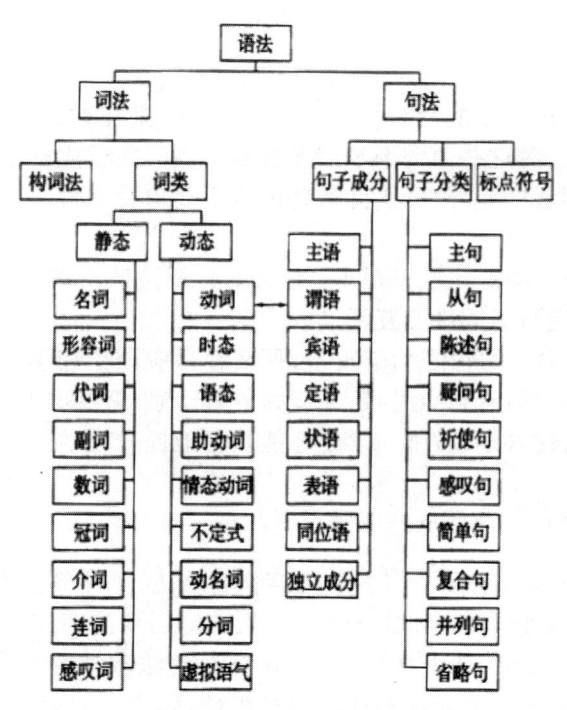

图5-4 句法教学的主要内容示意图

随着社会经济的发展，英语教学的内容在不断向前发展，句法教学的内容也更加深化，除了包含词法、句法外，还包含章法。章法是句法教学在高级阶段的主要教学内容。

二、英语句法教学改革的原则

在开展句法教学时,教师需要坚持一些基本的教学原则,这是指导教学实践的重要层面。

(一)形式、意义和语用统一原则

在英语句法学习中,一些学者主张应该让学生先接触语言形式,然后为学生解释句法规则,并通过一些真实的交际活动对句法规则进行运用。虽然语言教学对语言形式给予了过多关注,但是句法教学不仅要对形式有所关注,还应该学会在具体的交际场景中做到灵活运用,即不断培养学生的语用能力。在形式、意义与语用三者的关系中,形式是最基本的部分,意义是句法学习的关键,语用则是句法学习的目的。

(二)针对性原则

英语句法教学中的针对性原则就是要求教师在教学中要考虑学生的句法薄弱情况,对这些薄弱环节展开教学。由于大学生的学习能力、基础水平等存在明显的差异性,因此教师的教学要有针对性,从学生的基本情况出发进行教学。

(1)如果学生的句法基础好,那么不必要按照讲解—操练等顺序展开,可以直接进行巩固性交互活动。

(2)如果学生的句法基础较差,那么教师应该清楚学生差的地方,对普遍性弱的环节展开重点教授,尤其是处理个别句法问题。

通过针对性教学,教师与学生才能真正地提升教学与学习效率。

(三)层次性和系统性统一原则

一个句法项目通常会将多个内容包含在内,如果要想将这些内容都全部了解,这几乎不可能,因此教师在授课时需要注意层次性,讲解的内容要从简单到复杂,从表面到深入,这样对句法教学的顺序进行合理安排。同时,英语句法教学还需要注意系统性,因为大部分教材对句法现象的安排都比较分散,如果教师看到什么讲什么,那么教授给学生的知识也都是分散的,学生很难形成系统性,也很难在以后的实践中恰当运用。因此,在句法教学中教师应该做到从点到面,以成系统。

（四）综合性原则

英语句法教学中要坚持综合性原则，即做到内容、方法与技能的综合运用，避免单一的情况，力求实现显性与隐性的结合、句法与五项技能的结合。在实际的教学中，教师应该遵循句法学习规律，将隐性教学作为主要层面，并结合显性教学形式，从而逐渐培养学生的语言运用能力与句法意识。另外，句法的学习是为听、说、读、写、译技能的提升服务的，因此在教学中也需要与五项技能培养相融合，在五项技能培养活动中提升句法能力。

三、英语句法教学的具体方法

（一）情境教学法

当前，很多学生觉得语法教学非常枯燥，教师也很难活跃课堂气氛，调动学生学习的积极性。因此，为了能够激发学生的学习兴趣，教师可以采用情境教学法，为学生创设一种轻松的学习氛围，让他们能够从"要我学"变为"我要学"。

1. 创设游戏情境

游戏对于学生来说是非常有吸引力的，其游戏对于过程体验是非常注重的，这符合人的认知情感。同时，游戏除了给予学生乐趣，还能促进学生情感的提升。

在英语语法课堂上，游戏情境的创设有助于学生在愉快的氛围中学到与接受语法知识，且作为英语教学的辅助手段，游戏情境也必然受到学生的广泛欢迎，真正地实现玩与学的紧密贴合，促进学生发挥自身的主观能动性，在最短的时间获得语法知识，提升自身的语法能力。例如，在教授 I like music that I can dance to 这一句型的时候，为了能够让学生清楚地对定语从句的用法有所把握，教师可以让学生组成小组，用定语从句描述 computer、iphone 等单词，然后让其他小组的同学去猜，哪一个小组猜出的多，哪一个小组获胜。在这样的小游戏中，学生不仅可以掌握定语从句的用法，还能提升自身的交际能力。可见，游戏情境的创设对于学生兴趣的提升、英语素养的提高等都大有裨益。

2. 创设直观情境

随着科学技术的引入和发展，人们应用计算机已经非常常见，因为其便于交互。在英语语法教学的过程中，教师可以借助多媒体，利用多媒体将知识进行动画、声音等展现，这样有助于实现语法教学的"快节奏、多元素"，让学生从这些直观的画面中，对语法进行全面、系统的认知。

当然，有计算机的辅助，教师备课也是必须的，教师需要投入大量的精力，为上课做准备。在利用多媒体为学生创建直观情境时，教师需要进行多个层面的设计，这样便于提高课堂教学的效率，也便于学生理解和接受。

例如，在讲授"过去完成时"的时候，教师可以利用多媒体为学生展示一幅动画：刚刚吃完饭的小李。之后，教师提出问题：小李的这一动作需要使用什么时态？显然，如果小李是现在吃完的饭，用现在完成时，如果小李是过去吃完的饭，就需要使用过去完成时。可见，直观的情境让学生更好地理解语法知识。

3. 创设对话情境

学生语法学习的最终目的在于运用，而对话情境的创设恰好符合这一点。首先，对话情境的创设有助于充实学生的学习资料，并引导学生付诸实践，在实践中领略语法知识。其次，对话情境的创设有助于学生之间的交流，从而提升他们对语法规则的感知能力。情境创设的越真实，学生的语法学习就越容易。最后，对话情境的创设有助于满足学生的情感需要，为师生之间、生生之间创设一个自主交流的契机，拉近彼此的距离。

例如，在讲授"时间状语从句"时，教师可以以"生日"作为主题创设一个对话情境，让学生展开探讨，可以使用"When is your birthday？"这样的形式来完成对话。学生在对话中，对时间状语从句逐渐掌握。

4. 创设生活情境

众所周知，兴趣是学生最好的老师。无论是初高中学生，还是大学的学生，都具备了一定的认知水平，能够对好坏进行评判。而学生之所以能够进行学习，主要取决于是否有趣。因此，教师为学生创设与他们日常有关的生活情境，有助于学生在生活中学到语法知识，体现到语法的现实价值。将现实生活与语法知识紧密结合，不仅可以对学生的实践能力加以强化，还有助于提升他们的语法水平。

例如，在教授"How much..."句型的时候，教师可以利用学生为其他人买礼物的情境，为学生创设生活情境，让学生扮演"导购员"与"购买者"的角色。在这一过程中，学生可以很快对相应的句型加以掌握。

第五章　句法学理论观照下的英语教学改革

（二）归纳与演绎法

归纳法遵循从具体到一般的过程,强调以学生为中心,主张引导学生自己发现语法规则。在归纳的过程中,学生必然要对语法的使用规则、条件与范围进行比较与分析,从而在不知不觉中提高思辨能力。

由于语法教学的抽象性特点,因而运用演绎教学法进行语法教学非常普遍和常见。这种教学法具体指的是运用一般的原理对个别性论断进行证明的方法。

第六章 语义学理论观照下的英语教学改革

作为语言学的一个分支,语义学注重研究某一特定语言的语义现象,并且对这些语义现象进行客观和准确的描述。语义是一个极为复杂的语言现象,语义学涉及的理论也非常宽泛。本章会在阐述语义学的内涵及其研究内容的基础上,探讨其理论在英语教学中的应用。

第一节 语义学的内涵

一、语义

(一)语义的定义

语言是由三个基本要素组成的,即语音、语法和语义。在前面的章节已经讨论了语音和语法这两个基本的要素,现在主要来讨论语义的相关知识。

简单来说,语义就是语言的意义。那么什么是语言的意义呢?这个问题一直是语言学界关注的焦点问题,也是最难解决并一直存在争议的问题。甚至在不同的语义学著作中,他们讨论的语义是完全不同的东西。但是,需要弄清楚的一点是,语义是语言中最为重要的东西。

语义是语言的核心。无论是语音还是语法,都是语言形式的表现,而语义是语言的核心价值。关于"意义",主要有两层含义。

(1)是指语言文字或其他信号所指代的内容,如"打秋风"这个惯用语的意义是什么?其中的"意义"指的是某个语言符号的意义。

(2)是指某种作用或者价值,如"新中国成立的意义很重大",其中的"意义"指的是价值。

因此,语言的意义也有两层含义。

(1)是指某些语言符号所指代的内容,如语素(实语素)、词(实词)、

第六章　语义学理论观照下的英语教学改革

短语、句子等都有具体的内容。

（2）是指某些语言符号的价值，如一些只表达语法意义的语言符号（例如虚词、词的屈折变化）。

当我们谈及语义的时候，既包含有实在意义的语言符号的意义，也包含没有实在意义的语言符号的语法意义。

（二）语义的性质

语义具有几个层面的性质，而且性质与性质之间是相互关联的，并往往会形成某种对立统一的关系。在这里，只介绍几种最基本的性质。

1. 语义的概括性和具体性

语义既有概括性，又有具体性。语义是人们对客观事物的认识，而这种认识是概括性的认识，而其中词语的意义是对它所指具体对象的共同特征的概括。

需要注意的是，这些词语不仅仅包含普通概念的词语，如 person（人），human（人），money（钱），water（水），happy（乐），fast（快）等，其语义是具有概括性的；还包含一些专有名词，如 Mark Twain（马克·吐温），Chomsky（乔姆斯基），New York（纽约），Eiffel Tower（埃菲尔铁塔）等，这些词也具有概括性。无论是普通词还是专有词都包含了所指对象不同时期、不同方面的特征。例如，"人"概括了各种各样的人的共同特征，既包括中国人，也包括外国人；既包括男人，也包括女人。而马克·吐温既包含 5 岁的马克·吐温，也包含 15 岁的马克·吐温，当然也包含 25 岁的马克·吐温；既包含作家、小说家马克·吐温，也包含作为奥莉维亚丈夫的马克·吐温。

但是，语义作为人们言语交际的内容，在具体的话语中，又是相对比较具体的。在某个具体的话语中，"人"一般是指特定的人。例如：

She was 30, but she hasn't encountered the right *person*.

她都三十了，还没遇到合适的人。

在这个句子中，"人"主要是指丈夫。

在实际词语的理解和运用中，常常要经历从具体到概括，再从概括到具体的不断转化的过程。在最初阶段，人们理解一个词语的语义往往是先理解具体话语中的具体意义，然后从大量的具体意义中抽象出概括意义，并储存于头脑中。在运用阶段，人们需要将头脑中的概括意义转化为具体意义，听话人在理解具体话语中的语义时，也要将具体话语中的具体意义与头脑中贮存的概括意义进行互参，然后将具体意义纳入相应的概括意义中,或者建立新的语义单位,并在头脑中储存起来。

2. 语义的客观性和主观性

语义既有一定的客观性,又有一定的主观性。

一方面,语义对客观事物的认识的最终来源就是客观事物本身,因此语义具有一定的客观性。例如,red(红),run(跑),mountain(山),sheep(羊),cow(牛),house(房子)等,这些都是表示实有事物现象的词语,其语义可以直接反映客观事物的特征。即使是那些表示虚构现象的词语,如god(上帝),paradise(天堂),dragon(龙),Son Goku(孙悟空)等,这些词的语义也曲折地、间接地反映了客观世界。这些词语所表示的对象在客观世界虽然并不存在,但仍然是客观世界在人们头脑中的移花接木式的反映。

另一方面,语义也具有一定的主观性。人们对客观事物的认识,并不等同于客观事物本身,它属于主观世界。由于人们的认识的角度、认识能力等各方面的差异,人们对客观事物的认识,不可能与客观事物保持完全的统一性。这就是语义的主观性,它只能在一定程度上反映客观事物的特征。例如,表示虚构事物的词语以及抽象观念的词语,其语义的主观性是显而易见的,如 love, beauty, freedom 等。另外,表示实有具体事物的词语,也具有一定的主观性,如"人"的语义也反映了人们对自己的认识。

在实际的语言交际中,语义也呈现了其客观性和主观性。首先,语义贮存在人们头脑中时,是主观存在物,对同一词语的理解,不同的人往往是不同的,这是语义主观性的体现。但人们对词语的理解,是受到语言社会的惯例的制约,并不是随心所欲的,而这种惯例是通过人们的言语交际活动和言语作品来呈现,因此这些言语交际活动和言语作品是具体可感的客观存在物,这又是客观性的体现。

3. 语义的稳固性和变异性

语义具有稳固性和变异性。

一方面,为了保证交际顺利进行,语义具有一定的稳固性。如果任意改变语义,必然会导致交际失败甚至产生误解。因此,在使用词语时不能随意改变其意义。

另一方面,语义又具有一定的变异性。由于客观事物在不断地变化发展,而语义是人们对客观事物的认识,因此也会不断地发生变化或者改变。为了适应实际交际的需要,语义需要根据客观事物和人们认识的变化而变化。新的事物产生,人们的意识发生改变,那么就会造成语义变化,旧的事物消亡,也会造成语义的变化。新词不断增加,会加重人们记忆的

第六章　语义学理论观照下的英语教学改革

负担。为了解决这个矛盾,可以用已有的词语来冠以新的意义,这就造成了语义的改变。

另外,人们为了提高交际的效果,往往会借用借代、比喻、转喻等修辞手段来临时改变词语意义。有些修辞用法表达效果很好,大家经常使用,就会使这种临时的修辞意义逐步固定下来,成为固定的语汇意义,这也造成了语义的改变。如 load 本来指的是承受重力、装载量、工作量,后来人们常用来比喻生活负担、工作负担、精神压力,并逐步固定下来。

语义的历史变化,经历了从临时意义向固定意义转化的过程。由于这些临时的意义是在特定的语境之下,遵循基本的语用规律产生的,因此不仅不会阻碍交际,反而一定程度上会提高实际交际的效果。

(三)语义的存在

语义的存在指的是找出语言的意义所在。

关于语义的定位,有人认为存在于词汇中,有人认为存在于字典中,还有人认为存在于语言的符号中或者心理词典中。但是事实上,无论是符号所指涉的内容还是符号所体现的价值,它们都是我们的大脑与外部世界互动的结果,也就是说它们都是人类认知的直接成果。

因此,笔者认为,语言的意义存在于人类的心理词典之中,并以网络系统的形式存在。换句话说,没有任何一个意义是孤立存在的,意义和意义之间存在着必然的联系,每一个意义都可以在语义的网络系统中找到自己的位置。

语义的网络是一个层级体系,人类的心理词典与实体的词典在结构上是不一样的。现在看到的一般词典中所有的词条都是按照一定的顺序排列的,目的是为了方便检索,而心理词典是按照层级体系排列的,这是我们认识外部世界的自然结果。所以认知语言学认为意义就在我们能够意识到的经验当中。发现意义的方法需要通过抽象、内省、概括、联想等一系列的思维过程。

但是,当人们意识到语言的意义是以层级网络的形式存储在我们的心理词典中,那么就会提出一些问题:不同母语背景的人心理词典所存储的语义网络是不是一样的?我们每一个个体的心理词典中所存储的语义网络是不是一样的?古代的人与现代的人心理词典中所存储的语义网络是不是一样的?

虽然这个问题是假想出来的,那么答案也是一种猜想。如果个体之间的心理词典中所存储的语义网络不同,那么人与人之间的语言交流和理解就会产生障碍；如果不同母语背景的人心理词典所存储的语义网络不同，那么语言之间的翻译也会产生障碍；如果古代的人与现代的人心理词典中所存储的语义网络不一样，那么古代的作品就很难被翻译成现代的文本。简单来说，就是人类心理词典中所存储的语义网络大体上是相同的，否则很难进行理解或翻译。

但是也应该认识到一点，在同一个语言社团中，也存在着个体的差异。例如，现代汉语的"十来岁"，到底是十岁以上还是十岁以下，以汉语普通话为母语的人在理解上是有分歧的。同时，不同语言的语义网络系统差异就会更大一些，甚至会出现不对称的情况。例如说英语的 cousin 这个词的语义内容在汉语中没有对等的词汇形式，在汉语中对应的词有"堂兄""堂弟""表弟""堂姐""表兄""堂妹""表姐""表妹"等不同的词。

二、语义学

（一）语义学的定义

语义学是研究语言的意义的学科，它主要研究语义的各种性质、类型、特征、单位、语义关系、语义的结构和功能以及语义的形成和演变等。

语义学可以说是一门古老的学科，也可以说是一门年轻的学科。几千年前，人们开始研究语言意义，但是将其独立为一门单独的学科，却只有几十年的历史。在 20 世纪以前的传统语言学中，语义学没有独立的地位，语义学的部分内容，如词汇的意义，是属于语汇学研究范畴的。在结构主义时期，语义也并未得到普遍的重视。直至到了 20 世纪 50 年代，随着义素分析和语义场理论的产生，语义学才逐渐成为一门相对独立的学科。在现代语言学中，语义学的地位显得越来越重要，与语音学、语法学构成了语言学的三大分支学科。同时，语义学内部还形成了一些理论流派，如生成语义学、结构语义学、功能语义学等。

语义学不仅仅是语言学的分支学科，也是很多其他学科研究的话题，如心理学、逻辑学、哲学、符号学等。并且，这些学科对语义学的贡献巨大。因此，语义学已经成为跨学科的交叉性学科。

（二）语义学的分支

语义学可以从广义和狭义两个层面来区分。
从广义上来说，语义学主要包括以下三大分支。

第六章　语义学理论观照下的英语教学改革

（1）语言学的语义学，主要研究语言的语义系统、语义的组合关系、聚合关系以及语义变化。

（2）哲学的语义学，即语义哲学，主要研究语义的意义是什么，研究语义的真实性问题。

（3）逻辑学的语义学，即逻辑语义学，主要研究语义的真假条件，研究怎样从基本命题的真假推导出复杂命题的真假。

这三大分支并不是孤立的，三者之间相互影响，相互渗透，而且也并没有十分明确的界限。

从狭义上来说，语义学主要指的是语言语义学，大体上可以分为词汇语义学和句法语义学两大分支。词汇语义学主要研究词汇的语义问题，即研究词语的语义结构、语义聚合关系、语义的发展演变。句法语义学主要研究句子的语义构造、语义组合关系、句子之间的意义联系。另外，有学者认为言语意义也应该属于语义学的范畴，称为语用语义学。不过，这些内容一般放在语用学中来进行讲授。

第二节　语义学的研究内容

一、语义的分类

由于语言意义是复杂多样的，现代语义学家关于语义的分类说法是仁者见仁，智者见智。

著名语言学家利奇（Leech）把语义分成七大类：概念意义（conceptual meaning）、联想意义（associated meaning）、社会意义（social meaning）、感情意义（emotive meaning）、反映意义（reflected meaning）、搭配意义（colocative meaning）以及主题意义（thematic meaning）。[①]

格莱斯（Grice）从语言应用的角度将语言的意义分成四种，即固定意义（timeless meaning）、情景意义（occasion meaning）、应用固定意义（applied timeless meaning）和说话者的情景意义（utterer's occasion meaning）。

总体上说，这些分类方法都有各自的道理。笔者认为，语言的意义归纳起来总分为三大类，即词汇意义、语法意义和修辞意义。

词汇意义是词义的核心，是比较具体的一种意义。同时，词汇意义也

---

① 王德春. 普通语言学[M]. 上海：上海外语教育出版社，2011：85.

是其他两种词义产生的基础,并决定着其他两种意义。词语的语法意义和词汇意义存在明显的差异,但它作为词义结构中的一种,与词汇意义一样,也是词语的固定意义,与词语的语音形式凝结为一体,主要是用来表示词语之间、客体之间的关系意义。修辞意义表示主体对客体的感情评价意义。这三种意义相互关联,构成整个语言的语义体系。

(一)词汇意义

词汇意义是指词的指称意义或者理性意义,它与客观事物的特征或者现象概括出来的概念是基本对应的。词汇意义具有如下特点。

1. 客观性

词汇意义是客观现实通过语音形式在人脑中的概括反映,因此具有客观性。如图6-1所示。

图6-1 语音、语义与客体之间的关系

词语、熟语等语言单位都是音、义的结合体,而这些语言单位的语音形式表达了一定的话语意义。而这样意义恰恰是客体(客观事物)在人脑中的概括反映。但是,以什么样的语言形式与客体联系是任意的,但是在语言体系中,大部分的语言单位的产生是具有理据的。这二者并不矛盾,因为以什么样的理据也是任意的。无论是任意性还是理据性,只有在实际中约定俗成,才能成为语言现实,才能完成语言交际。其中,客体是词汇意义形成的基础和条件,因此每个词都有其自身的客体意义。

2. 概括性

词汇意义并不是对每一个客观事物的一一对应的反映,而是概括性的反映,简单来说,就是一个词汇意义是对一类客体的概括。

词汇意义的基础是概念,而概念是构成词语的基本内容。概念能够概括反映自然界中的某一类事物,它反映了科学在一定发展阶段对客观对象的本质的认识和一般的特征的总和,以及贯穿于这些特征之间的复杂的联系。例如,car(汽车)的概念是"以内燃机为动力,配有方向盘、

第六章　语义学理论观照下的英语教学改革

橡胶轮胎,由人驾驶,能够载人或载物,在路面上行驶的一种交通工具"。人们用这一概念来概括"车"这一类的东西,无论是真实的车还是玩具车等。正是由于词语具有概括性,使人们可以运用有限的词语来表达无穷无尽的事物。

3. 相关性

词汇的相关性,是指一个词语总是处于与其他词语的相互关联中。词汇意义除了同概念有关,还与词语在词汇体系中的地位有密切的关系。词汇意义可以反映客观的现实,而且对现实进行切分,而人又给这些切分的部分赋之以名。所以,一个词的词汇意义同词汇体系中其他词的存在密切相关。

4. 民族性

词义是人们对客观世界、客观现象的概括,而受国家、民族、地域、价值观的影响,概括的内容也有所不同,即用什么样的词语来表达同一概念,不同的国家、民族、地区呈现不同的特色。因此,词义具有了民族性,一个民族的风俗习惯、价值观念、社会面貌、自然条件、礼貌规范等无一不在词汇中有所体现。

但是,从词的基本意义上来说,各民族又是相通的。例如,水、火、金、银、铜、铁这些事物,无论是中国人还是美国人,无论是俄罗斯人还是非洲人,对其基本意义的理解基本是一样的。但是一旦某个词语或者某个多义词的义项打上了民族的烙印,那么这个词语就是其独有的,也会反映出其自身的民族个性。例如,thirteen("13")这个词语,在西方人认为,这是一个禁忌,并且是一个令人十分恐惧和不安的数字。在西方,thirteen这个数字带来很多消极的习语。因此,在西方文化中,包括房间号码、建筑层级或者住宅的门号上都不会使用 thirteen,而是选择使用 twelve B。但是 13 这个数字对于国人来说是没有任何问题的,也没有其他的意义。

再如,"竹子"在汉语中有着十分丰富的语义,这是因为竹子与中国的传统文化有着深厚的关系。中国人也常常用竹子来比喻人,表达自己坚贞、率直的性格。例如,欧阳修《刑部看竹》中有这样一句"竹色君子德,猗猗寒更绿";李和的《赋得竹箭有筠》中有"常爱凌寒竹,坚贞可喻人"。中国人对于竹子的偏爱也反映了竹子在中国人心中的地位。人们也常常会使用与"竹"字相关的成语,如"胸有成竹""罄竹难书""雨后春笋""势如破竹""功垂竹帛"等,说明竹与中国的文化传统密不可分的关系。然而,同一植物的英语名 bamboo 在英语中几乎没有什么特殊的国俗语义,在多数情况下,它仅仅是一个名称而已。

5. 模糊性

词汇意义是以概念为基础的,不是所有语义都是精确的,还存在着比较模糊的情况。人们在语言交际中有时候会借助语言的模糊性来保证交际的和谐。

所谓模糊性,是指语言所指范围的边界是不确定的,具体来说,它是符号使用者所感到的使用的某个符号同他所指的一个或一个以上对象之间关系的不确定性。人们在进行交际的时候,不一定任何时候都要求精确,当语言以有限的单位来表示无限的客体时,就容易形成模糊性。但在一定的语境下,客体与客体之间存在着必然联系,因此人们就不难弄清语义。一般情况下,表示科学概念的词常常会使用比较精确的词;而语言意义比较模糊的词,在具体的言语交际中可能会变得比较明确。例如:

Her burden is too heavy that she has to take care of her children and the elder.

她的负担很重,既要照顾孩子,又要照顾老人。

"老人""孩子"这两个词语的语汇意义实际是比较模糊的,但是在这个句子却表现的十分明确,就是指代的是她家的老人和孩子。这是因为特定的语言环境限定了词语所指范围,使词语的具体意义变得比较明确。

语义模糊性,不仅可以使人们在交际中表达更加委婉、含蓄,而且能使其保持良好的社会关系,保证交际的顺利实现。另外,交际的模糊性也有助于提高语言表达的效果。总之,语义的精确性是言语修养的基本要求,而语义的模糊性是为了满足言语交际的需要。

(二)语法意义

所谓语法意义,是指在词汇意义基础上更大的概括和抽象,它不是个别语言单位所具有的理性物质意义,而是一类语言所具有的抽象的关系意义。语法意义既包含词法意义又包含句法意义。一般情况下,将语法意义分为三类。

(1)语法单位意义。其包含性、数、格、人称、时态等范畴意义,它们是封闭的、抽象的,如"数"的范畴包含单数、复数;"性"的范畴概括为阳性、阴性、中性;"格"的范畴概括为主格、所有格等。

(2)语法的功能意义。它指的是主语、谓语、宾语等句子成分意义,以及领属修饰等关系意义。句子成分可以按照它们在句子中担任的功能进行分类。例如:

The workman will widen the road.
The road widens here.

在这两个句子中,"widen"都作谓语,但在第一句中"widen"是及物动词,后接宾语;而在第二句中"widen"是不及物动词,后面不能接宾语。

(3)句法的结构意义。其包含陈述句、祈使句、疑问句等句型的意义以及词组结构的关系意义等。

总之,语法意义是从词的结构、词组结构、句子结构中抽象出来的范畴更广的概括的意义。

(三)修辞意义

所谓修辞意义,是指在特定的语境中的语言表达赋予词语的临时意义,其中包含着语言单位的主观情感,如语体色彩、表情色彩、联想色彩等。

1. 语体色彩

语体色彩是语言应用中受到语言环境制约而产生的,是语言单位的环境色彩。使用语体色彩的目的是适应不同语言交际的需要。场合不同、交际内容和交际目的不同,那么选择的语言材料也会不同,这就形成了语体的差异。一般情况下,书面语体或者科技语体比较精练、典雅、含蓄、庄重,富于严密性和逻辑性,如 DNA,SKF,Hydraulic Transmission,BMR 等;而谈话语体一般比较平易、亲切、幽默、随便、风趣、轻松等,如 mom, to pass away, to kick the bucket 等。

2. 表情色彩

表情色彩是指说话者对所谈对象的主观感情的态度和评价。这种感情有褒扬的也有贬义的,当然也存在中立的;而态度有直的也有曲的,有庄严的也有和谐的,有尊敬的也有谦虚的。语言单位的表情色彩是随着历史不断形成的,是全民公认的。

3. 联想色彩

联想色彩是从词汇意义中或通过语音中介联想产生的。不同的文化在历史传统、价值取向、宗教信仰、思维方式、风俗习惯乃至地理环境等方面的差异都会使同一词汇在不同的文化语境中产生各自特有的联想意义,其所带有的情感也往往因文化的不同而各异。

这种情况是非常多的。例如,龙(dragon)是中西方神话传说中的一种动物。但是西方人眼中的 dragon 和中国人眼中的"龙"所具有的文化内涵存在着巨大的差异。在西方文化中，dragon 一词基本上是贬义的。在西方神话故事中，dragon 是一种形似巨大的蜥蜴，长着翅膀和长长的脚爪，身上有鳞片并且可以喷火的凶残动物，是一种非常凶悍的怪物。因此，在西方人眼中，dragon 就是邪恶的代表，是恶魔的化身，应该予以消灭。在《圣经》中，与上帝作对的恶魔撒旦就被称为 the great dragon，而那些消灭 dragon 的圣徒则被视为英雄。另外，在希腊文化中，Perseus 从海怪毒龙手中救出了埃塞俄比亚公主安德洛墨达，这条"龙"就被描述成一条"可怕的吃人的恶龙"（terrible dragon which eats men）。而英语古诗《贝奥武夫》（*Beowulf*）就是歌颂与残暴的恶龙搏斗而取得胜利的英雄史诗。在现代的英语中，dragon 用来指"凶暴的人"。与西方文化不同，中国文化中的"龙"是神话中的吉祥的动物，能腾云驾雾给人们带来吉祥，是吉祥、力量、权力以及繁荣的象征。在封建帝王社会里，龙是帝王的象征，因此，与皇帝有关的东西都需要加上一个"龙"字，如"龙体、龙袍、龙颜、龙座、龙子、龙孙"等。汉语中有许多含有"龙"的成语都是褒义的成语，如"龙飞凤舞""龙腾虎跃"等。到今天为止，龙的形象仍旧是中华民族的象征，海内外的炎黄子孙都自称是"龙的传人"，在世界上也因为作为"龙的传人"而感到无比的自豪。

再比如，数字词语的意义是多层次的，在一定的语境下，由于某些数字的外部表象（音似或形似），会引起人们许多形象生动的感情联想，产生特定的联想意义。例如，汉语普通话中的"八"和"发"韵同声异，"六"和"顺"相谐音，因此，很多新婚佳人或是商家企业都喜欢选用"八"或"六"作为婚庆喜日、开张庆典的吉日良辰。甚至在购买汽车号码、电话号码、住宅号码时，不惜重金，就是为了图吉利。而西方民族却对"Friday"比较忌讳，这是因为在西方国家，根据《圣经》记载，星期五是耶稣的受难日。而中国人对这两个数字却没有什么忌讳。

正因为语言具有联想意义，语言中存在一些令人产生不愉快联想的禁忌语。语言禁忌是社会禁忌的一部分，反映在社会生活的各个层面。由于人类社会存在着大量不便直说或不好直说的客观事物或现象，出于避讳、礼貌等原因，人们便选择了相对应的委婉语来表示。例如，现代社会人们普遍崇尚苗条轻盈的身材，减肥之风比较盛行，所以常用 big, heavy, stout, plump, weight 等代替 fat，说到某人身体"太瘦"，便用 slender, slim 来代替 thin。人的生、老、病、残、贫穷也往往是人们不便直言的话题。当说到"死"的时候，一般不会直接说 die，在中国一般会使用"长眠了""老了"或者"升天了"，在西方一般会使用 be at rest（安息），pass away（离去），go to the heaven（去天堂），return to the dust（归于尘土)等。

修辞意义一方面表现为语言单位修辞分化,另一方面表现为言语环境中形成的语境意义,语境意义分为上下文意义和社会文化意义。

词汇意义、语法意义和语言单位的修辞分化是语言单位所具有的意义,它客观地存在于语言体系之中。语言的语境意义虽然附着在语言材料之上,但受语言环境制约,不一定是语言单位所固有的,同上下文和文化背景有关。例如:

A:工作调动怎么样了?

B:还得等啊。

A:赶紧啊!这年头不烧香哪行啊!

在这段对话中,"烧香"并不是"祈求菩萨保佑"的字面意思,而是具有其隐含意义,即指"为了达到能够顺利调动工作而必须要请客、送礼等"。因此,语义理解是一个动态过程。

二、语义的单位

语义单位包含义项、义素、义丛和表述四个部分。并且,这些语义单位与语音、语法、语言和言语都有着密切的关系,下面就着重来分析一下这几个语义单位。

(一)义项

义项,又称为"义位",是由语汇形式表示的、概括的、独立的、固定的语义单位。具体来说,义项主要有以下几种性质。

1. 义项是由语汇形式表示的

语汇形式是由语素、词和固定短语组成的。一个语汇形式代表一种意义,而这种意义就是一个义项。一般情况下,义项多指词语的意义,但语素和固定短语的意义一般也看作义项。另外,通常所说的单义词、多义词,就是指有一个义项的词和有多个义项的词,其中多义词的每一种意义都是一个义项。但是值得注意的是,一般短语表示的意义,就不是一个单独的义项,而是若干个义项的组合。

2. 义项是概括的固定的语义单位

义项是从词语的各种用法中概括出来的固有的、概括的意义,不包括在特定的语言环境中的临时的、特殊的、具体的意义。例如,pen(笔)这个词语有时指毛笔,有时指钢笔,有时指铅笔等,但是毛笔、钢笔、铅笔都是具体的意义,而不是具体的义项,我们可以将这些意义概括为一个义项:写字画图的工具。再如:

Her husband has been died for a few years, but she hadn't found someone yet.

她丈夫去世了几年了,她还没找个人。

在这个句子中,someone 指代的是"丈夫",但是这种意义知识特定语境中的临时意义,因此不能算作一个义项。

3. 义项是能独立运用的语义单位

无论是单义词还是多义词,每一个义项都能独立运用。义项不仅包括概念意义,还包括附着在概念意义上的各种附加意义。附加意义必须和概念意义一起使用,而不能单独使用。因此附着在概念意义上的附加意义不是独立的义项,而是和概念意义一起构成义项。

(二)义素

义素,又称为"语义成分""语义特征""语义标示"或者"语义原子",是从一组相关的词语中抽象出来的区别性语义特征,是构成义项的语义成分。

传统语言学对词语意义的分析,一般到义项就截止了,现代语言学则进一步将义项分析为若干义素的组合。

分析词语的意义,一般到义项为止,现代语言学则进一步把义项分析为若干义素的组合。义素是构成语义的最小的单位。方括号"[ ]"是义素的标志,而"+、—"是表示这两项义素是对立的,其中"+"表示具备某项义素的特征,而"—"表示不具备某项义素的特征。而"±"表示具备两项对立义素中的一个。例如,"男人"这个义项可以分析为"男性""成年""人"。其中 [男性][成年][人] 就是三个义素的组合。

(三)义丛

所谓义丛,是由一般短语构成的语义单位,并由若干义项组合而成。有些短语不只存在某一种意义,而这种多义短语的每一种意义就是一个义丛。例如,"烤羊肉串"有两种意思:一是指把羊肉串烤熟;二是指已烤熟的羊肉串。这两种意义就是两个义丛。

义丛一般指不成句的短语表示的意义,成句的短语就是句子,而句子的意义一般不叫义丛,而叫表述。

（四）表述

表述是由句子表示的语义单位。一个句子表示的一种意义,就是一个表述。有些句子可以表示几种不同的意义,每一种意义就是一个表述。例如：

I know the girl next to the teacher watching TV.
我知道挨着老师的那个女孩在看电视。
我知道这个女孩挨着老师一起正看电视。
在英文句子中,"Watching TV"既可修饰 the girl,又可修饰 the teacher,而且表达了两种不同的意义。

但是值得注意的是,如果一个句子变成另一个句子的短语或者一部分,那么这个句子就不再是一个句子了,那么它的意义也就不再是一个表述,而属于一个义丛。

三、义素分析

义素分析是指将词语的义项分析成几个或者若干个义素的组合过程。义素分析是一种新型的语义分析方法,因此在语义学和语法学中得到普遍的采用和认可。这种分析法不仅可以用来分析词语的概念意义,也可以用来分析词语的语法意义和附加意义。不过相比较而言,它在概念意义上相对纯熟一些。因此,在这里主要谈论的是概念意义。

（一）义素分析的原则

分析词语的概念意义,首先就要揭示出概念的内涵,给词语下定义。与一般定义相比,义素分析既有共性,又有个性。因为前者(即一般定义)仅仅解释了某个词语的意义,而后者(即义素分析)往往分析了一组相关的词语,并全面地、系统地分析了其中词语的含义。作为一种特殊的定义方式,义素分析有其自身的原则,即系统性原则、对等性原则以及简明性原则。下面对其进行逐一说明。

1. 系统性原则

义素分析必须在一定的语义系统中进行。例如,aunt（阿姨）有两个义项：一种是表达两人之间的亲属关系,另一种是表达社交称呼。当对前者进行义项分析时,就需要将其置于亲属称谓系统之中,与 mother（母亲），sister（姐妹）等相比较；当对后者进行义项分析时，就需要放在社交称谓系统之中，跟 miss（女士），comrade（同志），master（师傅）等作比较。否则就很难准确地判断义素。

2. 对等性原则

与一般定义一样，义素分析的结果必须与义项的意义相等，所指范围既不能过宽又不能过窄。例如，"女人"这个词语，如果将其分析成 [女性][人]，所指范围就过宽，不能区别于"男孩"；"火车"这个词，如果分析为 [用火力推动][在铁轨上运行][挂多节车厢][车]，所指范围就过窄，因为用电力推动的火车未能包括在内。

3. 简明性原则

义素分析还应该坚持简明性原则，即在明确的前提下，应尽可能少的使用义素来揭示词语的语义特征。例如，将"女孩"分析为 [女性][未成年的][人]，就能简明地揭示"女孩"的语义特征。如果分析为 [女性][未成年的][有高级思维能力的][动物]，[动物] 还可再分析为 [能运动的][生物]，甚至还可再往下分，这就不符合简明性原则。

（二）义素分析的方法

义素分析有一套完整的方法，最基本主要包含以下三种，即确定范围、比较异同以及简化义素。

1. 确定范围

义素分析首先需要找出一组相关词语，确定比较范围，这是义素分析的第一步。比较范围既不能太窄，也不要太宽。一般情况下，可以采用从小到大的这种逐步扩大范围的方法。换句话说就是先找关系最密切的词语来进行比较，不够时再逐步扩大比较的范围，直到能准确揭示各个词语相互区别的语义特征为止。例如，要分析 father（父亲）的义素，首先找出 mother（母亲）来比较，可以得出 [男性] 与 [女性] 的区别，再找出 son（儿子），daughter（女儿）来比较，可以得出 [上一辈] 和 [下一辈] 的区别，再找 husband，wife 来比较，可得出 [生育关系] 与 [婚姻关系] 的区别。这时，这些词语都能相互区别了，而且也能与其他词语相区别了。

2. 比较异同

义素分析需要比较词语的异同，抽象出彼此相互区别的特征，这是义素分析最为关键的一步。比较异同可以采用列表比较的办法：将各个词

第六章　语义学理论观照下的英语教学改革

语竖行排列,将相互之间的异同横行排列。比较时可采用分类的办法,从各种角度分类,抽象出各类之间的异同。

另外,比较的结果还应该进行纵横检查。从纵向看,各个词语之间能否相互区别;从横向看,分析的结果是否符合对等性原则。如果相互之间不能区别,也不符合对等原则,那么就必须再进行比较。

3. 简化义素

简化义素就是系统而简明地揭示词语之间的异同。简化义素可以从以下两个层面着手。

(1)用某些符号来揭示彼此间的异同。上边已经提到了"+、-"号表示两项对立的性质;还可以使用"→""←""↔"表示两项或三项表示关系对立。如 [男性][女性] 可以分别表示为 [+男性][-男性],[生育关系][被生育关系][同胞关系] 可以分别表示为 [→生育关系][←生育关系][↔同胞关系]。

(2)略去冗余义素。如果一个义素可以从另一个义素推知,就是冗余义素,可以删除。如上面的例子中"辈分"一栏的义素,都可从"关系"一栏的义素推知,因此可以删除。但"类属"一栏的义素必须保留,否则不能明确反映词语的语义类属。

最后,就可列出各个义项的义素结构式。一般用"{ }"表示义项,用"[ ]"将义素组合括起来,义项与义素之间用"="表示联结。上述的亲属关系还可以表示如下。

{父亲}=[+男性 →生育关系　　+亲属]
{母亲}=[-男性 →生育关系　　+亲属]
{儿子}=[+男性 ←生育关系　　+亲属]
{女儿}=[-男性 ←生育关系　　+亲属]
{丈夫}=[+男性 ↔ 婚姻关系　　+亲属]
{妻子}=[-男性 ↔ 婚姻关系　　+亲属]
{哥哥}=[+男性 ↔ 同胞关系 →年长　+亲属]
{姐姐}=[-男性 ↔ 同胞关系 →年长　+亲属]
{弟弟}=[+男性 ↔ 同胞关系 ←年长　+亲属]
{妹妹}=[-男性 ↔ 同胞关系 ←年长　+亲属]

(三)义素分析的模式

语汇系统中名词、动词、形容词占绝大多数,目前对这三类词语的分析也相对成熟一些。这三类词语的义素分析又有各自的特点,可以概括为三种不同的模式。

1. 名词模式

名词的义素分析模式可概括为：{义项} = [属性1、属性2……属性n，类属]。其中"属性"就是各个义项之间相互对立的性质，可以有"1……n"多项；而"类"就是各个义项共属的类别，一般只有一项。表示类属的义素可放在最前面，也可以放在最后，但不要插在中间的位置。各个属性义素之间的先后顺序可以进行灵活处理，但各义项的同类义素应保持位置对应。这种义素结构模式与一般下定义的"属加种差"模式相当，"类属"就是"属"，"属性"就是"种差"。如前面分析的亲属关系的例子，都属于这种名词模式。

2. 动词模式

动词的义素模式可概括为：{义项} = [主体、方式、动作、客体、因果]。

（1）主体，就是动作行为的主体。

（2）方式，就是动作行为的时间、工具、情状、方位、材料、程度等，方式可以有多项。

（3）动作，就是动作行为的类别，如"获得/失去""分开/结合""移动/静止""增加/减少"等。

（4）客体，就是动作行为涉及的对象，可包括与事、受事、成果等。

（5）因果，表示动作行为的目的、原因、结果等。

其中前三种是一般动词都有的，而后边两个则不是每个动词都有。而方式和因果的位置可放在动作之前或者之后。动作这一义素一般是一组动词所共有的。如表示趋向的一组动词可分析如下。

{进去} = [物体、背向参照点、从外面、移动、到里面]

{进来} = [物体、朝向参照点、从外面、移动、到里面]

{出去} = [物体、背向参照点、从里面、移动、到外面]

{出来} = [物体、朝向参照点、从里面、移动、到外面]

{上去} = [物体、背向参照点、从下面、移动、到上面]

{上来} = [物体、朝向参照点、从下面、移动、到上面]

{下去} = [物体、背向参照点、从上面、移动、到下面]

{下来} = [物体、朝向参照点、从上面、移动、到下面]

3. 形容词模式

形容词模式可概括为：{义项} = [范围、方面、程度、性状]。

第六章　语义学理论观照下的英语教学改革

（1）范围，就是义项使用的范围，相当于动词模式中的主体。

（2）方面，就是表示事物哪些方面的性质，是重量，还是高度、长度、温度等，是身体方面还是精神方面。

（3）程度，就是上述性质的不同等级，一般情况下分为"非常""十分""相当""比较"等几种级别。

（4）性状，就是事物属性的基本类别，如多少、大小、远近、高低、快慢等。

其中"方面"义素一般是一组形容词共有的，而"程度"只是少数形容词才有的，如表示温度的一组形容词可分析如下。

{冷} = [物体或气候、温度、相当、低]
{凉} = [物体或气候、温度、比较、低]
{热} = [物体或气候、温度、相当、高]

作为一种新的语义分析方法，语素分析有不少优点，概括如下。

（1）它深入义项内部，进一步说明义项的语义结构。

（2）它对语义分析的精密化很有帮助，为计算机自然语言的处理开辟了道路。

（3）它系统地、全面地反映了词与词之间的区别与联系，能较好地解释语义的组合和聚合关系。

但是值得注意的是，义素分析至今仍存在着不够完善的地方，也有很多词语并不能进行义素分析。同时，也很难弄清楚中国词语到底有多少义素。因此，义素分析尚未形成客观的标准，具有很大的随意性。这就需要以后继续进行研究和探索。

四、语义关系

每一种语言都有丰富的词汇，并且这些词汇并不是孤零零地存在的，而是彼此之间在发音、意义、结构、语法功能等方面有这样、那样的关系。这就好比世界上的人，虽然每个人都是独立的个体，都有着独立的个性，但是却不可避免地会与其他人发生关系。因此，当介绍一个人的时候，需要从两方面考虑：直接描述和间接描述。前者是直接描述他/她的特征，包括相貌特征、形体特征、性格特征等；后者是描述他/她与其他人的关系，如"他是张总的儿子""她是顾教授的太太"等。

同样道理，在描述一词语的意义时，我们既需要指出它的语义特征，也需要指出它与其他词的关系。例如，在解释"燕子"一词的意义时，我们可以说燕子的翅膀尖而长，尾巴分开像剪刀，捕食害虫，春天飞到北方，秋天飞到南方等,这是其语义特征;也可以说燕子是鸟类的一种,更具体地说是候鸟的一种;燕子不是麻雀,也不是鸽子,但可以是家燕、楼燕、雨燕、金腰燕等,这是其与其他词语的关系。

词与词之间的意义关系有很多种,下面就逐个分析一下这些词义关系。

(一)同音同形异义关系

所谓同音同形异义,就是指两个或两个以上的词,有相同的读音和词形,但是意义不同,即不同的词在发音或者拼写上一样,甚至发音和拼写都一样。

如果两个或两个以上词义不同的词,它们的读音相同,则被称为"同音异义词";如果两个或两个以上词义不同的词,它们的外形相同,则被称为"同形异义词";如果两个或两个以上词义不同的词,它们的发音和外形都一样,则被称为"完全同音异义词"(complete homonyms)。

(1)同音异义词,例如:
piece(片)/peace(和平)
night(夜晚)/knight(骑士)
buy(买)/bye(再见)
rain(雨)/reign(统治)
leak(渗漏)/leek(韭)
sun(太阳)/son(儿子)
be(系动词)/bee(蜜蜂)
(2)同形异义词,例如:
bow(鞠躬)/bow(弓)
light(轻的)/light(光)
tear(撕)/tear(眼泪)
lead(领导,引导)/lead(铅)
flower(花)/flour(面粉)
vain(徒劳的)/vein(静脉)
(3)完全同音异义词,例如:
fast(迅速的,快的)/fast(禁食,斋戒)
scale(刻度,比例)/scale(测量)
ball(球)/ball(舞会)
date(日期)/date(枣)
对于两个完全同音异义词,我们可能会有疑问,那就是它们是两个完全同音异义词呢,还是它们是一个多义词的两个意义呢?这是一个有趣的问题,但是这个问题并不好回答。我们用所涉及词的词源来进行思考。一个多义词是在其基本意义上逐步发展起来的,在某种程度上,这个多义词的各种意义是相互关联的。完全同音异义词通常是一种巧合。

例如,单词 ball 的其中一个意思是"一场大型正式的社交活动,人们可以在其中跳舞",其另外一个意思是表示"在比赛中使用的圆形物体",这就是两个完全同音异义词。表示第一种意义的 ball 来自于一个法语词,这个法语词拼写与英语的 ball 完全相同,于是其法语意义逐步为人们所用。表示第二种意义的 ball 是一个英语本族词,最初就存在于该语言中。因此,现代英语就有了这两个完全同音异义词 ball 和 ball。

(二)多义关系

多义关系指的是一个词拥有多种意义,而且这些不同意义之间是存在关联的,这样的词被称为多义词。英语中有大量的多义词。一个词用得越频繁,它就越有可能有多个意义。以英语中的一个常见词 table 为例,它最少有以下 7 种意义。

(1)一件家具(桌子)。
(2)一桌人。
(3)桌上的食物。
(4)一块薄而平的石头、金属、木头等。
(5)一览表。
(6)能进行作业的机械工具的一部分。
(7)一块平坦的地区,高原。

再看一个汉语的例子,根据《新华字典》中的解释,"头"有以下 15 个意义。

(1)头发,如"少白头"。
(2)本指人的脑壳,后也泛指动物的脑壳,如"拿杖打了自己头"。
(3)首领;头儿,如"马无头不成群;雁无头不成队"。
(4)最上等级,如"头彩"。
(5)第一;第一次,如"戒酒戒头一盅,戒烟戒头一口"。
(6)物体的前端或顶端,如"出檐椽子头先烂"。
(7)放在数字之间表示概数;大约,如"三天两头"。
(10)一方;一侧;一方面,如"他一头说一头哭"。
(11)头绪;线索,如"冤有头,债有主"。

（12）结束；完，如"何时才是个尽头"。
（13）用剩的一部分物品，如"布头"。
（15）量词，多用来计算牲畜，如"勤扫院子少赶集，三年可买一头驴"。

（三）同义关系

同义关系是指几个发音和/或拼写不同的词意义相同或者相近，这样的词被称为"同义词"或者"近义词"。

从历史的角度来讲，英语词汇可以分为本族词和外来词两类，外来词逐渐被吸收，致使英语中出现了很多同义词。所以在英语中我们经常会发现，两个词甚至两个以上词之间的意义或多或少有些相同。但是，由于它们的起源不同，这些同义词之间还是有很多细微的差别。从同义词区别的方式角度来讲，同义词主要可以分为以下几组。

1. 方言同义词

方言同义词（dialectal synonyms）就是在不同地方方言中使用的同义词（synonyms used in different regional dialects）。

在英语的两个主要的地理变体——英式英语和美式英语中，有很多用不同的词表达同样的事物的词。例如，

英国英语	美国英语
autumn	fall
lift	elevator
baggage	luggage
lorry	truck
petrol	gasoline
flat	apartment
windscreen	windshield
torch	flashlight

2. 文体同义词

文体同义词（stylistic synonyms）是指拥有相同意义但是在文体、正式度上可能不同的词。换句话说，一些词在文体上可能更正式，而有些则比较随意，还有一些比较中性。例如，

old man, daddy, dad, father, male parent
start, begin, commence

第六章 语义学理论观照下的英语教学改革

kid, child, offspring

kick the bucket, pop off, die, pass away.decease

3. 情感或评价意义不同的同义词

情感或评价意义不同的同义词是这样一类词：它们拥有相同的意义，但表达了使用者不同的感情以及使用者对所谈到的内容的态度或偏见。[1] 例如，collaborator 和 accomplice 虽然在意义上都指"一个人帮助另一个人"，但是 collaborator 指帮助他人做好事，而 accomplice 指帮助他人犯罪。因此，具体选择哪个词取决于所帮助的人从事的活动性质。

4. 搭配同义词

从语法上来讲，存在一些词语搭配上不同的同义词。例如，在表达某人做错事甚至犯罪时，我们可以用 accuse, charge，但是它们需要搭配不同的介词——accuse...of, charge with。

5. 语义不同的同义词

这类词大都是在意义上差别很细微的同义词。例如，amaze 和 astound 在意义上跟 surprise 很接近，但是它们之间还是有细小的差别。amaze 有混乱和迷惑的意思，而 astound 含有难以相信的意思。

（四）反义关系

反义关系，又称为"对立关系"，而这些意义相反的词就被称为反义词。对于词汇意义的对立，我们要形成正确的认识，不能误认为仅在词的某一个方面对立，词汇意义上的对立可以包括各个不同方面。我们可以把反义词具体分为以下几类。

1. 互补反义词

互补反义词（complementary antonyms）的一个显著特征就是，对一方的否定就是对另一方的肯定。换句话说就是，互补反义词反映的是一种非此即彼的关系，而不是两个极端的程度。例如，一个人的状态除了活（alive），就是死（dead）；不是男性（male），就是女性（female），严格意义上来讲不存在其他情况。所以 alive 和 dead 是一对互补反义词，male 和 female 也是互补反义词。

---

[1] 牟杨.新编简明英语语言学教程学习指南[M].成都：西南交通大学出版社，2009：88.

2. 等级反义词

很多情况下，在一对反义词之间总会有一些中间词，因此我们可以对这些反义词进行等级划分，只是它们的程度不同而已。例如，old 和 young 显然是一对反义词，但是它们却代表着两个极端，在它们之间还有许多表示老或者年轻的中间词，这些词对老或者年轻程度不完全相同，如 elderly（年长的），mature（成年的），middle-aged（中年的）。

与此类似，在 hot 和 cold 之间也存在许多诸如 cool（凉快的），warm（温暖的），lukewarm（温和的）等这样的中间词。

3. 关系反义词

关系反义词（relational opposites）就是指表现出两个词之间相对关系的一对词。例如，如果 A 是 B 的妻子，那么 B 就是 A 的丈夫。因此，husband 和 wife 就是一对关系反义词。类似的关系反义词还有 buy（买）和 sell（卖），doctor（医生）和 patient（病人），father（父亲）和 son（儿子），teacher（老师）和 pupil（学生），above（上面的）和 below（下面的），let（出租）和 rent（租借）等。

（五）上下义关系

当一个词语所要表达的意义被包含在另一个词的意义中时，那么这两个词就是上下义关系。例如，rose 和 flower，pine 和 tree，cat 和 animal 等。在这三对词中，rose，pine，cat 分别是 flower，tree，animal 的下义词，而 flower，tree，animal 则是 rose，pine，cat 的上义词。简单来说，上下义关系是一种类和成员间的关系。

位于这种意义关系上位的词语称为上坐标词；居于下位称为下义词。例如：

上坐标词：flower（花）

下义词：rose（玫瑰），morning glory（圆叶牵牛花），tulip（郁金香），lily（百合），carnation（康乃馨）…

上坐标词：furniture（家具）

下义词：bed（床），table（桌子），desk（书桌），dresser（梳妆台），wardrobe（衣柜），settee（有靠背的长椅）…

上坐标词：animal（动物）

下义词：dog（狗），cat（猫），fox（狐狸），lion（狮子），tiger（老虎），wolf（狼），bear（熊），elephant（大象）…

第六章　语义学理论观照下的英语教学改革

有时一个上坐标词同时是它自己的上坐标词。例如，animal（兽类）可以只包括像老虎、狮子、大象等兽类，作为"人"的同下义词；但当它作为 mammal（哺乳动物）使用时，就与 bird（鸟）、insect（昆虫）、fish（鱼）相对，是包括了 human（人）和 animal（兽）的上坐标词。它还可以更进一步成为 bird，fish，insect 和 mammal 的上坐标词，与 plant（植物）相对。如图 6-2 所示。

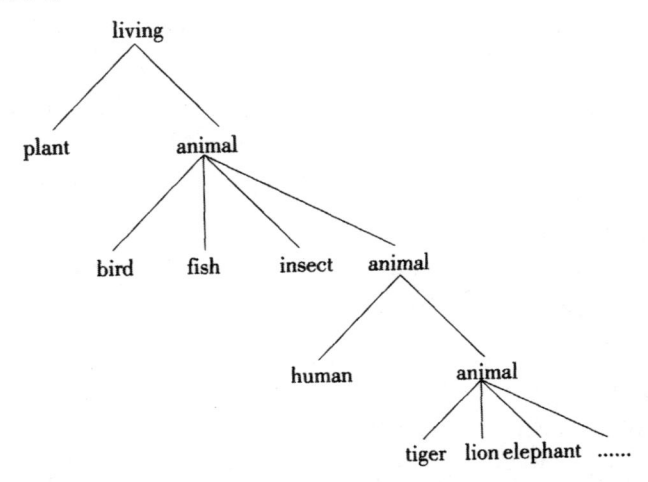

图 6-2　animal 的上下义关系

但是需要注意的一点是，也存在着上坐标词和下义词缺损的情况。例如，red（红），green（绿），yellow（黄），blue（蓝）等这些表示英语颜色的形容词是没有上坐标词。有人会认为 color（颜色）是其上坐标词，但是 color 是名词，和那些颜色形容词的词性不同。再如，英语只用一个词 aunt 表示各种长一辈的女性亲属：阿姨、姑姑、伯母、舅母。因此它没有下义词。

第三节　语义学理论在英语教学中的应用

一、语义成分分析理论在大学英语教学中的应用

在大学英语教学中，要想更好地解释词义和区别同义词就应该引用语义成分分析理论。一个词的意义往往是由不同语义成分构成的，如果将一个词的词义成分开列出来，将可以帮助学生全面掌握这个词所代表

事物的特点,进而准确地理解词的内涵。例如,stalk,strut,pold 和 limp 都有 "走"(walk)的意义,但如果对其进行语义成分分析,就可以发现它们有如下不同。

Stalk: to walk stiffly, proudly, or with long steps;

Strut: to walk in a proud strong way, especially with the chest out and trying to look important;

Plod: to walk slowly along (a road), especially with difficulty and great effort;

Limp: to walk with an uneven step, one foot or leg moving less than the other.

运用语义成分分析理论还可以解释修辞格。例如,在讲授拟人修辞格时,教师就可以运用语义成分分析这一理论进行说明。Personification 是指在一个词语中加入 [human] 这一语义成分,使其 "人格化"。例如:

The center of the ring yawned emptily.

圆圈当中打哈欠,空心的。

Words strain, crack and sometimes break, under the hurden, ...will not stay in place, will not stay still.

词语在重负下绷紧,爆响,偶尔断裂,不再坚守岗位,不再原地不动。

另外,语义成分分析理论也利于提高学生对两种语言对译的能力。例如,在翻译 "臭名远扬的" 时,就要选 notorious 这个词,因为其有贬义色彩,意思为 widely but unfavorably known,而不应选 famous。

二、语义关系在大学英语教学中的应用

在大学英语教学中,教师还可以利用语义关系向学生传授英语知识。这样不但能帮助学生明确区分词汇意义,加深学生的印象,而且能扩大学生的词汇量。语义关系包含多种类型,下面仅对同义关系、反义关系和上下义关系在英语教学中的运用进行探究。

(一)同义关系在大学英语教学中的应用

在英语教学中,教师可以运用同义关系帮助学生理解和学习新单词,指通过已学过的比较简单的单词教授新的比较难的单词,如 fantasy—dream, prohibit—ban, flair—talent 等。

此外,教师也可以运用同义句转换教授词汇,即要求学生在较短的时间里,用最接近的词语替换原句中的词语,表达最相近的意思。运用这种

第六章　语义学理论观照下的英语教学改革

教学方法,不但可以测试学生的理解能力,培养他们的语感和悟性,而且可以提高学生的语言表达能力,激发他们的学习积极性。

教师也可以借助语义理论让学生明白,尽管英语中有很多同义词,但是完全相同的同义关系非常少。很多同义词存在意义、语体、情感、语境等方面的差异。例如,"老子曰:胜人者有力,自胜者强。"的译文是:"He who conquers others has force; he who conquers himself has strength." 虽然译文中的 force 和 strength 是同义词,均表示力量,但也存在细微差别。force 通常表示外部力量,而 strength 则表示内部力量。在该原句中,第一个"胜"指的是战胜别人的力量,表示外部的力量,所以用 force;第二个"胜"指的是战胜自己的力量,所以用 strength。

(二)反义关系在大学英语教学中的应用

反义关系是一种对立关系,其中包括:等级反义关系,如 good—bad, big—small, long—short;互补反义关系,如 male—female, alive—dead, innocent—guilty;方向反义关系,如 sell—bur, lend—borrow, parent—child。在英语教学中,教师可以引入反义关系讲解词汇知识,让学生清楚地理解单词意思。

尽管教师习惯用近义词解释词义,但有些单词用反义词来讲解更容易被理解。例如,rude 一词的意思是"粗鲁的、无礼的、狂躁的"。在讲解这一单词时,要找到一个近义词去形容它就很难,但用反义词 polite 来解释就容易多了,学生可以很容易就理解其意思,并且深深地记住。

(三)上下义关系在大学英语教学中的应用

上下义关系就是意义的内包关系,如 desk 的意义内包在 furnituer 的意义中。对此,教师可以根据上下义关系开展英语词汇教学。例如,在讲解 subject 一词时,教师可以引申出其下义词 mathematics, physics, chemistry, geology, biology, geography 等。学生通过梳理词与词的上下义关系,掌握新学单词,巩固学过的单词,提高词汇学习的效率。

此外,借助语义关系开展英语词汇教学除了可以帮助学生理解和掌握单词,还能帮助他们更好地理解长句子,培养学生的逻辑思维能力。例如:

People who were born just before World War I remember waving at automobiles as they passed. Seeing a car was like watching a parade—exciting and out of the ordinary.

当读完这段文字后,可能有些学生不清楚 automobile 的意思,但通过分析语义关系就可以很容易判断出该词与 car 有联系,帮助学生理解该词的意思。

三、并置理论在大学英语教学中的应用

在英语语言教学中,并置又指搭配,其指词与词之间的一种横组合关系。并置理论主要研究的是特定的词与哪些词有结伴关系。英国著名语言学家弗斯指出,英语中某些词之间有着特定的搭配关系,它们可能会一块以结伴形式出现。例如, father 一词会经常与 shave, mother, son, daughter 等词出现在同一个句子中。

由并置理论可知,语言的运用是约定俗成的,我们应遵守语言的习惯用法。如果中国学生仅按照汉语习惯而不考虑英语习惯,表达的句子可能是违反英语习惯用法的误句。例如:

the old man's body is very healthy.

Tom yesterday in the street saw his old friend.

因此,语义学中的并置理论可以运用于大学英语教学中,可以在教学中运用单词—词组—句子的教学方式,将单词与其常见搭配用法一起教授给学生。在教授英语单词时,如果教师一味地孤立讲授单词的用法,会让学生难以理解,甚至使用错误。因此,教师最好将单词引入词组和句子中进行教学。例如,在讲解 come 一词时,教师可以先引入一些与该词有关的词组,如 come about(发生、产生), come across(偶遇), come along(出现)等,然后引导学生造句:

How did this come about?

I came across Lily, who is one of my old classmates.

When little holes come along, that's rain coming through.

这样学生不但可以理解 come 的基本意思,了解与之有关的词组,而且在造句过程中学会了运用。将单词、词组、句子相结合开展大学英语教学的方式,除了可以加深学生的印象,防止记忆混乱,还能让他们掌握词义,从而自如地使用单词。

随着我国改革开放的不断深入,社会对 21 世纪人才的英语水平的要求越来越高。当前,我国高校强调对学生进行英语综合能力的培养,以适应我国社会和经济发展的需要。高校面临着巨大的挑战。传统的将英语教学堪称单方面的知识传授的观点,早已不符合时代的要求,也违背了语

第六章　语义学理论观照下的英语教学改革

言教学的规律。综合能力的培养旨在使学生在接触语言材料的习得过程中了解语言的整个系统,并且可以准确生动地运用整个系统进行交际。因此,必须将理论与实践相结合。

第七章　语用学理论观照下的英语教学改革

在语言学研究中,语用学是一项重要的分支,其主要是对某一语言的运用与理解情况展开分析,从而实现恰当的语言交流。大学英语教学的目的在于提升学生的语言应用能力,使学生能够恰当运用这些理论进行交际。就这一意义而言,语用学与大学英语教学在研究目标层面是存在一致性的。因此,利用语用学的相关理论对大学英语教学改革进行指导是非常有必要的。本章就对这一相关问题展开分析和探讨。

第一节　语用学的内涵

语用学是一门系统性学科,是语言学的一个重要分支,其主要是对语言的运用与理解展开分析。为了能够更好地将语用学理论在大学英语教学中运用,就必然需要了解什么是语用学。本节就对语用及语用学的定义展开探讨。

一、语用

语用使用的目的在于交际,是传达思想、交流情感的手段。因此,人们在运用语言时会选择适合的语境、采用不同的语言手段,传达自身所要表达的内容,并保持人际关系。

需要指出的是,要想保证交际的顺利展开,仅依靠基本的词汇、语法是远远不够的,还需要掌握一些非语言知识,如文化背景等。另外,发话者还需要在交际的过程中不断合理调整语言形式与策略。可见,语用交际是一门学问,且基本的能力与恰当的策略对于交际的展开是不可或缺的。

第七章 语用学理论观照下的英语教学改革

很多时候,尤其是与陌生人展开交际时,语境信息往往表现为客观的环境。这时,交际方需要根据推理来理解。例如:

Passengers: I want to check my luggage.

Flight attendant: The luggage office is in the west side of the second floor.

表面上看,上例中旅客是向服务员描述一种信息,但仔细分析,旅客是在向服务员寻求帮助,询问行李处的具体位置,服务员推测出旅客所要表达的意思,给予了旅客具体的位置,使得交际顺利达成。

另外,在日常交际中,很多话语并不是为了传达信息,而仅仅是为了维护人际关系。从语义的角度分析,这些话可能是无意义的,但是从人际交往的角度来说,这些话也是必不可少的。例如:

A: It's fine today, isn't it?

B: Yeah, really fine.

上例是英美人的一种常见的寒暄方式,类似于中国人所说的"吃了吗?"表面上看,两人是在谈论天气,实际上他们并不是对天气的关心,而只是作为交际的开场白而已,因此这样话并没有什么信息量,但是这样的开启方式有助于搞好人际关系。

总之,上述这些例子在日常生活中非常常见,这些都是语用的范畴,且类似的现象也都不是无缘无故产生的,与特定的语境有着密切的关系。

二、语用学

对于什么是语用学,不同学者有着不同的认识,这里仅列举一些有代表性的学者及观点。

语用学是语言学的一个分支学科,因此其与语言学的其他学科有着密切的关系。著名学者格林(Green,1996)认为,语用学是包含语言学、文化学、人类学、心理学、社会学等在内的一门交叉学科。因此,要想知道什么是语用学,必然需要从不同角度入手分析。

这里再列举一些列文森(Levinson)提出的有代表性的定义,以便帮助读者从中总结语用学关注的普遍问题及其涉及的普遍因素,进而加深对语用学的理解和认识。

(1)语用学探究语言结构中被语法化或被编码的语言与语境之间存在的具体关系。

(2)语用学对语义学理论进行研究,但其中不包含意义的层面。

(3)语用学研究语言理解必需的语言与语境之间的关系。

(4)语用学对语言使用者能否将语句与语境相结合的能力进行探究。

可见,要为语用学下一个准确、全面且统一的定义是很难的。

托马斯指出,语用学研究一方面要考虑发话者,另一方面要考虑听话者,还应考虑话语的作用与影响意义的其他语境因素。简单地说,语用学的研究对象是发话者与听话者之间、话语与语境之间的互动关系。

布莱克莫尔等人(Blakemore et al.,1992)从话语理解的角度对语用学进行界定,认为听话者的语言知识与世界百科知识之间是存在差异性的,这种差异包含了语义学与语用学的差异。

事实上,在什么条件下,发话者会对具有特定意义的某个话语或结果进行分析与选择,在什么条件下,听话者会运用某种技巧或方式对意义进行理解,为何会选择这一方式。对于这些问题的分析,都是属于语用学的范畴。

第二节 语用学的研究内容

近些年,语用学的研究在不断深入,并且探讨的范围在不断扩大,因此形成了很多语用学的相关理论,主要包含宏观语用学与微观语用学。这里就对这两种语用学所包含的层面进行探讨。

一、宏观语用学理论

宏观语用学是语用学研究过程中的一个重要流派,其研究包含很多与语言运用、语言理解相关的内容。宏观语用学除了研究语言使用语境等内容外,还扩展了非常前卫的视野。从宏观角度来说,语用学翻译研究已经向对比、词汇、语篇、修辞、文学、认知、社会等多个层面拓展。

(一)对比语用学理论

语言之间的比较有着渊源的历史,自从语言研究诞生以来,语言之间的比较就已经存在了。通过对两种语言进行对比研究,才能揭示出不同语言在功能、形式结果等层面的差异性。

而随着对比语言学与语用学研究的深入,对比语用学诞生,其研究始于20世纪七八十年代,其研究方法为对比语言学注入了新的活力。在语言学中,对比分析往往侧重语法层面,两种语言可以进行比较,而其使用

第七章　语用学理论观照下的英语教学改革

上也可以进行比较,这种使用上的比较即为"对比语用学"。

著名学者陈治安、文旭(1999)指出,语用对比的内容包含如下几点。

(1)英汉对比语用学的基础理论。

(2)在英汉两种语言中,语用原则运用的对比情况。

(3)在英汉两种语言中,社交用语的对比情况。

(4)在英汉两种语言中,语用环境与语用前提的对比情况。

(5)言语行为的跨文化对比研究。

(6)语用移情的对比差异及在各个领域的具体运用。

(7)英汉思维、文化、翻译中语用策略的运用。

事实上,对比语用学丰富和拓展了跨文化语用学,可以说是跨文化语用学的延伸,其比传统语言学的对比分析更为系统全面。

(二)词汇语用学理论

词汇语用学,顾名思义,就是将词汇意义作为研究对象,基于词汇层面并融入语用机制、语境知识等,对词汇意义在使用过程中的机制与规律展开分析和探究。

在国外的语言学研究中,词汇语用学是非常重要的领域,其主要侧重于研究语言运用中的不确定词汇意义的处理问题。其研究的范围也非常广泛。

著名学者陈新仁、冉永平等人认为,在一些固定的语境中,本身明确的词汇意义却由于发话者表达意图的改变而不断进行改变,因此在话语理解时需要进行词汇信息的语用处理与调整,最终确定语用信息。

人们在探究词汇意义时,发现词汇不仅有本身意义的存在,还会涉及多种语用条件因素,它们给予词汇更深层次的意义,这就是所谓的语用意义。这些意义与本身意义存在明显的区别,且只有置于一定的语境中,人们才能理解这些深层的语用意义。

冉永平(2005)认为,在交际中,很多词汇及词汇结构传递的信息往往不是其字面意义,也与其原型意义有别。[1] 在语言运用中,人们往往会创造与合成新词,或者直接借用其他语言中的词汇。在这一情况下,要想理解话语,首先就必须借用具体的语境,从中获取该词汇的意义。例如,英语中 operation 本身含义为"劳作",但是在工业机械中,其意义为"运转",在医学中,其意义为"手术",在军队活动中,其意义为"战役"。

另外,对语用信息的加工有两个过程:一是语用充实,二是语用收

---

[1] 冉永平.词汇语用学及语用充实[J].外语教学与研究,2005,(5):343-350.

缩。语言的变异就是基于一定的语境来理解语用充实与收缩。词义的延伸与词义的收缩都可以看成不同的语用认知推理过程,是人们基于一定语境对具体词义进行的扩充与收缩加工,从而明确词汇的含义。这对于词汇的翻译提供了重要依据。

（三）语篇语用学理论

语篇语用学是基于语言类型学、语篇语言学等发展起来的。随着语篇语言学的发展,人们对语言的研究跳出了对传统语义学、语法学的研究,而是将重心转向语篇层面的研究。

语篇语言学有着悠久的历史,甚至可以追溯到古典修辞学与文体学研究时期,其不仅对语篇内部所涉及的语言现象进行研究,还对语篇外部的语言现象加以研究,如语言运用的场景条件等,这就使得语篇成为语用学研究的对象。

20世纪70年代初期,一些语用学家将注意力放在语篇的交际功能上,并将语用要素置于语篇描写中,提出语篇描写的目标应该是语用。之后,"语篇语用学"这一术语诞生。

随着语篇语用学的不断发展,言语行为理论、会话分析理论等都对其产生了很大的作用,尤其是言语行为理论。这是因为,言语行为理论指明语言是用来实施行为的,这都为语篇分析提供了重要依据,因此对语篇语用学影响深远。

著名学者布朗等人(Brown et al.)从语用的角度出发来分析语篇,他们指出语篇分析包含对句法与语义的分析,语篇不是一种产品,而是过程,是对交际行为展开的言语记录形式。

此外,语篇语用学还将研究的重心置于特定语境下的话语意义,及在特定语境下,这些话语意义产生的效果,对语言的结构与功能、语篇与交际等展开分析。

（四）修辞语用学理论

随着语言学的深入研究,修辞学也转向跨学科研究,而基于修辞学与语用学两大学科,修辞语用学诞生。就学科渊源上来讲,修辞学与语用学的结合源自于古希腊时期,学者亚里士多德就提出了修辞语用模式。

在亚里士多德看来,每个句子都有存在的意义,但是并不是所有的句子都是陈述型的,只有能够对真假加以判定的句子才属于陈述型句子。

在修辞领域,有两种修辞翻译观是人们重视和研究的,具体分析如下。

第七章　语用学理论观照下的英语教学改革

第一种认为修辞学是对文字进行修饰与润色的手段,目的在于划分与使用修辞格。这类观点得到了西方学者的重视,并在中世纪以来占据重要的地位。但是,其也导致了明显的不良后果,即使得传统修辞学走向没落。

第二种认为修辞学是对语言手段展开艺术性选择的一种手段,其侧重于研究词汇与文体、句子与文体等之间的关系等问题。这一观点在20世纪六七十年代在我国受到了重视和发展,我国著名的学者王希杰、吕叔湘等都推崇这一观点,并在其研究中效果显著。

将修辞学与语用学相结合恰好是第二种观点的体现。另外,这二者的结合还与哲学有着密切的关系,随着二者不断的交融,修辞学与语用学逐渐形成了一些相通之处。

(1)修辞学与语用学都将言语交际视作重要的研究内容,即研究方向、研究客体是一致的。具体来说,二者都研究语言在言语交际中的运用情况,并分析为了实现交际,两门学科应该采取的具体策略。

(2)修辞学与语用学在探讨研究对象时,都会重视语境,即将语境融入二者的研究对象中,以此分析言语交际中出现的具体问题。

当然,除了相通之处,修辞学与语用学也有各自的特点。

(1)修辞学主要研究语言的综合运用情况。

(2)语用学强调语言的具体使用情况,且对语言使用进行分析和探究时必定会涉及修辞。

总而言之,修辞学与语用学这两门学科有着相辅相成的关系,二者相互促进、相互借鉴,从而获取更大的研究成果。

(五)文学语用学理论

随着文学与语用学两门学科的不断发展,文学语用学诞生,其是文学与语用学二者的结合。对于"文学语用学"这一术语,最早是由曹格特和帕拉特(Traugott & Pratt)于1980年提出的。1987年,芬兰科学园设立了"文学语用学"研究基地,并专门召开以文学语用学为主题的研讨会,至此文学语用学真正地进入人们的视野,很多学者对其进行了研究,并出版了很多相关的著作与论文。至今,文学语用学的研究仍在继续,且在不断深入与拓展。

(六)认知语用学理论

从诞生之日起,认知语用学就被视作认知科学的一项重要组成部分。

要想了解认知语用学,这里首先来分析认知语言学。

认知语言学这一术语首先出现在1971年,其被认作对大脑中语言机制加以研究的学科。目前所提出的认知语言学指的是20世纪七八十年代的认知语言学,是一个新兴的语言学流派。

认知语用学是在认知语言学的基础上诞生的,出现于20世纪80年代中期,是一个新兴的边缘学科。1986年,以"语言使用的认知"为主题的研讨会在以色列召开,并吸引了很多学者的参与,且提出了从认知语用的角度对语言的使用问题加以研究。自此,认知语用学进入大众的视野。

那么,如何定义认知语用学呢?目前,对于认知语用学的定义还不统一,但是人们也不能否认其存在。例如,言语行为、指示语等语用现象的交际意义超越了语言的编码信息,这就是通过认知心理而产生的意义,这样的信息处理过程其实本身也属于认知过程。因此,有学者将认知语用学定义为:一门超符号学,即研究符号与交际意图在历时过程中逐渐固定化的关系。对于这样的定义,自然有其道理,但是这样的概括在其他学者看来又过于简单,且对于认知语用学的本质也未触及。之后,格赖斯、威尔逊等人也指出,语用学存在认知基础,且对超句子信息的处理与研究意义重大。

在方法论、研究目的等层面,认知语用学也具有心理语言学的特点,尤其对于交际双方如何进行语言生成与理解给予了特别关注。认知科学是对感知、注意力、语言等认知现象的交叉研究,强调对信息的组织、处理与传递等的研究。认知语言学建立在体验哲学观的基础上,因此其包含的认知语用学也具有一定的哲学基础,即认知的无意识性、心智的体验性与思维的隐喻性。

另外,认知语用学近些年的研究成果也表明,语言运用是受交际双方的相互假设与推理、特定语境的了解程度、关于语言运用的认知语境假设等决定的。不管是语言现象,还是非言语现象等的运用,都是非常重要的认知现象。例如,关联论就是一种交际与话语理解的认知理论,其将理解视作需要推导的心理学问题,并受到单一认知原则的制约。在西方语用学者眼中,关联论是认知语用学的基本理论框架,且为认知语用学的进步带来了生机。

(七)社会语用学理论

20世纪上半叶,语言本体是语言学研究的主要对象,但是其忽视了语言运用与语言理论运用的研究。随着社会语言学、心理语言学、语用学等学科的逐渐兴起,语言学开始研究言语规律、言语机制。社会语用学就是在这样的背景下诞生的,其融入了语用学、社会语言学、修辞学等成果,对言语规律、语言运用加以关注,并结合社会学、语用学的理论与社会实际,对语言现象加以研究。社会语用学揭示出社会因素对言语过程的影响,其范围也非常广泛,涉及人际交往、新闻传播等。

社会语用学的基本出发点在于将语言视作一种社会现象,而语言的根本属性之一就是社会性,语言随着社会的发展而产生与发展,并随着社会生活的改变而不断演变。

社会语用学对社会情景变体非常注重。学者利奇将语用语言学与社会语言学做了区分。语用语言学主要强调某一语言所提供的以言行事的具体材料,后者强调在具体社会条件下,语言运用及言语行为发生的变化。从侧面来说,社会语用学是语用学对社会学的研究,其研究语言的社会性本质,对语言结构、语言运用予以密切关注,并分析社会因素对语言产生的制约与影响作用。在研究方法的运用上,社会语用学基于传统定性研究,将定量分析与定性分析相结合。这种做法是对语言研究方法的改进,对语言研究而言意义重大。

总体来说,社会语用学的主要任务在于帮助人成为好的语言运用者。在道德层面,社会语用学更强调使用者应该注意自己的言行,提升自我意识,构建和谐的语言运用环境。

二、微观语用学理论

除了宏观语用学,微观语用学也是语用学研究的一个重要层面。微观语用学主要涉及语境、预设、指示语、言语行为、会话含义、礼貌原则、关联理论、顺应理论等内容。

(一)语境理论

语言的运用与语境有着密切的关系。马林诺夫斯基(1923)认为,要想理解发话者的意思,就必须将话语与语境相结合。从马林诺夫斯基的观点中可知,语境对于语言理解非常重要。

弗斯(Firth,1957)对马林诺夫斯基的观点进行了继承与发展,并提出自己的语境思想。在弗斯看来,语言与语境间、上下文间都是存在着必然的联系,这就是上下文语境与情景语境。除此之外,语境还包括语用人的言语活动特征、语用人特征等。① 当然,除了交际双方共有的语用知识,语境还涉及语用人的地位、作用、语言发生的时间与空间、与语言活动相适应的话题等。

基于弗斯的观点,莱昂斯(1977)还提出,话题对于方言的选择、交际媒介的恰当有着至关重要的作用。②

韩礼德认为,语言会随着语境而不断发生改变,韩礼德对于语言与社会的关系非常重视,认为语境属于一种符号结构,是文化符号系统意义相聚而成的。这种观点呈现了语境的动态特征。同时,韩礼德还认为语境这一符号结构包含三个层面。

(1)语场,即发话者运用语言描述整个事件,是有意识的语言活动,也是话题的呈现。这也表明,交际双方处于不同的语境,他们谈论的话题也必然不同。语场对交际的性质、话语范围起着决定性的作用,同时影响着词汇与话语结构的选择。另外,语场也指引着话语的发展情况,语言不同,话语形式也必然不同。

(2)语旨,即语言交际双方在交际中或在社会语境下所扮演的角色,以及彼此之间的角色关系。当然,这些关系与人际功能呈现对应情况,并通过语气系统加以体现。对于交际对象,语旨是非常看重的,即如何向对方传达自身的所见所闻。

(3)语式,即语言在情境中的功能与组织形式,包含上文提到的交际双方的地位与交际关系,以及交际者的发话目的。语式对于话语的衔接与主位结构是非常注重的。

除了西方学者,我国学者对语境也进行了研究。《辞海》(1989)中指出,语境即交际双方所面对的现实情境,也可以称为是交际的场合。③

我国学者郑诗鼎(1997)提出,从语言学的角度来说,语境可以划分为两类:一种为社会语境,一种为言辞语境;从社会学角度来说,语境也可以划分为两类:一种为主观语境,一种为客观语境。

学者张志公(1982)认为,交际双方的场合及前言后语是对语义产生直接、现实影响的语言环境。从大的层面说,语境可以指代一个时代、一个社会的性质与特点,从小的层面说,语境可以指代某个个体的文化认知、生活经验等。

笔者认为,语境可以概括为三个含义。

---

① Firth, J. R. *Papers in Linguistics* 1934—1951[M]. London: Oxford University, 1957: 12.
② Lyons, J. *Semantics*[M]. Cambridge: Cambridge University Press, 1977: 574.
③ 《辞海》编辑委员会. 辞海[M]. 上海:上海辞书出版社,1989: 1037.

第七章 语用学理论观照下的英语教学改革

第一,语境指语言产生的环境,可以是内环境,也可能是外环境。

第二,语境指从特定语境抽象来的能够影响交际双方的各种相关的要素。

第三,语境指交际双方所共同存在的交际背景,可能是共同的知识,可能是共同的文化等。

分析了什么是语境,下面重点探讨语境的划分,因为这是认识语境本质的关键层面。从宏观角度来说,语境可以划分为如下六种,如图7-1所示。

1. 语言语境

所谓语言语境,主要涉及词语搭配、前言后语及由此构成的工作记忆与短期记忆、关键词与话语出发的知识等。例如:

(语境:修辞不,A递给B一把螺丝刀,并指向洗衣机的后盖)

Open the washing machine!

在这里,open的意思是打开洗衣机的后盖,当然这显然是通过前面的语境获得的,可能A对B就已经说过了:

The washing machine is making a loud rattling sound.

正是由于这一语境前提,B很容易理解用螺丝刀去打开后盖来检查一下,也明确了open的范围。

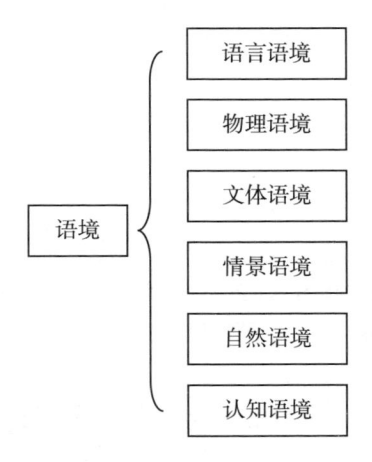

```
        ┌─ 语言语境
        ├─ 物理语境
        ├─ 文体语境
语境 ───┤
        ├─ 情景语境
        ├─ 自然语境
        └─ 认知语境
```

图7-1 语境的划分

(资料来源:熊学亮,2008)

在所有的语言语境中,上下文语境是最为常见的一种,使用范围非常广泛,即通过上文,就可以获知下文信息的意义。对于这种语境,主要包含短语语境、句子语境、段落语境、语篇语境。除此之外,还有一种最小的语言语境，就是搭配语境，其有助于落实字词的含义并将这些字词含义做具体化处理。例如：

这是一件浪漫而痛苦的事情。

她是一个漂亮而聪明的女孩。

对于汉语中这两句话，"而"的运用却意思不同，前者"而"的前后词是矛盾的，后者"而"的前后词是并列的，因此在翻译时应该多加注意。

2. 物理语境

物理语境属于一种语言系统外的因素，即在进行语言交际时，处于交际双方之外的，但是对交际双方的交际话语产生重要影响的一种语境，如交际场所、交际时的天气、空气中的气味、交际双方的身体情况等。例如：

（语境：A与B在卧室一边看电视一边聊天）

A1：《越狱》与《吉尔摩女孩》哪一个更好看？

A2：我喜欢看《越狱》，因为每一集的结尾都会给人留下悬念，让人释怀。

B1：好像排到第二集或第三集就比较拖沓了。我比较喜欢《吉尔摩女孩》，是说单亲母女的事情，很注重细节，也很有人情味。

B2：那我有空……我现在要出去一下。

通过分析这段话，B2 显然是被某些情况干扰了，如图 7-2 所示。

物理语境的介入　　　　　　　　　对 B_2 语言的影响

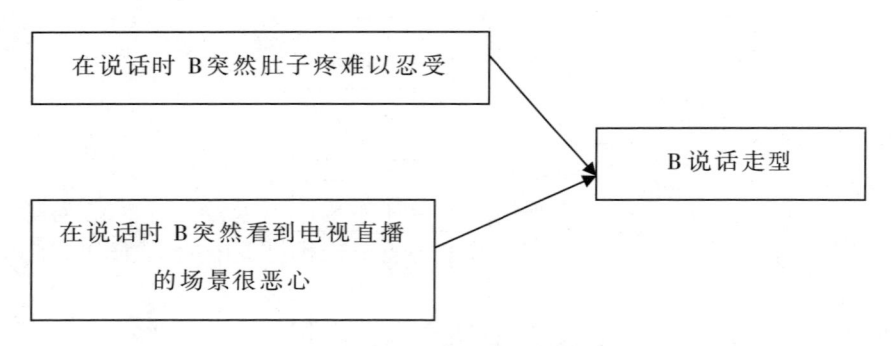

在说话时 B 突然肚子疼难以忍受　→　B 说话走型

在说话时 B 突然看到电视直播的场景很恶心　↗

图 7-2　物理环境介入的情况示例

（资料来源：熊学亮，2008）

换句话说，物理预警会对发话内容、发话方式、他人理解产生影响。

3. 文体语境

文体语境主要从不同的语境角度对文体加以判断。具体来说，文体语境主要表现为三个层面。

第一,力求对语境进行详细、全面的介绍。
第二,在语境中凸显最主要的部分。
第三,采用折中手段。

4. 情景语境

所谓情景语境,是指在交际行为发生过程中的实际语境。

5. 自然语境

交际行为的发生必然与自然环境密切相关,自然语境就是对这类环境的总称。

6. 认知语境

所谓认知语境,指语用人在知识结构中构建的知识单位、知识单位间的衔接习惯、知识单位衔接的逻辑方式。[①] 在对话语信息进行处理时,话语中相关词语会从语用人固有知识结构或认知语境中,将相关的记忆内容进行激活,从而提升对信息加以处理的效度,并得出与语用人话语相关的解释。

在日常话语中,对话语的运用与理解所包含的已经系统化、结构化的百科知识就属于认知语境的内涵,或者语用人已经认知化、内在化于头脑中的关系典型与概念典型。基于这些典型与认知,语用人在对这些信息进行处理时,就是先对语言符号的字面含义加以充实,然后从认知层面对其进行补充。换句话说,交际双方在交际过程中,话语的生成往往会受到经济原则的影响与制约,发话者产生的话语也并不是完整的。很多时候,交际中的话语信息会超越其字面意义,是一种超载信息,且需要受话人经过分析才能推导出发话者的意图。这时的推导其实就包含了认知的性质。

如前所述,语言表达本身也具有信息的不完整性,其字面含义一般很难满足交际的需要,语用人必须用过推导才能真正地达意。当然,在对话语进行推导的过程中,语用人有时候并不需要依赖物理语境,他们可以自觉或者不自觉地采用已经认知化、内在化的语用知识来理解与解释。例如,当有人说道"他喝多了。"这句话时,如果没有具体的语境介入,那么一般人都会认为是他喝酒了,而且喝得很多,就理所应当地认为"喝"就是喝酒。

但是,当有具体的语境介入时,这种内化的常理解释往往会被推翻,如可以说:"他又喝多了,只见他总是跑洗手间。"这样的介入就可以将

---

① 熊学亮.简明语用学教程[M].上海:复旦大学出版社,2008:19.

"喝"理解为喝水。

认知语境中的常规语用知识就是人们储存的知识状态。当人的大脑输入信息之后，那些有用的信息会被储存下来，但是这些储存往往会经过整理，并不是杂乱破碎的，而图式性的信息处理就是将知识系统化、结构化的过程。换句话说，知识的存储是以框架、脚本、草案、图式、表征等状态存储的，在语言运用的时候，这些知识就会被激活，从而让人们有效选择使用。

当知识被激活之后投入使用时，一般会采用两种方法。

（1）话语中的有关词语仅对固有知识的某一部分进行激活，但是通过这一部分，语用人可以激活其他部分，进而推导出整个知识所包含的信息。

（2）如果话语中的有关词语激活的固有知识不仅是一个，甚至两个以上，那么这些知识需要逻辑连接而成，而连接的方式往往先连接近的，再连接较为远的。

请看下面的几段对话。

A：Why didn't drive to work today？
B：I can't find my keys.

分析上述对话，"车"的知识使整个对话连贯起来。在"车"的图式中"方向盘""座椅""钥匙"都是其必备的部分，钥匙是点火的必需品。因此，B说找不到钥匙，那么A就很容易理解这个钥匙就是所谓的车的钥匙，而不是房子的钥匙或者办公室的钥匙等。因此，车的钥匙就说明了A与B具备了同一认知框架。再如：

A：I sprained my wrist.
B：Let's go to the hospital just now.

在这个段话中，"手腕扭伤"与"医院"将整个框架激活。为什么A说手腕扭伤，B的回答是去医院呢？显然，这是最常理的处理方式，也是根据人的经验逻辑自然形成的，且这两个连贯具有相邻性的特征，很容易被人联系起来。又如：

A：I sprained my wrist.
B：Let's go to the cinema just now.

乍一看，上述对话并无关联，甚至说关联认知较远，这时就需要更多的语境介入，如B知道A喜欢看电影，因此B的提议可以让A减轻手腕疼痛的不痛快，是对A的一种安慰之情。这样，两个不相干的话语就贯穿起来。

除此之外，笔者认为语境可从两个方面来理解，如图7-3所示。

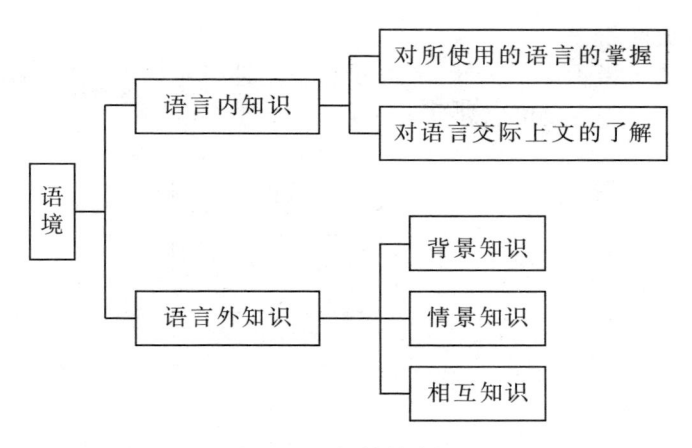

第七章 语用学理论观照下的英语教学改革

图 7-3 语境的内涵

（资料来源：曾文雄，2007）

从图 7-3 中可知，交际语境的内容比较复杂，且是动态性的，因此语用人需要用动态的眼光来理解与处理语境。

（二）指示语理论

在语用学研究中，指示现象的研究是比较早的，主要研究的是如何采用语言形式对语境特征进行表达，以及如何依靠语境对话语进行分析。对于指示语进行分析和探讨，有助于交际双方更好地开展交际。

指示语，英文为 deixis，指运用语言来指点与标识，对指示语进行研究，能够确定交际信息与所指示的对象，便于交际。当然，要想理解语言，就必然需要依靠语境，而指示语能够通过语言结构，将语言与语境间存在的必然关系体现出来。基于这一点，很多人认为语用学研究就是指示语的研究。可见，指示语研究有着十分重要的地位。

指示语与人们的生活密切相关。著名学者哲学家巴尔-希列尔（Bar-Hillel,1954）曾指出，在自然语言中，指示语是固有的，是不可避免的特征。人们在日常交际中，必然都包含各种指示语信息，明确了具体的所指，那么话语含义也就清晰了很多。[1] 例如：

Lily has put it there.

在上述句子中，Lily, it, there 是明显的三个指示语，要想明白这句话，就必须弄清这三个词，即 Lily 是谁，it 是什么，there 是在哪里。

可以看出，如果日常交际中，交际双方不明确这些指示信息，必然对

---

[1] 何自然，冉永平. 新编语用学概论[M]. 北京：北京大学出版社，2009：31.

交际产生负面效应。

弄清楚了指示语的内涵，下面重点来论述指示语的主要类别及各自的功能。指示语主要可以划分为五大类，如图7-4所示。

```
              ┌── 人称指示语
              │
              ├── 地点指示语
              │
     指示语 ──┼── 时间指示语
              │
              ├── 社交指示语
              │
              └── 话语/语篇指示语
```

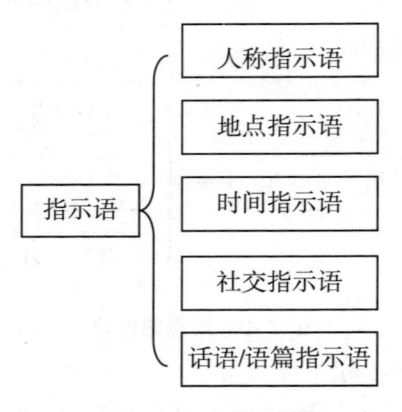

图 7-4　指示语的划分

（资料来源：冉永平，2006）

1. 人称指示语

人称指示语即指语言交际者、参与者之间的关系。很多人将人称代词等同于人称指示语，这是不全面的，因为很多时候，语法意义上的人称代词不需要与语境相关联。

一般来说，人称指示语可以划分为三类，如图7-5所示。

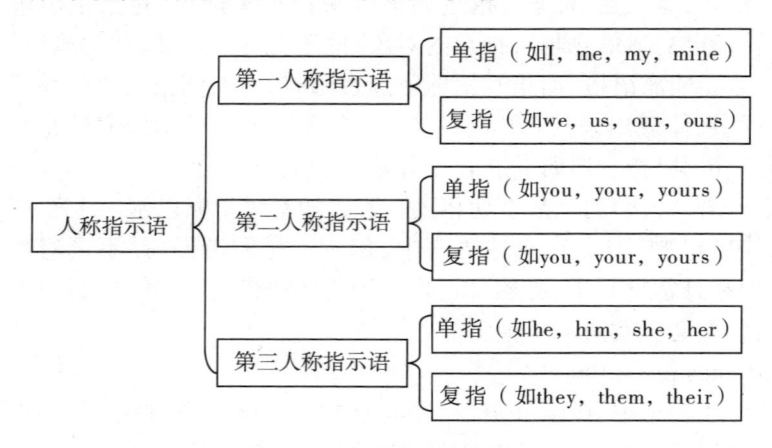

```
                  ┌── 第一人称指示语 ┬── 单指（如I, me, my, mine）
                  │                    └── 复指（如we, us, our, ours）
                  │
    人称指示语 ──┼── 第二人称指示语 ┬── 单指（如you, your, yours）
                  │                    └── 复指（如you, your, yours）
                  │
                  └── 第三人称指示语 ┬── 单指（如he, him, she, her）
                                       └── 复指（如they, them, their）
```

图 7-5　人称指示语的划分

（资料来源：冉永平，2006）

在语用学研究中，第一人称指示语有着重要意义，看起来是非常简单的,实则非常复杂。一般来说,第一人称指示语主要指的是发话者,可以单指,也可以复指。但是需要注意的是,有些第一人称从形式上是单数或者复数,但是从语用角度上说,可能表达的并未仅仅是字面的意义。例如:

What are we supposed to do?

这句话在日常交际中非常常见,很多人也认为 we 是复数形式,但是在不同的语境中,其语用意义是不同的。例如,这是班长代表全班对授课老师提出的作业意见,那么 we 就是不包含授课教师的其他人;如果这是一位母亲对弄脏衣服的孩子说的话,那么 we 仅代表孩子。

第二人称指示语的中心在于受话人。第二人称指示语的交谈对象可以是在场的,也可以是不在场的,而 you 既可以是单数表达,也可以是复数表达。例如:

I'm glad that all of you received my invitation.

上例中,you 显然为复数表达。

第三人称指示语主要指的是发话者与受话人外的其他人。第三人称代词常用于泛指或者照应,偶尔会用于指示。例如:

Let him have it, Chris.

在没有语境的情况下,上例中的 him 和 it 所指代的对象不能确定。him 可能指 Bob, John 或者其他人, it 也可能指一台照相机、一块巧克力等,而话语意思也就随着指代对象的变化而改变。

2. 地点指示语

地点指示又可以被称为"空间指示",指的是人们通过话语传递信息与实施言语行为的位置或地点。地点指示信息源于话语中谈及的方位或交际双方所处的位置。就物理学角度来说,物体的方位具有客观性,但是由于交际双方的视角与所处位置不同,加上一些动态都词的参与,因此为了表达的准确,不得不根据语境采用一些地点指示语。例如:

(1) She is behind me.

(2) I'm in front of her.

对于上述两个例句,基本信息是相同的,但是由于不同主体的视角不同而导致的差异。因此,只有结合语境,才能确定所指信息,只根据表面是很难确定的。

3. 时间指示语

时间指示语,即人们通过话语传递信息与实施言语行为的时间关系,其往往将发话者的话语时间作为参照。英语中的 now, tomorrow 等都属于时间指示语。但是由于语境条件不同,发话者是运用时间指示语表达的指示信息也必然不同。要想准确理解时间指示语的内容,需要将多个层面的因素考虑进去。受话人也需要从发话者运用时间指示语的类别、动词时态上加以理解与确定。例如:

Now it's 9:30 by my watch.

I'm free now.

对于上述两句话中 now 进行分析可知,两者的意义不同,第一个句子采用了固定含义"现在的时刻",而第二个句子则指的是更大的范围,如这个月、这个假期等。

当然,为了更好地对时间指示语有所了解,对于历法时间单位和非历法时间单位的区分显得非常必要,如表 7-1 所示。

表 7-1 历法时间单位和非历法时间单位比较表

比较项目\单位名称	历法时间单位	非历法时间单位
定义	在固定的历算系统中,按一定的规则所划分的年、月、日、星期等时间单位。	一定进位制系统中的时间单位,可按照相应的进位制规则加减。
特点	每一单位都有固定的称呼,表特定时间段。 大时间由一定数量的特定小时间段组成。 起点和终点约定俗成,不可随意改变。	每一单位没有固定称呼,只表相应的长度。 大时间长度由小时间长度累加而成。 起点和终点不固定,可任意选择。
表达方式	专有名词或普通名词	普通名词
例词	Year 2013, July, summer, September, Thursday, morning	5 years, 4 seasons, 1 day, 5 months, 8 weeks

(资料来源:李捷、何自然、霍永寿,2010)

通过分析表 7-1 可知,year 既可以指代历法时间单位"年份",也可以指代非立法时间单位"年",month 与 day 等也是如此。

4. 社交指示语

所谓社交指示语,指在人际交往中,与人际关系有着密切联系的词语和结构。社交指示语的运用在于对发话者与听话者的关系进行改变与调节、对发话者与第三者间的关系进行改变与调节。社交指示语可以通过词缀、称呼等途径加以实现。例如,表 7-2 就是称呼语用于社会指示的例子。

第七章 语用学理论观照下的英语教学改革

表7-2 用于社会指示的称呼语

称呼语类型	相关例词
名词的不同表达	e.g. James, Bond, James Bond, etc.
职业等级	e.g. Colonel etc.
头衔＋名字	e.g. Professor White, Doctor Li, President Clinton etc.
职业名称	e.g. Doctor, teacher, architect, etc.
亲属名称	e.g. uncle, sister, aunt, grandfather, etc.

（资料来源：李捷、何自然、霍永寿，2010）

这些称呼所发挥的社会指示功能不同。例如，sir, madam 等泛化称呼可以表达出发话者对对方的尊重；Mr. ＋姓氏等类型的称呼能够表达对方的社会地位较高。

5. 话语／语篇指示语

话语／语篇指示语，指在说话或写作中，发话者与写作者选择恰当结构与词语对某些知识信息加以传递。由于交际必然与时间、地点等相关，因此话语／语篇指示语与时间指示信息、地点指示信息等也有着密切的关系，如 the next... 与 the last... 等。

在不同的语境中，话语／语篇指示语可能是前指关系的话语指示语，也可能是后指关系的话语指示语。例如：

综上所述，养鸟是对鸟的一种爱护，而不是伤害。

The following is from the received Robert Stevenson Production of Jane Eyre for Fox.

上述两句话中，综上所述就是一个前指关系的话语指示语，the following 为一个后指关系的话语指示语。

（三）会话含义理论

要想了解会话含义，首先需要弄清楚什么是含义。从狭义上说，有人认为含义就是"会话含义"，但是从广义角度上说，含义是各种隐含意义的总称。对于含义，可以划分为两大类，如图7-6所示。

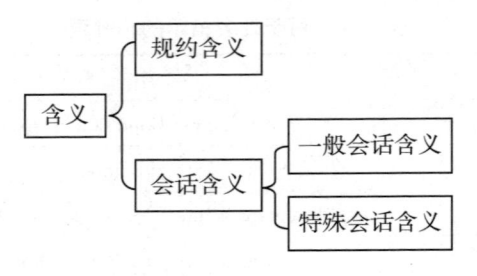

```
         ┌─ 规约含义
    含义 ─┤              ┌─ 一般会话含义
         └─ 会话含义 ────┤
                        └─ 特殊会话含义
```

图 7-6 含义的划分

（资料来源：姜望琪，2003）

通过分析图可知,含义分为规约含义与会话含义。格赖斯认为,规约含义是对话语含义与某一特定结构间关系进行的强调,其往往基于话语的推导特性产生。

会话含义主要包含一般会话含义与特殊会话含义两类。前者指发话者在对合作原则某项准则遵守的基础上,其话语中所隐含的某一意义。例如：

（语境：A 和 B 是同学,正商量出去购物。）

A：I am out of money.

B：There is an ATM over there.

在 A 与 B 的对话中,A 提到自己没钱,而 B 回答取款机的地址,表面上看没有关系,但是从语境角度来考量,可以判定出 B 的意思是让 A 去取款机取钱。

特殊会话含义指在交际过程中,交际一方明显或者有意对合作原则中的某项原则进行违背,从而让对方自己推导出具体的含义。因此,这就要求对方有一定的语用基础。

提到会话含义,就必然提到合作原则,其是会话含义的最好的解释。合作原则包括下面四条准则。

（1）量准则,指在交际中,发话者所提供的信息应该与交际所需相符,不多不少。

（2）质准则,指保证话语的真实性。

（3）关系准则,指发话者所提供的信息必须与交际内容相关。

（4）方式准则,指发话者所讲的话要清楚明白。

（四）言语行为理论

奥斯汀(Austin)的言语行为理论首次将语言研究从传统的句法研究

第七章　语用学理论观照下的英语教学改革

层面分离开来。奥斯汀从语言实际情况出发,分析语言的真正意义。言语行为理论主要是为了回答语言是如何用之于"行",而不是用之于"指"的问题,体现了"言"则"行"的语言观。奥斯汀首先对两类话语进行了区分:表述句(言有所述)和施为句(言有所为)。在之后的研究中,奥斯汀发现两种分类有些不成熟,还不够完善,并且缺乏可以区别两类话语的语言特征。于是,奥斯汀提出了"言语行为三分说",即一个人在说话时,在很多情况下,会同时实施三种行为:以言指事行为、以言行事行为和以言成事行为。

1. 表述句和施为句

(1)表述句以言指事,判断句子是真还是假,这是表述句的目的。通常,表述句是用于陈述、报道或者描述某个事件或者事物的。例如:

桂林山水甲天下。

He plays basketball every Sunday.

以上两个例子中,第一个是描述某个事件或事物的话语;第二个是报道某一事件或事物的话语。两个句子都表达了一个或真或假的命题。换句话说,不论它们所表达的意思是真还是假,它们所表达的命题均存在。但是,在特定语境中,表述句可能被认为是"隐性施为句"。

(2)施为句。以言行事是施为句的目的。判断句子的真假并不是施为句表达的重点。施为句可以分为显性施为句和隐性施为句。其中,显性施为句指含有施为动词的语句,而隐性施为句则指不含有施为动词的语句。例如:

I promise I'll pay you in five days.

I'll pay you in five days.

这两个句子均属于承诺句。它们的不同点是:第一个句子通过动词 promise 实现了显性承诺;而第二个句子在缺少显性施为动词的情况下实施了"隐性承诺"。

总结来说,施为句主要有如下几个特点。

(1)主语是发话者。

(2)谓语用一般现在时第一人称单数。

(3)说话过程非言语行为的实施。

(4)句子为肯定句式。

隐性施为句的上述特征并不明显,但能通过添加显性特征内容进行验证。例如:

学院成立庆典现在正式开始!

通过添加显性施为动词,可以转换成显性施为句:
(我)(宣布)学院成立庆典现在正式开始!
通常,显性与隐性施为句所实施的行为与效果是相同的。

2. 言语行为三分法

奥斯汀对于表述句与施为句区分的不严格以及其个人兴趣的扩展,很难坚持"施事话语"和"表述话语"之间的严格区分,于是提出了言语行为的三分说:以言指事行为、以言行事行为和以言成事行为。指"话语"这一行为本身即以言指事行为。指"话语"时实际实施的行为即以言行事行为。指"话语"所产生的后果或者取得的效果即以言成事行为。换句话说,发话者通过言语的表达,流露出真实的交际意图,一旦其真实意图被领会,就可能带来某种变化或者效果、影响等。

言语行为的特点是发话者通过说某句话或多句话,执行某个或多个行为,如陈述、道歉、命令、建议、提问和祝贺等行为。并且,这些行为的实现还可能给听者带来一些后果。因此,奥斯汀指出,发话者在说任何一句话的同时应完成三种行为:以言指事行为、以言行事行为和以言成事行为。例如:

我保证星期六带你去博物馆。

发话者发出"我保证星期六带你去博物馆"这一语音行为本身就是以言指事行为。以言指事本身并不构成言语交际,而是在实施以言指事行为的同时,也包含了以言行事行为,即许下了一个诺言"保证",甚至是以言成事行为,因为听话者相信发话者会兑现诺言,促使话语交际活动的成功。

(五)模因理论

1976年,牛津大学动物学家Richard Dawkins在 *The Selfish Gene*《自私的基因》)一书中首次提出了 meme(模因)这一术语。这本书认为,生物进化的基本单位是基因。生命的祖先是复制基因(replicator)。复制基因之间通过竞争获得生存,而生物体仅是基因传承与繁衍自身的"生存机器",基因唯一的兴趣就是复制自己。生物的进化是由基因决定的。推动生物进化进程的就是复制基因。道金斯(Dawkins)指出,文化在进化的过程中,也产生了一种类似基因在生活进化过程中发挥作用的复制因子。这就是"模因"。"模因"是文化传播的单位。Richard Dawkins 提出,模因有很多类型,如观念、训率、服饰时尚、宣传口号、建造房子的方式等。就像基因库中繁殖的基因,借助精子或者卵子,从一个身体跳到另一个

第七章 语用学理论观照下的英语教学改革

身体以实现传播、复制;模因库中的模因,其繁衍是通过模仿的过程发生的,其将自己从一个头脑中传到另一个头脑中。之后,Richard Dawkins 认为在大脑、书本、计算机等媒介中互相传播的信息均是模因。

之后,模因的基本理论始终被研究者研究和阐述着,对其做出一定贡献的是布莱克摩尔(Blackmore)。布莱克摩尔指出,模因是通过模仿进行传递的,而模仿能力是人类特有的。从广义上说,模仿就是从一个大脑传到另一个大脑的方式。模仿涉及观念与行为以任何一种方式向另一个人的传递过程。其具体包括教育、学习、讲述、演示、传播、告诉、阅读等方式。模因的载体可能是人类的大脑,也可能是建筑、书本等。布莱克摩尔指出,任何一个信息,只要他可以通过我们广义上的"模仿"过程而得以复制,那么就能算成一个模因。

布莱克摩尔强调,作为一个复制因素,模因可以支持以变异、选择和保持为基础的进化的规则系统。她认为可以利用达尔文的通过自然选择而进化的理论分析文化进化的规律。但她与 Dawkins 一样,不同意社会生物学和进化心理学的学者在对人类行为进化基础研究中的做法:对文化进化机制的阐述,最终还是回到生物进化的意义上解释文化进化的内在动力。Dawkins 与布莱克摩尔指出,要考虑用另一种独立存在的复制因子说明文化的进化。

在复制过程中,模因会出现变异,其方式有变形、合并、分裂、传递过程中的误差等,对变异之后的文化单位的自然选择或认为选择及其保持促进了文化的进化。模因与模因之间相互合并而形成大的模因组合更容易得到共同复制与传递,这种模因组合可以称为"协作模因""复制模因"。

道金斯认为,达尔文的"适者生存"的观点,其实就是"稳定者生存"。成功的复制基因也就是稳定的基因,它们或者本身存在的时间较长,或者可以寻思进行自我复制,或者它们精确无误地进行复制。如同成功的复制基因一样,成功的模因有着保真性、多产性、长寿性的特征。保真性即模因在复制过程中通常会保留原有模因的精要,而不是毫无变化。如果一种科学观念从一个人的头脑传到另一个人的头脑,多少会发生一些变化,但仍然保留着原有科学观念的精髓。多产性即模因的传播速度快和传播的范围广。长寿性即模因在模因库中存留很久,也就是说其可以在纸上或者人们的头脑中流传很长时间。

道金斯对模因概念进行了详细的解释,在整个学术界产生了深远影响,随后也受到了诸多学者的赞同和进一步发展,如布莱克摩尔,Brodie(1996),林奇(Lynch,1991)和 Heylighen(1998)。学者们在对 Dawkins 的观点给予肯定的基础上,进一步展开了研究与探讨,并且初步建立了文化进化理论。美国哲学家丹尼尔·丹尼特(Daniel Dennet,1991;1995)也非常赞同模因的观点,并在《意识的阐释》《达尔文的危险观念》等著作中应用模因理论对心灵进化的机制进行了阐释。另外还有一些学者将模因理论用于解释一些文化现象的进化及相关问题,如大脑、意识、科学、知识、音乐、语言、婚姻、道德、电子邮件病毒等。如今,"模因"一词已经得到了广泛的传播。该词还被收入《牛津英语词典》和《韦氏词典》中。在《牛津英语词典》中,模因即"文化的基本单位,通过非遗传的方式,尤其是模仿而得到传播";《韦氏词典》将模因解释为"在文化领域内人与人之间相互散播开来的思想、行为、格调或者语用习惯"。

1. 语言模因论

语言与模因既有联系,又有区别。语言存在于模因中,反过来,模因也可以促进语言的发展,并且依靠语言得以复制和传播。只要通过模仿得到复制与传播,语言中的所有字、词、短语、句、段落甚至话语,均可以成为模因。

例如,"哥""雷""杯具""草根""超女""蜗居"等词语看似很普通,实际都是活跃的模因,有着很强的复制能力。通过其复制出的模因数不胜数。

再如,斯宾塞·约翰逊(Spencer Johnson)所著的 *Who Moved My Cheese*?(《谁动了我的奶酪》)出版后很快成为畅销书。其书名也迅速家喻户晓,成为人们纷纷模仿的对象,于是派生出了大量的语言模因。请看下面几个句子:

Who moved my job？

Who moved my money？

谁动了我的幸福？（电影名）

谁动了我的琴弦？（流行歌曲名）

上述四个句子均模仿的标题 Who Moved My Cheese？ 可见,通过模仿与传播,这本书的名字成了一个活跃的模因。

2. 强势模因与弱势模因

同基因一样,模因也遵从着"适者生存"的自然法则。各种模因都会为了生存而展开激烈的斗争,其中那些适应自己的生产环境,在保真度、多产性和长寿性三个方面表现值都很高时,就会形成强势模因。例如:

牛奶香浓,丝般感受。（德芙巧克力广告）

大家好,才是真的好。（广州好迪广告）

在上述两个例子中,第一个运用了明喻修辞,将巧克力比作看似不相关的牛奶和丝绸,给消费者带来了味觉和触觉上的想象,让人无法抵挡住诱惑,促使购买行为。另外,其运用了汉语中的四字短语形式,易于传播与模仿,属于典型的强势模因。第二个例子迎合了中国人传统的集体主义思想,并且通俗易懂,读起来朗朗上口,于是成了大家争相模仿的对象,成为活跃的强势模因。

与强势模因对应的是弱势模因。随着环境的变化,一些活跃不起来的模因就会逐渐消失。它们被替代或使用范围缩小,被局限在某些固定的领域,于是就形成了弱势模因。例如,instant noodles 和 chewing gum 的译文"公仔面""香口胶"的使用范围就已经缩小,仅在港台地区使用,在普通话中已经被"方便面""口香糖"替代。

第三节 语用学理论在英语教学中的应用

上述分析了语用学的基本定义与理论,下面就来分析其在大学英语教学中的应用,从而更好地提升大学英语教学水平,推进大学英语教学的改革与发展。

一、语用学的教学观

语用教学作为影响二语学习者语用能力发展的重要因素之一,已经成为二语教学关注的重点问题。语用教学研究证实了二语语用知识的可教性以及课堂教学的有效性(Rose & Kasper 2001;Kasper & Rose 2002;Ishihara & Cohen 2010)。然而,英语作为国际通用语的现实却对语用教学提出了挑战。首先,ELF 语境中的言语交际表现出多元文化特征以及动态协商特质,原来用于语用教学的二语材料以及教学活动不足以反应 ELF 语境的复杂性。其次,中介语语用教学长期以来都是以趋同于目标语语用标准作为发展目标,忽视了学习者在语用习得中的主体性。

在 ELF(国际通用语)语境中,语言的使用出现了多元化的语言语用及社交语用现象,体现出超越英语本族语标准的趋势(冉永平,2013)。因此,语用教学的目标不应只是关照英语本族语者的语用标准,还应该关照学习者的本族语语用标准及多元化语境的影响。Murray(2012)提出,在 ELF 语境中,大量的言语交际发生在非英语本族语者之间,培养学习者的语用能力不再参照单一的本族语者的英语语用标准,而应该以培养学生的 ELF 语用能力为目标。ELF 语用能力应该考虑学习者对目标语语言和文化的态度以及学习者的价值观等因素。在 ELF 语境下,语用教学应该基于相关语用学研究的成果,以提高学习者的语用意识和互动能力为目标,重点教学生一些语用策略。语用教学的另外一个目标是培养学习者在交际中的互动能力。

二、语用学视角下英语教学的关注点

从语用学视角对大学英语教学进行研究应该关注如下几个问题。

(一)关注语用失误

所谓语用失误,即双方在进行语言交际时,未实现既定的交际效果的失误情况。需要指出的是,语用失误与语用错误并不相同,后者指代的是由语法错误造成的词不达意现象,而前者指代的是由于交际双方说话方式不当而造成的不合时宜现象。

著名学者托马斯(Thomas)将语用失误划分为两部分:一种是社交失误,一种是语言失误。这两种失误都会影响着大学英语教学。[1] 这是因为,外语教学的目的在于帮助学习者进行恰当交际,掌握交际能力与素质,因此这些语用失误的了解与把握显得十分必要。

(二)关注语用能力

1990 年,学者乔姆斯基(Chomsky)提出语用能力这一概念,他指出语用能力是使用者具备的能够与他人展开恰当交际的语言使用技能。

在我国传统的大学英语教学中,教师忽视了培养学生的语用能力,因此当今的大学英语教学应该注意这一点,因为语用能力的培养有助于提升学生的外语素质与教学效果。

语言表达的不同,在一定程度上反映出发话者的语用能力不同。在大学英语教学中,语用能力的培养应该置于与语言知识教学同等重要的地位,教师运用语用学的原理指导大学英语教学,有助于提升教学效果。同时,在教授中,教师应该引导学生在不同的语境中选择恰当的语言,从而提升自身的语言交际能力,这对日后的跨文化交际有帮助。

---

[1] 何自然,冉永平.新编语用学概论[M].北京:北京大学出版社,2009:268.

第七章　语用学理论观照下的英语教学改革

三、语用学理论指导下英语教学的策略

上面对语用学视角下大学英语教学的关注点进行了分析,下面就从这些关注点着手,探讨具体的大学英语教学策略。总体来说,应该关注如下两大层面。

（一）培养学生的语用能力

语用学视角下的大学英语教学首先应该重视学生语用能力的培养与提高。

就教师的角度而言,应该提升自身的语用知识,并在大学英语教学中开展多种多样的交际活动,从而提升学生在不同语境下对语用能力的认知,有意识地减少自身交际中出现的语用失误。

（二）ELF语境下培养学生的跨文化语用能力

迄今为止,国内外学者并未就ELF语境下的语用能力的定义达成一致,不过对于ELF语境以及ELF语用能力构成因素的看法基本趋同：（1）ELF语境是动态建构的,能够体现交互文化的多元特征。ELF语境的多元性和动态性是一种交际资源,可以为来自不同语言文化背景的英语使用者呈现和凸显自我文化提供新的语境空间。（2）ELF语境中的交际主体呈现"他者化"特征。ELF语境下用英语进行交际的语言使用者多为来自不同语言文化背景的非本族语者,英语逐渐成为"他者语言"（the language of "others"）（Jenkins 2015）。ELF语境下"他者"对英语使用的能动性和创造性已成为他者化现象的语用表现,每一个ELF使用者都会构建与英语本族语不完全相同,并且反映自我交际方式与社会文化身份的"本我英语"（my English）。英语不再是单向语境下的简单移植和克隆,而是一种建构交际的社会认知过程,是语言使用的语用社会化需要与结果（Kecskes 2014）。（3）ELF语用能力主要指英语语言使用者能够依据ELF语境下交互文化的多元化特点建构临场语境,并能够采用恰当的语用策略实现成功交际的目的。

于是,我们重点考察了研究ELF语用策略的文献,并参考Jenkins, Cogo & Dewey（2011）提出的ELF交际者需在交际过程中平衡可理解性和构建身份之间关系的提法将ELF语用策略分为两类——信息互明语用策略和身份协商语用策略。

1. 信息互明语用策略

所谓信息互明语用策略指那些有助于建构临时语境下的共知信息以实现交际信息互明的策略。在交际进行的不同阶段，ELF 交际者倾向于使用不同的策略促进信息互明。当遇到不清晰的词汇和话语时，交际者会采用"暂且不提原则"(let-it-pass principle)、观望(wait-and-see)或副语言资源(paralinguistic resources)等策略以免出现交际障碍；当听话人遭遇理解困难时，说话人会采用消解策略；当交际者意识到交际过程中存在潜在的话语理解问题时，他们则会采用预先处置策略(proactive strategies)，预先处置策略包括重复(repetition)、释义(paraphrase)、说明(clarification)、自我修正(self-repair)、话语标记语和小品词(discourse markers and particles)、添加(addition)等；交际者还会通过话题协商、话题管理、元话语策略等使话语信息更加清晰，让交际意图明朗；当交际双方就某一点无法形成一致看法时，交际者倾向于直接表达反对意见(disagreement)、拒绝(rejection)或者启动重新协商(raw negotiation)。

交际双方需要共同参与互动协同以实现话语信息的互明和可理解，因此他们不仅要想办法消解话语信息理解过程中出现的问题，还需要采用相应策略排除发生在理解之前的潜在障碍。

2. 身份协商语用策略

由于 ELF 语境中的英语语言使用者多为非英语母语者，他们来自不同的社会文化语境，具有独特的社会文化身份，因此 ELF 交际涉及至少两种不同的语言文化的互动和融合，由此产生"第三文化"(a third culture)或交互文化。交互文化是交际过程的多元文化融合现象，是在文化接触过程中建构的文化，具有涌现特征，体现了交际者之间的协调、竞争、调整和再协商，还涉及身份的动态协商。ELF 交际也因此被看作是通过语言实践建构文化身份的动态过程。

由于 ELF 交际者在一定程度上依附于本族语的语言文化规约，很容易出现自我中心思想(ethnocentric)，并产出体现本土文化的话语行为。因此，交际者需要采用恰当的语用策略在呈现本土文化身份的同时，重新建构临时的相互接受的共同身份。交际运用比较多的语用策略有多语资源(plurilingual resources)、语码转换(code-switching)、同源迁移效应(cognate effect)习语以及语块的创造性用法(creativity of idiomacity and chunking)等。

第八章 认知语言学理论观照下的英语教学改革

语言与认知有着紧密的关系,无论是语言的产生、习得还是发展,都与认知紧密相关,可以说语言的学习就是一个认知的过程。随着语言学的发展,20世纪70年代到20世纪80年代,语言学界出现了一种把语言和认知作为特殊研究领域的趋势,这种趋势促使认知语言学产生。认知语言学是基于认知视角对语言进行研究的一门学科,其强调认知与语言之间的紧密关系,认为是认知对世界经验进行组织的结果。认知语言学理论有着广泛的应用,其在英语教学中也发挥着重要的作用,将认知语言学理论运用于英语教学,对提升英语教学的质量、促进英语教学的改革与发展起着重要的作用。本章将对认知语言学理论指导下的英语教学改革进行详细论述。

第一节 认知语言学的内涵

认知语言学(Cognitive Linguistics)是认知科学的一个重要分支,也是认知心理学与语言学相互渗透而形成的边缘学科,其从崭新的视角揭示语言的本质,探索语言和认知的关系。

一、认知

"认知"一词的英文表述是cognition,该词源自拉丁语cognitio,指的是人类学习或获得知识的过程。关于认知的定义,一直未形成统一的认识,可谓众说纷纭。

《辞海》(1989,1999)中对认知的是解释是,认知就是认识,指人类认识客观事物、获得知识的活动,包括知觉、记忆、学习、言语、思维等问题解决等过程。

《现代汉语词典(第5版)》对认知下的定义为：认知是通过思维活动认识、了解。

美国心理学家休斯敦(T.P.Houston)总结了认知心理学关于认知定义的五种认识：(1)认知是信息加工；(2)认知是心理上的符号运算；(3)认知是解决问题；(4)认知是思维；(5)认知是包含感知觉、记忆、想象、概念形成、范畴化、判断、推理、思维及语言运用在内的一组能动的活动。[①] 其中，(1)和(2)属于"信息加工论"，把人脑等同于电脑，但这与认知语言学关于认知的理解并不相符；(3)和(4)认为思维是认知的核心；(5)是广义认知语言学关于认知的理解。由此可知，认知的定义有狭义与广义之分。但无论是狭义的认知定义还是广义的认知定义，都将思维看作认知的核心，认为思维是信息加工过程中的最高级阶段，是在感知觉、表象、记忆的基础上形成，而又反过来影响它们的过程。

桂诗春(1991)认为，认知是一个内在的心理过程，是知识的习得与使用。

田运(1996)认为，认知是直接依靠主体感知能力和思维能力，而不借助实践手段认识客观事物的过程。

通过上述定义可以看出，语言是一种认知活动，是认知的重要组成部分，语言理解与运用的过程就是认知处理的过程。语言是对客观世界进行互动体验和认知加工的结果，由于认识活动本身难以观察，因此语言就成为观察与研究认知的一个重要窗口，由此也就形成了认知语言学的核心原则：现实—认知—语言。

二、认知语言学

作为语言学科的一个新兴门类，认知语言学主要就是用认知的观点来解释"语言"同"认知"之间的关系的，当然，还有一些学者基于自己的理解对认知语言学的含义进行了界定。下面对国内外学者的一些有代表性和影响力的观点进行具体分析。

莱考夫和约翰逊(1999)在 *Philosophy in the Flesh* 一书中对认知语言学的解释是：认知语言学是一种语言学理论，该理论意图用第二代认知科学的发现来解释尽可能多的语言。就其本身而言，它吸收了第二代认知科学的研究结果，但不承袭任何一种成熟的哲学理论假设。其假设

---

① 白雅，岳夕茜.语言与语言学研究[M].昆明：云南大学出版社，2010：217.

第八章 认知语言学理论观照下的英语教学改革

是方法论假设:即用恰当的方法得出最全面的归纳,寻求更广泛的趋同性证据,将语言学理论和思维与大脑的实验发现结合起来。

我国学者束定芳认为,认知语言学属于认知科学的一个分支,是认知心理学与语言学相结合的边缘学科。他认为,认知语言学的基本理论和思想最初引进我国是语言学界基于寻求与语法描写和解释充分性的需求相适应这一目的,并且认知语言学的引进为语言学的研究提供了崭新的视角。

总体来说,认知语言学将语言视为一种认知活动,并从人的角度出发研究语言的形式、意义及规律,是利用人类的经验和感知与概念化外部世界来研究语言学的学科。它强调人类认知能力的参与作用,认为语言无法直接反映客观世界,必须借助认知这一中间层次进行加工处理后方可。

(一)认知语言学的哲学基础:体验哲学

1. 体验的内涵

莱考夫(Lakoff)指出,体验诞生于大的文化预设背景。国内学者文旭(2003)指出,每一种体验都包括文化预设,并且身体体验和文化体验是可以分辨的,前者体现得更多的是身体成分,后者体现得更多的是文化成分。莱考夫在研究中只对身体因素比较重视,并认为身体的行为跟着文化而变。女人的身体与男人的身体不一样,法国人走路的方式与美国人不一样。随着时间的推移,我们对身体有着不同的理解,但这无法影响人们在身体方面的许多共性,这些共性就建构了概念系统的常规部分。

2. 体验哲学的内涵

体验哲学的内涵包括心智的体验性、认知的无意识性、思维的隐喻性三项内容。

(1)心智的体验性

传统的真值对应理论是错误的,心智、概念、推理、认知出自身体且大部分概念是隐喻性的,意义不完全是字面上的。体验哲学推翻了传统哲学的基础,批判了二元论、先验论、客观主义、形式主义,因此也动摇了整个西方哲学。心智的体验性是体验哲学中的核心内容。心智体验观认为,身体和大脑决定着人类的范畴化进程以及范畴的内容和结构。心智的特性不是纯精神的,取决于身体如何在日常生活中起作用。

①概念、范畴、心智、推理的体验性。概念、范畴、心智和推理的形成以身体和大脑为基础。

颜色范畴、基本层次范畴以及空间关系概念的研究是对概念的体验性的有力证明。颜色范畴指出，每一种颜色都和身体、大脑相联系。因为光反射、人类视网膜中色彩视锥以及大脑中相应神经组织，人类才能看到各种颜色，而且神经组织的互动形成了颜色范畴的内部结构。颜色范畴具有体验性，表达颜色范畴的语言也具有体验性。

基本层次范畴理论也证明了心智的体验性。基本层次范畴深刻地影响着人类概念化、范畴化。通过基本层次范畴的身体体验性，可以分辨基本层次范畴与非基本层次范畴，基于人体的完形感知、运动图式、知识结构以及心理意象。人类与环境互动最强的范畴就是基本层次范畴，这表明了身体体验的重要性。

空间关系概念也可以证明心智的体验性。各种空间关系概念的形成与人类的感知、心理活动和体验无法分开。身体性投射正是概念隐喻的体验基础。

莱考夫将颜色范畴的体验性称为神经体验性，反映神经机制与其产生概念之间的关系；同时他们将基本层次范畴、空间关系概念的体验性称为现象学体验性，产生于人类对自身身体和日常接触事物的图式化过程。

概念不等于客观现实，由感觉运动系统形成。概念通过身体经验获得意义，它们不是独立于身体的纯心智的部分。

每个活着的机体都要范畴化，每一个层次的动物都是如此。动物的范畴化取决于感觉器官和运动能力。人类也是基于大脑和身体经验进行范畴化的。我们依靠范畴化能力生存下来。范畴化不是有意识推理的产物。

大部分推理的最基本形式依赖于空间关系概念，它是通过大脑结构形成的。体貌概念是描写人类建构事件特征的方法，形成于动觉控制。人类的推理是动物推理的一种形式，推理以身体、大脑与环境的交流为大部分无意识认知的基础。

概念和推理的意象图式结构是推理的体验性的最佳的依据，这些意象图式是人类身体性方向、运动和相互作用的普遍模式，其内部结构具有"空间"和"身体"逻辑，而空间逻辑正是感觉运动推理的特征，并可进一步构建抽象推理。

心智是看不到、摸不着的，也是无法直接感知的，只能间接地知道它。它的概念系统有限但是可以扩展，然后形成新的理解，心智中的一些内容总是无法理解的。由隐喻所建构的大部分抽象概念以身体经验为基础，抽象推理不是自治的。

第八章 认知语言学理论观照下的英语教学改革

②神经科学的体验性。作为生物体的人有神经系统。大脑包含成千上万的神经元和突触连接点。概念化、范畴化和推理都无法缺少神经系统的作用,它的作用极其关键。基于身体经验的概念就是一种神经结构,运用了大脑感觉运动系统,这和官能心理学的一些观点有些分歧。根据原型范畴理论,人类的范畴是根据原型进行概念化的,每一个原型也是一个神经结构,它允许我们进行与此范畴相关的推理和想象。我们虽然无法意识到基于原型的推理的普遍性,但它却占据了推理的很大比例。

③象似性与体验性。结构语言学和生成语言学强调,语言符号具有任意性。但是,体验哲学对这一观点有自己的思考。心智的体验观为概念和推理都与身体经验相关,意义形成于人类身体、大脑与客观世界的相互作用。因此,大部分语言符号以人类体验为基础,并具有理据性。据此可以推断,语言符号的形式与意义之间必然具有象似性。当今越来越多的学者认识到,语言符号中的象似性要多于任意性。大部分语言既不完全是任意的,也不完全是可预测的,而是在某种程度上是有理据的。例如,refrigerator 是由词素 re-frig-er-at-or 构成的,每个词素的意义都对整个词的意义具有理据作用,它们组合后的意义为"使东西再次变冷的事物"。然而事实上,refrigerator 比各要素的组合意义多一些或少一些,但可见该词的意义相对于词素的意义绝不是任意的。

体验性心智还有一个作用,即移情作用。人的模仿能力是与生俱来的,把自己想象成另一个人,这种认知能力从经验上来说是"先验性"的。移情映射可以对人,还可对动物。

(2)认知的无意识性

认知的无意识性,是指我们不会直接知觉到自己的所思所想,任何话语的理解都需要许多认知运作程序。视觉、听觉、嗅觉、感觉等神经加工过程是不可能被意识到的,大部分推理也不能被意识到。分析的神经过程是一项非常快速而复杂的运作过程,但是它是在自动化的状态下进行的,并且人们即使集中注意力也无法直接知觉到。

语言的习得过程也是无意识的过程,保守推断至少有 95% 的思维是无意识的,它决定了知觉思维的结构。有意识的思维以无意识思维为基础。无意识思维使用隐喻来定义无意识推理,没有隐喻哲学家就不可能进行深奥的推理。

(3)思维的隐喻性

传统的分析哲学和形式主义哲学认为,概念都是非隐喻性的,可通过抽象符号与独立于心智的世界之间的客观关系来确定。但是,体验哲学强调,构成思维模式的基础是隐喻结构。它认为隐喻是身体、大脑、心智和经验的产物,在生活中无处不在,人们通过隐喻存在于客观世界。

大部分日常的深奥推理来自隐喻。日常经验中的相关性指引着人们获得基本隐喻,主观经验与感觉运动经验就进行了连接。自动地获得这些思维隐喻模式后,就要利用隐喻进行思维。

概念隐喻界定了大部分抽象概念,使得抽象思维成为可能,使得抽象的科学论述成为可能,它是人们最伟大的智力之一。

隐喻的基本作用是从始源域将推理类型映射到目的域,因此大部分推理是隐喻。

隐喻性概念与真值对应理论有差异,一种体验性真值才是真正被需要的。

形式逻辑不能为人类的概念和推理提供正确的特征描写,因为形式逻辑不是基于身体的,而是非意象的、非隐喻的。

3. 体验哲学：第一代与第二代认知科学的分水岭

莱考夫认为,体验哲学是第一代与第二代认知科学的分水岭。

20世纪50年代,语言描写转向语言解释。当代语言学研究以心智研究为主,进入了认知语言学时代。莱考夫把认知科学划分为两个时代：第一代认知科学与第二代认知科学。起源于20世纪中期的第一代认知科学将客观主义、形式主义、认知主义、二元论等思想糅合在一起,将范畴、特征和关系等视为独立于人的意识之外的客观存在,无关于人的身体经验、神经系统。人类的心智仅是对客观世界的反映,只能如镜取形,具有非隐喻性。思维运作的是无意义的抽象符号,这些符号可通过形式规则进行运算。它主张推理、语言和句法的自治,隔离感知与概念。索绪尔的结构主义语言学和乔姆斯基的转换生成语言学与第一代认知科学是一致的。

起源于20世纪中后期的第二代认知科学是对第一代认知科学的挑战,是认知语言学的基础。20世纪80年代中期以后,认知语言学的研究范围拓展到句法意义、音系和语篇等许多领域。认知语言学与认知科学有着与生俱来的联系,因此与哲学、心理学、人类学、计算机科学乃至神经科学等也存在着天然的联结。

第一代认知科学和第二代认知科学的区别体现在以下四个方面：研究方法、思维、意义和意志。

(1) 研究方法。第一代认知科学是在哲学假设的基础之上,去搜集客观事实来验证假设。第二代认知科学强基于最广泛的理据,尽量避免结果的先入为主,并尽最大力量遵循认知现实性、共同证据、抽象与广度

第八章 认知语言学理论观照下的英语教学改革

三个原则。

（2）关于思维。第一代认知科学认为思维无体验，是直接的。第二代认知科学认为思维是体验的、隐喻的。

（3）关于意义。第一代认知科学认为，作为外在世界的内在表征的符号是无意义的，意义仅仅是符号间或符号与现实世界间的抽象关系，并以符号的内在关系为出发点去解释意义。这表明，意义理论就是符号计算的理论。第二代认知科学认为，概念和推理形成于身体经验，人的身体和想象结构以人的行为为参照来建构意义。

（4）关于意志。第一代认知科学认为意志是独立于身体之外的自由物，思维是有意识的理性产物。第二代认知科学则认为，意志是被身体限制的，思维在于神经系统中，是无意识的、稳定的概念系统。大多数情况下，概念化过程没有控制。

4. 体验哲学的研究方法

体验哲学的研究包括三项原则：认知现实性约定，即概念合理性的理论是以认知和现实为基础的心智理解；趋同证据的约定，即概念合理性的理论是基于尽可能多的趋同证据的；概括性和全面性约定，即一种充分的理论必须在最广泛的现象上提供经验的认知。上述全面是指身体、环境或文化体验的全面。莱考夫通过全面具体的科学经验来研究哲学，使得认知科学不断成熟。体验哲学是一种新的哲学思维。莱考夫用体验哲学理论重新揭示了哲学史上的经典概念和经典思想。隐喻不仅是哲学家建构理论的工具，而且是其思维方式。哲学具体在以下两个方面运用隐喻。

（1）哲学基于概念隐喻

哲学运用了相对少量的隐喻来形成中心理论的核心，这一中心理论包括形而上学、认识论、伦理学和政治理论。在哲学中，这些隐喻被认为是理所当然的，所以哲学理论不再是一个概念或假设的清单，而是一个统一的整体。这种隐喻映射使得哲学家形成了几个固定的、有代表性的、常见的推理论述。对哲学理论的理解，其实就是理解身体、经验和文化中的无意识的隐喻。

（2）深奥的推理是隐喻

隐喻是人类对抽象范畴进行概念化的重要认知工具。人类生活以及语言中充满了隐喻性思维，它不仅是修辞手段，更是认知世界的途径。因为隐喻概念体系是人类生存方式的重要元素，所以它是语言、认知、行为的本质特征。语言也是隐喻的结构化。

隐喻理论不仅可以解释语言现象,而且可以解释思维、认知、行为等心智特征。隐喻和转喻在情感范畴领域相互联系、相互作用;但是隐喻是在不同的认知模型之间进行的映射,转喻则是在同一认知模型中进行的映射。

对隐喻的研究有三个传统:亚里士多德的修辞学传统,即将隐喻视为词与词之间的替换;柏拉图的哲学传统,它认为隐喻是真理的敌人;20世纪以来的语言学传统,即把隐喻看作词语的一种组合关系,是一种话语现象。

上述三种研究传统的立足点不同,结论也不同。传统的隐喻研究把隐喻看作一种语言现象,现代认知语言学则把隐喻看作通过一类事物理解另一类事物的手段。传统隐喻理论主要描写语句本身和语言使用。当代隐喻认知理论认为,语句可以具有隐喻性,从而获得句法的隐喻义。

哲学家思维中的核心隐喻,限定了其思维中深奥的推理。从始源域到目标域的映射,将始源域中的本体映射出去,形成了目的域中相关的本体。亚里士多德的知识论以"理念是本质"以及"本质是形式"这两个隐喻为基础。人们可以看到事物在客观世界中的真实面貌,这是人们可以获得知识的基础。因此,在这两个隐喻的基础之上,人们的理念就是事物的本质。再如,毕达哥拉斯通过"存在是数"的隐喻,将数学中的本体映射到一般的存在之上;笛卡儿运用了"理解是看见"的隐喻,将视觉域的推理类型映射到心智域和思维域。

对于一切哲学和一切思维,隐喻都可以被概括为特征。有了概念隐喻,人们才可以正确理解抽象概念,才可以将知识扩展到新的领域,才使哲学形成一个完整的理论体系并拥有巨大的解释力。抛开了隐喻性思维,概念的力量就非常弱小了,日常实质性的推理也成为一件不可能的事情。隐喻性思维是任何哲学理论都不可或缺的,因此隐喻不仅没有妨碍哲学研究,而且增加了哲学的魅力和重要性。因此可以说,放弃隐喻就是放弃哲学。哲学的存在以大量的概念隐喻为基础。隐喻在哲学中的重要性,难以用语言形容。总而言之,没有隐喻就没有哲学。

(二)认知语言学的理据性原则

传统的语言学认为,语言的形式和意义之间的关系是任意的。长久以来,"语言任意性"被语言学界奉为公理。直到20世纪80年代,"语言非任意性"才被认知语言学确立为语言的重要特征,也就是理据性,因此理据性原则成为认知语言学研究的重要原则。认知语言学强调语言理据

第八章　认知语言学理论观照下的英语教学改革

性的作用,但并不排斥任意性。认知语言学认为,任意性和理据性描述了语言符号的不同方面,任意性和理据性的划分是一个程度问题,语言是在任意性和理据性两个极端之间变化的一个连续体,两者辩证统一。因此,语言理据性和象似性概念的提出,重塑了一个更为全面的语言观。

1. 什么是理据性

对于理据性的定义,语言学界目前没有达成共识。

莱考夫(1987)将其界定为"可解释性":当 A 和 B 之间存在联系 L 时,L 解释 A 和 B 之间的关系,那么 A 和 B 之间就是有理据的。

克罗夫特(Croft,2003)认为,经验结构解释语言结构,那么经验结构为语言结构提供理据。

还有一些学者也对理据性的定义提出了自己的看法,在此不一一赘述。纵观这些理据性的定义,理据性的本质蕴含其中:语言形式和意义之间的一种非任意的、可论证的、意义激发形式且形式反映意义的关系。

2. 理据性的表现

理据性主要表现在语言的以下三个层面。

（1）词形层面

英语构词法多种多样,其中最主要的构词法是派生词和复合词。它们可以进一步被分析成词素,具有很高的理据性,属于形态理据性。例如,英语中 screw-driver 一词是有理据的,其成分 screw 和 driver 就分别反映了使用螺丝刀时"螺丝"被"驱动"的经验结构。英语复合词的数量很多,但在整个词汇系统中处于次要的地位,所以整体的理据性比较低。汉语词汇系统中理据性高的字和词占词汇总量的绝大多数,理据性低的谐音外来语不仅数量少,也多处于词汇系统的边缘地位,因此整体的理据性很高。例如,"看到"是动作与结果的结合,"林立"中"林"表达了"立"的动作情态,形式和意义之间都是有理据的。

（2）语义层面

语义理据是一种心理联想,指词义的引申和比喻。转喻是一个典型的例子。转喻在本质上是一种概念现象,是认知加工过程。例如,"He hit my arm."将"他"转喻为"他的拳头",以整体事物转喻事物的部分这种思维方式,之所以能够被人们准确地理解,是因为人们能够找出其中的活跃区,"他"的活跃区是"他的拳头"。这样使用转喻,符合人们在认知世界时用最小的认知努力获取最大的认知效应的愿望。如果不用转喻,就不能达到这样的目的。

（3）语法层面

语法现象中理据性的必然性就大得多，是强理据性。例如，各种语言的具体语序虽然不同，但是句子基本成分大致相同。由同一核心决定的"直系"从属成分不会超过七个，是一切语言结构的共性。因为如果以一个固定核心为标准，则后来增加的从属语会离这个核心越来越远，短时记忆要维持跟核心的关系也会越来越困难，这个极限就是人类短时记忆的限度。确定一个核心，是控制和维持"有限成分组成有限结构模式"的根本手段，从而落实"有限模式的无限使用"这一语言结构的本质。因此，语言现象"万变不离其宗"，"宗"就是基本理据性。

（三）认知语言学的象似性原则

"象似性"这一术语源自皮尔斯（Charles Sanders Peirce）提出的"象似符"。他将符号分为与所指的意义在形式上相似的象似符、与所指意义在因果关系上相联系的引得符和约定俗成的象征符三类。一个象似符，是一个通过表征物和对象之间的相似点来代表它的对象的符号。象似性是所有符号系统的特征，人类语言也不例外。象似性现象成为理据性的典型范例，在语言各个层面被挖掘，并且也成为认知语言学研究的重要原则。象似性原则在构造人类语言符号系统中具有中心作用。

1. 什么是象似性

和理据性一样，象似性的定义也没有统一。广义的象似性被界定为"非任意性""理据性"。狭义的象似性是语言形式与意义之间更为具体的理据关系，即两者在关系或结构上"相似"，是理据性的表现形式之一。如果语言形式通过模拟意义来反映后者，从而造成两者"相似"，那就表现为象似性。象似性现象一定是有理据的，但有理据的不一定就是象似的。语言中的概念转喻现象都是有理据的，如用 hands 指船员，但语言形式 hands 和所表达的"人"的意义就并不相像。

2. 象似性的表现

皮尔斯根据象似符的抽象程度及各种相似特征所占的比例，把象似符分成肖像、图表和隐喻三类。肖像通过具有该肖像的对象的部分简单特征来实现相似。图表呈现出和它们的对象的结构相类似的结构。图表通过自身的各个部分之间的关系来类比性地表现对象的各个构成部分之间的关系。在三类象似符中，隐喻的抽象程度最高。除了表征物和对象以外，隐喻还涉及另外一个事物，其是另外由表征物代表、旨在用来表明在表征物和对象之间存在一个类似之处。表征物(即隐喻)的代表性特征,是从隐喻指向的相似关系来理解。

从肖像、图表到隐喻,符号和对象之间的相似之处的抽象程度越来越高。肖像象似符在语言中数量较少,体现为拟声词和语音象征。图表象似性在语言的语法结构中,具有十分重要的地位。隐喻象似性在认知语言学的研究中占有重要地位。认知语言学中讨论的许多隐喻现象实际上也属于图表象似性现象。

第二节　认知语言学的研究内容

一、识解及操作

兰盖克(2000)指出,识解是一种在多种不同的方式(如心理扫描、定向性、优势地位以及图形与背景的分离等)下理解和描绘相同的情境的能力,识解操作是一种概念化的语言处理过程。具体地说,就是人在语言表达和处理过程中潜在的心理资料和心理过程。很多专家和学者都曾对此进行过研究和描述,如兰盖克、托尔密(Talmy)、莱考夫、克劳福特(Croft)等。

(一)视角/方位

作为认知语言学的一个识解操作,视角即我们通过所处的位置来观察一个情景。视点主要由下面两个因素决定。
(1)情景的安排与观察者的位置的关系。
(2)观察者的位置与观察情景的关系。
例如:
My bike is in front of the car.
我的自行车在汽车的前面。
My bike is behind the car.
我的自行车在汽车的后面。
以上例句中,由于视角的不同,即观察者的位置与观察情景的不同,从而出现了不同的表述。可见,只有读者从不同的角度来观察自行车与汽车之间的位置关系为前提条件和必要条件,才能更好地识解这些例句。

另外,视角还涉及指示词的使用。指示词是一种从说话环境出发,指向某物的语言形式。从认知角度来看,指示词是主语所在位置对情景中某物所指的应用。英语中最典型的例子就是"这"和"那"。例如:

Look at this[construes proximity].

看这儿。[识解为距离近]

Look at that[construes distance].

看那儿。[识解为距离远]

此外,常见的指示词还有下面几种。

(1)篇章/推论指示词识解篇章中已提及的内容。

(2)人称指示词识解话语环境中参与者之间的关系。

(3)社会指示词识解话语参与者之间的社会关系。

(二)注意力/显著度

突显下的识解操作与我们关注突显事物所需注意力有很大关系。一般而言,我们在知觉中会将注意力集中在感知到的情景部分,在认知中通常把注意力放在概念结构的激活。也就是说我们会将更多的注意力放在相关的概念上。例如:

He opened the window.

他打开窗户。

He cleaned the window.

他擦窗户。

以上两个例句中,前一个句子的注意力在窗户的窗扇上,后一个句子则突显在玻璃上。又如:

We drove along the road.

我们沿着马路开车。

She ran across the road.

她跑着穿过马路。

The building workers dug through the road.

建筑工人挖掘了一条横穿马路的通道。

以上三个例句中,第一个句子中马路被概念化为一条线,第二个句子中马路被概念化为一个平面,第三个句子中马路则被概念化为一个立体。再如:

I've broken the window.

我打碎了玻璃。

A stone has broken the window.

石头打碎了玻璃。

以上两个例句中,第一个句子前景落在事件中"我"的身上,第二个句子前景落在事件中"石头"的身上。

(三)判断/对比

判断/对比识解操作是人类经验的基础,也是人类基本的认知能力,它与把一个物体比作另一个物体的判断有关。在空间研究时,我们往往利用图形—背景的关系,这种关系也适应于我们感知运动的物体。因为运动物体既是典型的突显物,又是可以充当图形的物体,而其余的刺激构成了背景。

兰盖克(1987)用射体表示运动的图形,用路标表示在运动图形的背景,以便区分静态和动态的图形—背景关系。例如:

There's a dog [图形] in the box[背景].
Tom [图形] is standing on the roof[图形].
We [射体] are going to America[路标].
He [射体] went across the field[路标].

二、隐喻

隐喻一词来自于希腊语,原意为一种"由此及彼"的运动。从古至今,隐喻的研究都备受人们关注。多姿多彩的世界形成了人们形形色色的认识,也产生了林林总总的隐喻,随之而来也就出现了各种隐喻理论。

隐喻是用一个概念来识解另外一个概念,隐喻涉及两个概念之间的对比。隐喻常常被描述为源域和目标域,源域是人们用来描述经验的方法,目标域是隐喻所描述的经验。

在认知语言学中,隐喻的简单表达式为:X 是 Y,则 X 是目标域,Y 是源域。例如:

Time is money.
时间就是金钱。

该例句是一个隐喻,其中 Time 是目标域,money 是源域,目标域(Time)是用源域(money)来识解的。

认知语言学家通常将隐喻分为方位隐喻、结构隐喻和实体隐喻三种类别。情感是人类最普遍、最重要的人生体验,也是认知语言学研究的重点领域。在人类的各种情感体验中,爱情历来都是永恒的话题,具有特殊重要的地位。要想表达和理解这一抽象、复杂、难以名状、只可意会不可言传的情感,就必须借助于隐喻。因此作者也将爱情隐喻作为隐喻的重要类别进行研究与分析。

(一)方位隐喻

方位隐喻(orientional metaphors)是指给概念一个空间方位,它以连接隐喻两部分的经验为基础,连接动词 is 作为隐喻的一部分应被看成是将两端不同经历连接起来的媒介。

此外,方位隐喻基于人类身体和文化的经验。下面我们来研究一些方位隐喻,并且给出每个隐喻概念来自人类身体和文化经验的暗示(胡壮麟,2007)。例如,以"高兴为上;悲伤为下"为隐喻,可有如下几种表达。

I'm feeling up.
我感到高兴。
That boosted my spirits.
那激起我的情绪。
Thinking about her always gives a lift.
回想起她总是让我高兴。
My spirits rose.
我的情绪增长了。
My spirits sank.
我的情绪不高。
You're in high spirits.
你兴高采烈。
I'm depressed.
我感到悲伤。
He attacked every weak point in my argument.
他向我争论中的每个弱点发起进攻。
He's really low these days.
几天来,他情绪不高。
I'm feeling down.
我感到情绪低落。

由以上例句可知,直立的姿势与积极向上的状态相关,低垂的姿势与悲伤、沮丧相关。

第八章　认知语言学理论观照下的英语教学改革

（二）结构隐喻

结构隐喻（structural metaphors）表明一个概念是以另一个概念隐喻地构建起来的。结构隐喻不仅使我们超越指向性和所指，还可以使我们通过一个概念构建另一个概念成为可能。例如，"争论是战争"这一隐喻可以产生以下几种情况的表达。

If you use the strategy, he'll wipe you out.
如果你用计谋，他会消灭你。
Your claims are indefensible.
你的言辞不容辩解。
I've never won an argument with him.
同他争论我从未赢过。
His criticisms were right on target.
他的批判一针见血。
I demolished his argument.
我摧毁了他的争论阵地。
He shot down all of my arguments.
他驳倒了我的争论。
He attacked every weak point in my argument.
他向我争论中的每个弱点发起进攻。
通过上述例句不难发现，所争论的事情部分由战争概念构成。

（三）实体隐喻

实体隐喻（ontological metaphors）是指人们通过实际的经验和物质实体为观察事件、活动、情感和思想等实体和材料提供了基本方法。实体隐喻服务于各种目的。实体隐喻可以给非清晰的实体，如山、篱笆、街角等有界的平面，把事件、行为和状态概念化为实体。以涨价经验为例，这种经验可以通过名词"通货膨胀"隐喻为实体。例如：

Inflation is lowering our standard of living.
通货膨胀在降低我们的生活水准。
We need to combat inflation.
我们必须抗击通货膨胀。
Inflation is backing us into a corner.
通货膨胀把我们逼到绝路。

Buying land is the best way of dealing with inflation.
对付通货膨胀的最佳方法是购买土地。
If there's much more inflation, we'll never survive.
如果有更多的通货膨胀,我们将无法生存。
Inflation is taking its toll at the checkout counter and the gas pump.
通货膨胀使人们在付款台和加油站付更多的费用。
以上例句中,如果将通货膨胀看成是一个实体,人们就会对其进行讨论、量化、识别,同时还会将它看作一个事件,来应对它。

三、心理空间

心理空间最早是由福科尼尔(Fauconnier,1984)提出,随着《心理空间:自然语言语义构建面面观》(*Mental Spaces: Aspects of the construction of the Meaning in Natural Languages*,1985)的出版,从此心理空间理论开始得到广泛的关注。下面主要对心理空间的基础知识进行分析。

(一)心理空间的定义

福科尼尔和科尔森(Coulson,1999)认为,心理空间是储存某特定域信息的临时性容器。
福科尼尔和特纳(Turner,2002)认为,心理空间是人们在进行思考、交谈时为了达到局部理解与行动的目的而构建的小概念包。
根据福科尼尔(1985)所述,我们可以将心理空间分为以下几种。
(1)域空间。例如:
In this new California religion, the devil is an angel.
在这个加利福尼亚的新兴宗教中,魔鬼是天使。
(2)时间空间。例如:
In 1989, I was a baby.
1989年的时候,我还是个婴儿。
(3)空间空间。例如:
In Moldavia, the president is a tyrant.
在摩尔达维亚,总统是个暴君。
(4)时态和语态空间。例如:
In 2000, she married someone who was a friend of mine.

2000年,她嫁给了我那时的一个朋友。

(5)假设空间。例如:

If she had listened to her father, she would be a big boss.

如果她当初听她爸爸的话,那么现在她就是个大老板了。

(二)基础心理空间构造

了解心理空间的前提需要了解基础心理空间的构造,这就涉及空间构造语。空间构造语是指打开一个新空间或将注意力转移到现有空间的语法表达式。我们可以利用空间构造语来构建一个与基础空间相关的心理空间。例如:

Max believes that Susan hates Harry.

在该例句中,Max believes 是一个空间构造语,打开了一个心理空间,记为 M'。在 M' 中,有 Susan 和 Harry 两个语义项,这两个语义项之间存在着一定的关系: Susan hates Harry。通常用一个圆圈来表示心理空间,如图 8-1 所示。

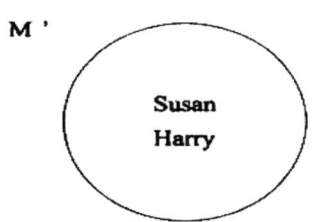

图 8-1　心理空间构造图

(三)心理空间的整合

多个空间之间相互作用,发生关系时则会出现心理空间的整合。一个整合空间一般包含多个心理空间,我们可以将心理空间的整合用图式的形式表示出来。在这些图式中,用圆圈表示心理空间,用圆圈中的点表示要素,用线条表示不同空间中的要素之间的联系,用长方形或者圆圈里的图标表示心理空间中的框架结构。具体的心理空间整合包括以下几种情况。

1. 跨空间映射

一个心理空间的整合至少包含两个输入空间(Input 1 和 Input 2),这两个输入空间中的相应原则存在着一定的映射关系,空间的整合以跨空间映射的方式来表现心理空间的整合,如图 8-2 所示。

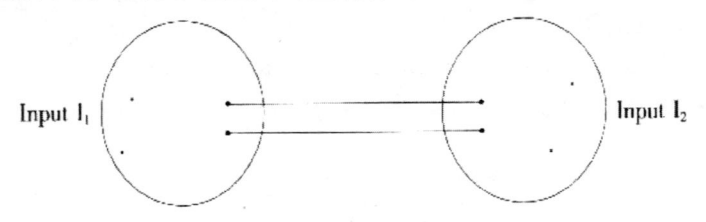

图 8-2　跨空间映射

（资料来源：胡壮麟,2007）

2. 类属空间

类属空间映射到两个输入空间,类属空间包含了输入空间所共有的部分,如一些抽象结构与组织,并定义跨空间映射的核心内容,如图 8-3 所示。

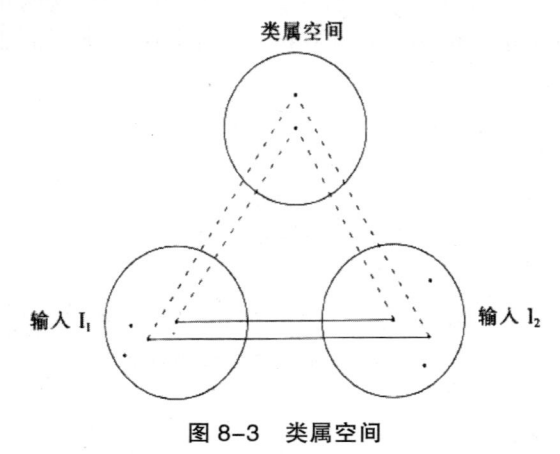

图 8-3　类属空间

（资料来源：胡壮麟,2007）

3. 合成空间

心理空间的整合还表现为合成空间。当两个输入空间部分地投射到第四空间,这就是所谓的合成空间,如图 8-4 所示。

4. 层创结构

心理空间的整合还以层创结构体现出来。合成空间有一个非输入空间构成的层创结构,层创结构是通过两个输入空间的投射,从而形成主要是经过两个输入空间的组合、完善以及扩展三种方式产生的。如图 8-5 所示。

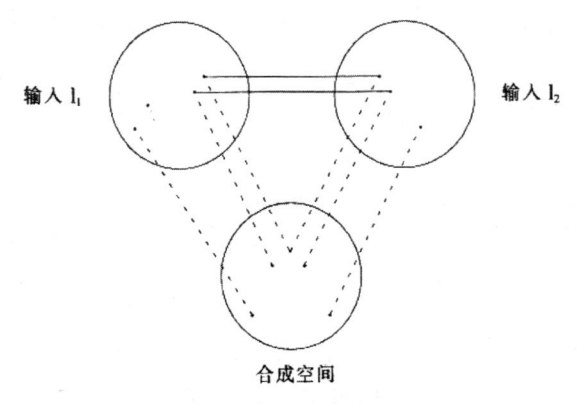

图 8-4 合成空间

（资料来源：胡壮麟，2007）

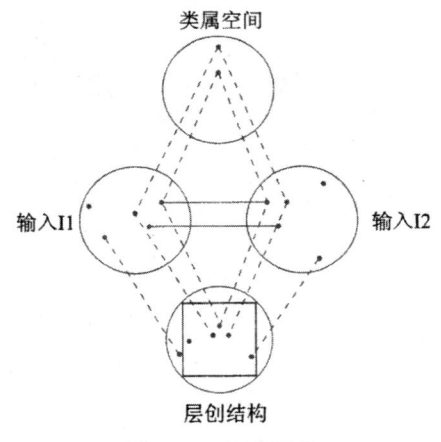

图 8-5 层创结构

（资料来源：胡壮麟，2007）

四、范畴化

范畴化是人类知识产生不可或缺的成分，是人类基于经验的异同对经验进行分类的过程，它使人类能够把现在的经验与过去的经验结合起来。相关专家认为，范畴可以分为三个层次：基本层次范畴、上位范畴和下属层次范畴。

（一）基本层次范畴

基本层次范畴最能体现文化突显性、实现认知需求的范畴。克洛福特和克鲁兹（Croft & Cruse,2004）将这一层次的特征概括为下列四个方面。

（1）为日常参照所使用的层次。
（2）表征部分—整体信息的最具包容性的层次。
（3）构成清晰意象的最具包容性层次。
（4）由行为相互作用产生典型范式的最具包容性的层次。

由以上四个特征可以看出，人类在这一层次可以发现范畴特性的最理想化结构；基于这个层次，人类可以感知"事物"的最大不同；同时，这一层次也是最经济的范畴，因为我们与外部世界相互作用的许多信息均储存于此层次，在这一层次我们可以发现许多相关信息，从而形成范畴的完形（gestalt）状态。

（二）上位范畴

上位范畴是最具概括性的范畴，各个成员没有足够的共性构成一个共同的完形。其实，我们一般都是从基本层次范畴提取一些特征，用于上位范畴。你也许会认为挑选了对自己重要的基本层次范畴，你借用的特征或许是整个上位范畴的代表，但实际上这些特征只是上位范畴内所有成员具有的特征的很小一部分。例如，当有人要求你说出一种交通工具时，你首先会想到小轿车或公交车；当有人要求你说出一种植物时，你会立刻想到树或者花，这种现象在认知语言学中被称作寄生范畴。我们往往把寄生范畴用于上位范畴。克洛福特和克鲁兹（2004）指出，上位范畴有如下四个特征。

（1）上位范畴比基本层次范畴的定义特征少。
（2）从语言学角度来看，基本层次范畴名称是可数名词，而上位范畴名称大部分是物质名词。
（3）与基本层次范畴相比较而言，上位范畴的范畴性要弱，尽管它的成员可区别于邻近范畴成员，但是范畴内象似性相对低。
（4）基本层次范畴的中间层次上位范畴与高级上位范畴间只有单一的修饰关系。

（三）下属层次范畴

下属层次范畴具有清晰可辨的完形和许多个性特征。克洛福特和克鲁兹（2004）将下属层次范畴的特征总结为如下三个。

第八章　认知语言学理论观照下的英语教学改革

（1）下属层次范畴的信息量相对比它们的上位范畴少。

（2）下属层次范畴是多词素性的,其最普遍的格式为修饰—中心语结构。

（3）与基本层次范畴相比较而言,下属范畴的范畴性要弱,尽管它们的成员间有很高的象似性,但与邻近范畴成员的区别性却很低。

由以上三个特征可以看出,人类在下属层次范畴中可以感知基本层次范畴成员间的区别。下属范畴的名称通常形态复杂,它们是典型的复合形式。一个复合形式由两个和更多基本层次范畴的词汇构成,如 apple juice（苹果汁）,rain coat（雨衣）等。但是复合形式的意义并不是组成成分的组合,因为呈复合形式的下属范畴比组成成分具有更多的特征。如果我们想要解释复合形式意义的特征,就必须观察其语义框架（胡壮麟,2007）。

五、转喻

认知语言学认为,转喻代表一种认知过程。在这一过程中,源域为统一域中的目标域提供了心理途径。兰登和库瓦克赛思对转喻提出了两种概念表征形式:部分与部分之间的转喻和整体部分之间的转喻。

（一）部分与部分之间的转喻

部分与部分间的转喻主要包括以下几个方面。

1. 知觉转喻

知觉在人类的认知世界中起着重要的作用,值得拥有自己的转喻。知觉是有意图的,知觉转喻与行为转喻可以进行交叉分类。例如:

THING PERCEIVED FOR PERCEPTION：There goes my knee for "There goes the pain in my knee"

知觉到的事物替代知觉:我的膝盖又来了替代"我的膝盖又痛了"

PERCEPTION FOR THING PERCEIVED：sight for "thing seen"

知觉替代知觉到的事情:视觉替代"看到的事物"

2. 容器转喻

容器的意象图式情景非常基础和固化,它应在地点关系上被认为是一种转喻。例如:

CONTAINER FOR CONTENTS：The bottle is sour for "milk"

容器代表其内容：这瓶是酸的替代瓶里的"奶"

CONTENTS FOR CONTAINER: The milk tipped over for "the milk container tipped over"

内容代表容器：牛奶翻倒了替代"牛奶瓶翻倒了"

3. 行为转喻

行为转喻涉及行为者与谓语要表达的行为间的关系。例如：

INSTRUMENT FOR AGENT: the pen for "writer"

行为替代行为者：作者，司机

TIME FOR ACTION: to summer in New York

时间替代行为：在纽约过夏天

AGENT FOR ACTION: to author a new book; to butcher the cow

行为者替代行为：写一本新书；杀死这头牛

MANNER FOR ACTION: to tiptoe into the room

方式替代行为：踮起脚尖走进房间

ACTION FOR INSTRUMENT: pencil sharpener

行为替代工具：铅笔刀

INSTRUMENT FOR ACTION: to ski

工具替代行为：滑雪

ACTION FOR OBJECT: the flight is waiting to depart

行为替代物体：航班等待离开

RESULT FOR ACTION: to landscape the garden

结果替代行为：美化花园

OBJECT FOR ACTION: to blanket the bed

物体替代行为：铺床

4. 修饰转喻

它主要用于符号的省略形式。例如：

SUBSTITUTE FORM FOR ORIGINAL FORM: Do you still love me? —Yes, I do.

替代形式替代原始形式：你还爱我吗？——爱。

5. 因果转喻

原因和结果相互依存，一个隐含另一个。此外，它们解释了人们因果混淆的事实。理论上，因果转喻会产生相互转换。例如：

CAUSE FOR EFFECT: healthy complexion for "the good state of

health bringing about the effect of healthy complexion"

原因替代结果：健康的肤色替代"良好的身体状况产生健康肤色的结果"

EFFECT FOR CAUSE: slow road for "slow traffic resulting from the poor state of the road"

结果替代原因：车辆行驶缓慢的道路替代"行驶缓慢的交通由道路状况不良造成"

6. 生产转喻

生产转喻方式涉及生产行为。在行为中，每个参与者使生产行为产生产品。产品的生产是因果行为中突出的类别。例如：

PRODUCTION FOR PRODUCT: I've got a Ford for "car"
生产替代产品：我有一辆福特替代"福特车"

7. 控制转喻

控制转喻包括控制者和被控制者，产生相互转换的转喻关系。例如：
CONTROLLER FOR CONTROLLED: Nixon bombed Hanoi
控制者替代被控制者：尼克松轰炸了河内
CONTROLLED FOR CONTROLLER: The Mercedes has arrived
被控制者替代控制者：奔驰到了

8. 符号和指代转喻

它们产生转喻交叉切分实体域。在符号转喻中，词形替代一个相关的概念；在指代转喻中，符号、概念和词形替代外部事物。例如：

WORDS FOR THE CONCEPTS THEY EXPRESS: a self-contradictory utterance

单词替代单词表达的概念：自相矛盾的话语

9. 地点转喻

地点常与生活于该地点的人、位于该地点的著名机构、发生在该地点的事件以及该地点生产的产品和从该地点运输的产品有联系。例如：

PLACE FOR INSTITUTION: Cambridge won't publish the book for "Cambridge University Press"

地点替代机构：剑桥不出版此书替代"剑桥大学出版社"
INSTITUTION FOR PLACE: I live close to the University.
机构替代地点：我住在大学附近
INHABITANTS FOR PLACE: The French hosted the World Cup

Soccer Games for "France"

居民替代地点：法国人当了世界杯足球赛的东道主替代"法国"

PLACE FOR INHABITANTS: The whole town showed up for "the people"

地点替代居民：全城出动"城里的居民"

PLACE FOR EVENT: Waterloo for "battle fought at Waterloo"

地点替代事件：滑铁卢替代"滑铁卢战役"

EVENT FOR PLACE: Battle, name of the village in East Sussex where the Battle of Hastings was fought.

事件替代地点：Battle，东萨塞克斯郡一个村落的名字，黑斯廷斯战役遗址。

10. 领属转喻

领属转喻会产生相互转换的转喻。例如：

POSSESSOR FOR POSSESSED: That's me for "my bus"; I am parked there for "My car"

领属者替代被领属：那是我的替代"我乘坐的公共汽车"；我停在这里替代"我的车"

POSSESSED FOR POSSESSOR: He married money for "person with money"

被领属替代领属者：他娶了金钱替代"有钱的人"

(二) 整体与部分之间的转喻

整体与部分间的转喻主要包括以下几个方面。

1. 标量转喻

标量是事物一种特殊的类，标量单元是类的部分。其中，整体标量替代标量上限，标量上限可以替代整体标量。例如：

UPPER END OF A SCALE FOR WHOLE SCALE: How old are you? for "what is your age?"

标量上限替代整体标量：你多大了？替代"你的年龄是多少？"

WHOLE SCALE FOR UPPER END OF THE SCALE: Peter is speeding again for "Peter is going too fast."

整体标量替代标量上限：皮特又在加速了替代"皮特的速度更快了。"

第八章　认知语言学理论观照下的英语教学改革

2. 压缩转喻

部分替代整体的最后一种转喻是符号形式的压缩。例如：

PART OF A FORM FOR THE WHOLE FORM：crude for "crude oil"

形式的部分替代整个形式：未加工的替代"原油"

3. 事物及部分转喻

此转喻可以分为两个转喻变体。例如：

PART OF A THNG FOR THE WHOLE THING：England for "Great Britain"

事物的部分替代事物的整体：英格兰替代"大英帝国"

WHOLE THING FOR A PART OR THE THING：America for "United States"

整个事物替代事物的部分：美国替代"美利坚合众国"

4. 事件转喻

事件可以隐喻地视为事件的各个部分。例如：

WHOLE EVENT FOR SUBEVENT：David smoked marijuana

整个事件替代子事件：大卫抽大麻

SUBEVENT FOR WHOIE EVENT：John speaks Spanish

子事件替代整个事件：约翰说西班牙语

5. 构成转喻

它涉及构成物体成分的物质或材料。例如：

OBJECT FOR MATERIAL CONSTITUTING THE OBJECT：She smells skunk

物体替代构成物体的材料：她闻到一股臭鼬味

MATERIAI CONSTITUTING AN 0EJECT FOR THE OBJECT：wood for "forest"

材料成分替代物体：木头替代"森林"

6. 范畴及属性转喻

属性既可以被隐喻视为拥有的物质（属性是拥有）或转喻地视为物体的部分。例如：

DEFINING PROPERTY FOR CATEGORY：blacks for "black people"

属性替代范畴：黑色替代"黑人"

CATEGORY FOR DEFINING PROPERTY: jerk for "stupidity"
范畴替代属性：傻瓜替代"愚蠢"

7. 范畴及范畴成员转喻

范畴及范畴成员构成一种关系。例如：
MEMBER OF A CATEGORY FOR THE CATEGORY: aspirin for "any pain-relieving tablet"
范畴成员替代范畴：阿司匹林替代"镇痛药"
CATEGORY FOR A MEMBER OF THE CATEGORY: the pill for "birth control pill"
范畴替代范畴成员：药片替代"避孕药片"

六、意象图式

意象图式是认知语言学家近年来较为关注的热门话题，这里主要从意象图式的定义主要内容两个方面进行探讨。

（一）意象图式的定义

意象图式这一概念最早是由约翰逊（1987）提出的。之后，意象图式经过一定的发展，不断地扩展到一些学科领域的研究中。约翰逊（1987）用整本书对意象图式的体验基础和意象图式在意义构建和推理中的作用进行了探讨。莱可夫（1987）用意象图式理论构建了自己的范畴理论。吉布斯（Gibbs,1994）和科尔斯顿（Colston,1995）对意象图式理论在心理语言学中的作用做了研究，利用心理学实验探讨了意象图式的心理真实性问题。随后，意象图式理论又不断地扩展到对诗歌的研究、语法理论、数学以及语言的神经理论。

对于意象图式的定义，很多学者对其进行了不同的表述，以下是比较有代表性的定义。

约翰逊（1987）指出，意象图式是通过感知的相互作用和运动程序获得的对事物经验给以连贯和结构的循环出现的动态模式。意象图式存在于抽象层次，在命题结构和具体图式心理组织层操作。意象图式"充当无数经验、知觉以及在相关方面构成物体和事件图式形成的识别模式"。

欧克利（Oakley,2007）认为，意象图式是为了把空间结构映射到概念结构而对干性经验进行的压缩性的再描写。

吉布斯和科尔斯顿认为，意象图式是空间关系和空间中运动的动态

第八章　认知语言学理论观照下的英语教学改革

模拟表征。

（二）意象图式的内容

意象图式的结构有两个特点：其一是来自身体经验的前概念图式结构；其二是人的感觉互动的不断操作，通过空间和把握物体的身体运动。意象图式主要包括以下几个方面的内容。

（1）路径图式。该图式涉及从一点到另一点的生理或隐喻移动，由起点、终点和系列中间各点组成。

（2）容器图式。该图式涉及生理的和隐喻的界限、闭合的区域或容器，或者不闭合的范围或容器，如界限内外的物体、闭合内力的限制、闭合内物体的保护等。

（3）标量图式。该图式涉及生理或隐喻数量的增加与减少，如物理数量，数量系统的属性。

（4）垂直图式。该图式涉及"上"和"下"关系，如爬楼梯，直立，看旗杆等。

（5）连接图式。该图式由两个或两个以上由生理或隐喻连接起来的实体组成，如把灯与墙上的插头连接、孩子牵着妈妈的手等。

（6）循环图式。该图式涉及不断发生的事件或系列事件，如呼吸、睡觉与苏醒、循环、每天、每周、每年、情绪的增加与释放等。

（7）中心—边缘图式。该图式涉及生理的和隐喻的中心与边缘，从中心到边缘的距离范围，如个人的知觉范围、个人的社会范围等。

（8）部分—整体图式。该图式涉及生理或隐喻整体与部分的关系，如家庭成员、整体与部分、印度种姓等级等。

（9）力道图式。该图式涉及生理和隐喻因果互动关系，如强制图式、阻碍图式、反作用力图式、平衡图式、引力图式等。

第三节　认知语言学理论在英语教学中的应用

认知语言学是从语言的认知能力与运用能力来确定人们的语言能力，将认知语言学运用于英语教学，教师可充分利用学生的认知能力能运用能力来教授语言的相关知识，而且可以通过列举具体事实的方式来开展教学活动。这种教学方式改变了传统语言教学中将语言的字面意思及其相关知识作为教学重点的模式，使得教学更加深入。

一、认知语言学理论在英语词汇教学中的应用

（一）概念隐喻理论在词汇教学中的应用

"隐喻是用一种事物暗指另一种事物，它具有多义性和创造性等特征。"人们可以通过概念隐喻来认知世界，隐喻有助于人们理解新词、分辨多义词的含义和掌握词汇的运用，所以将概念隐喻理论运用于英语词汇教学中，将对英语词汇教学起到重要的指导作用。

隐喻是词汇创新的一个重要方式，它的存在使词汇含义更加丰富多彩，语言表达更加生动形象。例如：

snow-whit 雪白的

pitch-dark 漆黑的

green horn 新手（最初指"犄角尚嫩的小牛"）

（二）意象图式理论在词汇教学中的应用

一词多义现象在英语中很常见，通常学生只知道某词的一两个含义，遇到其他含义时就会不知所措，所以多义词就成了学生词汇学习的难点。然而，英语词汇的多个意义是相互联系的，很多意义是从其基本意义中引申出来的。例如：

flight（n.）：

（1）action or process of flying through the air 飞行

（2）ability to fly 飞行的能力

（3）movement or path of a thing through the air 飞行路线

（4）aircraft making such a journey 班机

（5）swift passage, esp. of time 飞逝（尤指时间）

可以看出，多义词的不同意义之间有着密切的联系，而将意象图式理论运用于英语词汇教学，将对词汇教学起到重要的引导作用。具体而言，教师讲解多义词时，可以先讲解每个含义的意象图式基础，引导学生寻找它们产生的根源，进而基于意象图式理解每个意义。在英语词汇教学中运用意象图式理论，可有效激发学生学习的兴趣，还能提高学生的转喻能力。当学生在遇到类似的多义词时，就能根据已经形成的意象图式对词义进行推测和分析。

第八章 认知语言学理论观照下的英语教学改革

二、认知语言学理论在英语语法教学中的应用

(一)强调语法规则的体验性

语法规则有一定的体验性。认知语言学认为,人类的认知不是客观世界的直接反映,而是需要人的身体来完成对世界的反映,所以具有一定的体验性。语言是人类认知的一部分,所以语言也具有一定的体验性。同理,英语语法学习本身就是一个认知过程,因为语法规则也具有一定的体验性。[①]因此,教师在英语语法教学中,可以通过课堂展示,指导学生用手势或其他肢体动作去体验语法规则,帮助学生理解和记忆。例如:

(1) He jumped over the wall.
(2) The students ran across the playground into the classroom.
(3) They often drive through the forest.

教师在讲解上述 over, across 和 through 三个介词的语法规则使用时,可以通过手势帮助学生对它们加以了解和区分:"手放开,胳膊向上拱起超越某物"表示 over;"手放平,手掌向下平扫过地面"表示 across;"手用力向前推"表示 through。通过手势,学生可以确实感受这三个介词的空间概念和空间差异,进而切实掌握他们的具体使用情况。

(二)加强英汉语言思维表达方式的对比分析

因历史背景、价值观念等的不同,英汉语言与文化之间也有着显著的差异,这种差异在语法上主要体现为思维方式的差异。因此,在使用语言时,要充分了解目的语的文化和认知方式,这一观点同样适用于英语语法教学。具体来讲,在英语语法教学中,教师要引导学生充分考虑英语国家人们的思维方式和认知方式,并对比英汉思维方式和语法规则,从而使学生准确理解和掌握英语语法规则。

这里主要对汉英语言中的一些常用表达方式差异进行对比分析。

(1)对地址的写法,汉语是从最大范围开始,然后到最小的细节;相反,英语是从最小的细节到最大的范围。例如:

中国河北省石家庄市学院路 5 号

No. 5 Xueyuan Road, Shijiazhuang City, Hebei Province, China

---

① 文秋芳.认知语言学与二语教学[M].北京:外语教学与研究出版社,2013:46.

（2）汉英思维方式差异也表现在句子结构上。汉语通常将表示地点、时间、方式等修饰成分放到句子较前的位置。而英语一般将主语、谓语等主要的部分放到句子较前的位置或者句子的主要位置上，然后再跟上定语、状语、补语等其他修饰成分。例如：

昨天早上老李急急忙忙骑车来看我。
Lao Li came to see me in a great hurry yesterday morning by bike.

三、认知语言学理论在英语阅读教学中的应用

图式理论除了对听力教学产生较大影响，在阅读教学中同样发挥着重要作用。所以，这里先来研究基于图式理论的英语阅读教学。

（一）基于图式理论的英语阅读教学

基于图式理论的英语阅读教学就是读者在阅读过程中通过自身背景知识与阅读材料相互作用的过程。英语阅读理解是一个极为复杂的心理过程，在这个过程中，读者大脑储存的语言知识图式与背景知识图式互相作用，并不断地对新输入的信息加以验证、分析和推断，直到完成所有文本的解码。可见，掌握了阅读的心理与思维规律将会大大提高英语阅读理解的效果。

具体而言，在英语阅读教学中利用图式理论，可帮助学生消化文章的内容，集中学生的注意力，帮助学生对信息进行梳理概括，进而掌握新的知识。

目前，很多教师都将英语阅读教学的重点放在背诵词组、分析长难句和讲解语法上，过分强调阅读理解的标准答案，这就属于仅强调语言图式的表现。实际上，英语阅读教学要注重对学生阅读能力的培养。因此，在阅读教学过程中教师既要加强对学生语言基本功的训练，又要增加篇章结构知识的讲解，同时要不断丰富学生的文化背景知识。图式就是实现这些目标的基础。

总而言之，图式理论对英语阅读教学的方方面面都是必要的。

（二）认知语言学理论下的阅读材料选择

英语阅读教学是一种重要的语言输入方式，认知语言学理论认为，语言输入的过程应该符合以下三个原则。

第八章 认知语言学理论观照下的英语教学改革

1. 理解性原则

英语阅读教学的目的之一在于提升学生的语言理解能力,但这种能力的提升不是一蹴而就的,需要学生和教师付出很多的努力。阅读材料是英语阅读教学开展的基础,所以选择合适的阅读材料是教师的重要任务。教师在选材时首先要遵循理解性原则,也就是所选择的阅读材料符合学生的语言水平和认知特点,不能太难,也不能太容易。最好是选择稍高于学生整体认知水平的阅读材料,这样的阅读材料能够有效激发学生的挑战兴趣。

在英语阅读教学过程中,教师要多准备一些阅读材料,以便扩大学生语言接触的数量,丰富学生的语言储备,从而为学生今后的英语交际打下坚实的基础。

2. 数量性原则

确保语言输入的数量是提高阅读理解能力的前提条件。由于阅读材料具有多学科性、多层次性的特征,所以在阅读教学中要遵循数量性原则,这对学生认知语言程度的提高有重要影响。

由于语言的学习在一定程度上需要机械性、重复性的刺激,所以教师要让学生多接触一些阅读材料,这样才能保证学生语言习得的效果。

3. 趣味性原则

认知语言学理论还强调教师选择阅读材料时要遵循趣味性原则。教师要充分了解学生的认知情况和语言水平,然后据此选择一些富有趣味性的阅读材料。这样的阅读材料能有效激发学生的阅读兴趣,能够促使他们全身心地投入阅读活动中,学生的阅读理解能力也能随之提高。

总体而言,对认知语言学及其相关理论进行研究,可以更加深入地了解语言与认知等方面的内容。而且,将认知语言学理论运用于英语教学实践,可以更好地指导英语教学,提高英语教学的效率和质量,促进英语的改革与发展。

第九章 应用语言学理论观照下的英语教学改革

语言是人类最重要的交际工具,它随着人类的产生而产生,也随着人类社会的发展而发展,正因为如此,人类早就开始了对语言的研究。当然,在研究语言的过程中人们很早就涉及了应用语言学的问题。因此,本章就来阐述人们对应用语言学的理解和认识。

第一节 应用语言学的内涵

作为一个新兴领域,应用语言学的研究不仅内容丰富,而且范围广泛。尤其是近几年,其发展速度越来越快。

一、狭义的应用语言学

狭义的应用语言学特指外语教学和第二语言教学。但因历史背景的差异,各国对狭义应用语言学的理解也有所不同。

(1)在西方,狭义应用语言学一般指语言教学,尤其是第二语言教学,如理查兹(Richards,2002)就曾指出,"狭义的应用语言学是研究第二语言和外语的教和学的学科。"

(2)在中国,持狭义应用语言学观点的主要是外语界的学者,他们深受一些欧美学者学术观点的影响,将应用语言学当作语言教学特别是外语教学的同义语。代表人物主要有桂诗春、文秋芳、王初明、乐眉云、贾冠杰等。

二、广义的应用语言学

广义的应用语言学包括语言应用的各个方面,范围是开放的,即指语

第九章 应用语言学理论观照下的英语教学改革

言学知识和研究成果所应用的一切领域和方面,应用语言学所关心的是如何应用语言学理论、方法和成果来阐释其他应用领域所遇到的跟语言有关的问题。[1] 卡普兰(Kaplan)认为,"应用语言学要解决的语言问题是多种多样的,这些问题唯一的共同点就是它们都与语言有关,这就需要采用多种方法来解决这些不同的问题。"

中国对应用语言学持广义观点的主要集中在汉语界的学者,他们通常从广义的角度去理解应用语言学的定义。例如学者冯志伟强调,应用语言学是研究语言在各个领域中实际应用的学科,是语言学的一个分支,并提出了应用语言学研究的三大支柱,即语言教学、语言规划和语言信息处理。同样,周有光也指出,"应用语言学最主要和最紧迫的应用有三个方面:语言教学、语言计划和信息处理。"

概括地说,应用语言学就是研究语言本体和本体语言学同有关方面发生关系的学科。进一步说,应用语言学就是研究语言本体和本体语言学同应用各部分结合部、接触面,包括结合、接触的动态变化的规律性的学科。于根元曾对应用语言学做过一个很好的比喻:"好像一个轴承,里面的一个个滚珠是语言学的一个个学科,他们相互接触、推动,他们还嵌在一里一外的槽里,都跟槽相互接触、推动,我们现在主要研究的是所有的滚珠跟槽的接触部的动态的规律,包括普遍性和特殊性。"[2]

第二节 应用语言学的研究内容

任何一门学科的形成与发展都离不开理论的指导,作为一门新兴学科,应用语言学也需要建立在理论的指导下,也逐渐成就了一套健全的理论框架体系。这些理论包含中介理论、潜显理论、交际理论、动态理论、层次理论、人文性理论。另外,如前一章所述,随着应用语言学的发展,其与儿童习得、心理学、社会学等的结合形成了很多相对应的核心领域。下面就对应用语言学的基本理论与核心领域展开分析和探讨。

---

[1] 陈昌来.应用语言学导论[M].北京:商务印书馆,2007:1.
[2] 于根元.应用语言学概论[M].北京:商务印书馆,2003:23.

一、应用语言学的基本理论

（一）中介理论

中介，顾名思义属于一种中间状态，这种状态在人类社会、大自然中广泛存在，也必然在人类语言中存在。无论是语言本身的部分，还是人类接触与学习语言时，都必然需要"中介"的介入。就现代应用语言学而言，这一中介就是"中介现象"，其非常复杂且有趣，涉及了应用语言学的很多层面，而关于"中介现象"的研究理论就被称为"中介理论"，这一理论在应用语言学中得到了广泛应用，下面就重点分析和探讨。

1. 中介理论和语言研究

中介理论认为，无论是何种语言，都存在一个中间态，其应该被人们重视。结构主义语言学的产生使得仅仅将语言视为一个二元分类模式，即非 A 即 B 或 C。

就语音层面来说，汉语一般是一个字与一个音节相对，且每一个字与音节的对应也是非常明显的，因此汉语与英语相比较来说，很多人认为汉语更容易切分音节，汉语的理解也会比英语更为容易。但是事实上，在发音上，汉语音节中的两个音素很难被切分，即使是人们所熟悉的音节也是一样的。这是因为，一个音节的发音会随着语境发生改变，要想熟悉每一个音节的语境是非常困难的。

就语义层面来说，很多代表时间、年龄的词语，语义很难进行划分。例如，morning 和 forenoon 就很难划分出界限，而存在这些词语中间有一些状态，这些状态就是中间状态。

从语法的角度而言，中间状态也是存在的。例如，以往人们认为词汇只存在一种词性，不是名词，那么就应该是动词、副词等，但是随着时间的发展，人们认识到很多词汇不仅有一种词性，甚至还有很多种词性。还存在一些词词形相同，但是具有不同的词性，且意义也不同。可见，英语词类非常复杂，很难运用简单标准来统一规划。

从语用的角度而言，最突出的表现为语体与语体之间存在着中间状态。在传统的语言观看来，语体有两大类：口语与书面语。但是从实际的语言运用来说，口语与书面语往往相互涉及。例如，节目主持人是以口语形式来主持节目，使用的语言自然是口语体，但是为了使节目更加规范，他们的语言中也掺加一些书面语。

通过上述分析可知，中间状态在语言运用中不可忽视。语言研究如

第九章　应用语言学理论观照下的英语教学改革

果不能对语言正常观察和描写,那么研究结果、总结的理论就很难被人信服,如果将这些理论、结果运用到具体的实践中也会出现各种问题。因此,中介理论的提出有助于让人们认清语言的本质问题,对于处理语言运用问题十分必要。

2. 中介理论和语言规划

中介理论认为,语言规划是一个不容忽视的层面。就我国来说,中华人民共和国成立之后,很多语言政策都具有合理性与科学性,但是在某些语言问题上仍然存在分歧,其中比较突出的就是语言的规范化问题。

一般情况下,十分规范的语言与十分不规范的语言之间的界限是非常明显的,但是介于十分规范与十分不规范之间的语言往往比较让人难以理解。存在这样一种情况,一种新的语言,人们认为其是不规范的,并且受到很多的批评,但是这种批评并不能将这种语言现象扼杀,久而久之,人们会逐渐承认这种语言是合理的。对于这一情况,中介理论认为:"交际即使是比较规范了,还有个规范度……规范要放到人们活的交际活动里去看……交际效果好就是交际度高,规范度也就高。"[1]

规范度这一概念有着非常重要的意义,任何一门语言都是循序渐进而形成的。那些不符合规范但是符合规律的语言,不应该被认为是语言问题,而应该视为不规范的一部分,是语言转向规范的必经阶段。事实上,并不存在绝对化的规范,运用中介理论对这些语言应用问题展开分析更具有真实性,也有助于指导实践。

(二)潜显理论

潜显理论主要研究的是语言形式,形成于20世纪八九十年代。下面就来具体论述潜显理论的相关知识。

1. 潜显理论概述

在对潜显理论进行探讨之前,有必要分析"潜显"这个词。这里分开来说明,关于"潜",是指隐藏的、深层次的置于语言内部的状态;关于"显",是指表面的、显示出来的置于语言外部的状态。从潜显理论来说,语言既可以是"潜"的,也可以是"显"的,即既可以是深层的、隐藏的,也可以是表面的、显现的。前者是指被认可的语言,在社会广泛使用;后者是指新创造的语言,未被社会使用。

潜显理论认为,"运动和时空往往是连续状态,事物并不是凭空显现

---

[1] 于根元.二十世纪的中国语言应用研究[M].太原:书海出版社,1996:215.

出来的,即显现与不显现是存在某些条件的。"① 语言之所以能够发展,其基本形式就在于显性语言与潜在语言的转化,因此在研究语言的过程中,必然需要对两者有所分析和关注,同时还要清楚显性语言与潜在语言的转化条件。

潜显理论一提出就赢得了很多学者的关注和研究,也从多种角度对这一理论进行了阐释。

2. 潜显理论的实践价值

正如前面所说,语言不仅包含看得到的显性部分,还包含看不到的潜在部分,语言就在二者的转变过程中发展,这一规律的形成对于语言预测是非常重要的。

预测是非常重要的,在潜显理论的辅助下,基于科学的假设与现实存在,有助于对语言未来的发展情况进行预测。这也就是说,语言研究可以不再受现有语言描写与归纳的限制,而可以从动态发展的眼光来分析和判断,对语言的发展趋势进行预测。这对于人们认识和了解语言并制订语言政策等是非常重要的。

(三)交际理论

在语言学研究历程中,对"语言"的界定非常重要且关键,很多学者进行过探讨和界定,其中"语言是一种交际工具"是最让学者认可的。这是就语言功能的角度来考量的,也将语言的工具性属性揭示出来。我国应用语言学以语言的这一定义为依据,经过发展逐渐形成了交际理论,内容如下。

1. 交际能力是最基本的语言能力

什么是语言能力,不同的学者观点不同,其中乔姆斯基在他的《句法结构》一文中,提出了"语法装置说",在乔姆斯基看来,人类的语言创造力是从出生就存在的。但是,在人类的日常生活中,交际活动贯穿始终,因此与知识研究能力相比,交际能力是最基本的能力。虽然语言使用者对使用的语言不仅要做到知道是什么,还应该知道为什么,但是知道为什么是为了更好地理解与创造语言,而不是为了研究而研究,甚至对语言的运用造成阻碍。因此,应用语言学的交际理论认为,在语言使用中,交际是第一要务,语言活动必然为交际服务。

---

① 于根元.应用语言学前沿[M].北京:中国经济出版社,2005:91-99.

第九章　应用语言学理论观照下的英语教学改革

2. 交际能力需要在多种语言交际中实践

掌握一种语言预示着可以使用语言进行交际。但是,这一交际能力并不是立即就可以形成的,需要通过实践。在实践的过程中,人们接触到的语言并不总是规范的,更多的是变化的语言。因此,与不同类型的人展开交际是一种常态,通过多种多样的交际,人们可以不断提升自己的交际能力。

3. 语言规范的衡量标准应该是交际值

如前所述,语言是为了交际,而交际是否成功就需要规范的参与,那么到底规范是什么? 就是语言是否实现了交际值。换句话说,语言是否规范主要以语言是否有助于交际为标准,其与语言的纯正与稳定并无多大关联。以前不存在的语言并非一定不符合规范,只要现在需要,那么语言系统就可以允许其存在,那么就可以称呼这种语言为规范的语言。

4. 语言交际能力的实现无法一次完成

人的语言素质会不断随着年龄改变。人们在小时候,往往语言素质与长大后存在明显的不同。另外,人的语言素质也会不断提升和发展。如果人的语言素质不能顺应语言发展的规律,那么语言素质在下降,甚至阻碍语言的发展。因此,人们需要不断更新自己的语言,主动运用于具体的实践之中,这样才能保证语言的发展。

5. 要注重创新

语言并不是死的,而是不断发生改变的。这种改变是受人天生的语言创新能力制约的,但是需要将这种天生的语言创新能力唤醒才可以。当前,我国的教育的弊端就在于在创新上并未加大力度,教师只是机械地传授语言知识,使得学生总是拘泥于语言知识的范畴。这就要求当前的教师应该多鼓励学生创新,这样才能促进学生的个体发展。

不得不说,语言创新与奇谈怪论并不等同,也不是简单地使语言形式发生改变,而是应该创造出具有实用价值、新思维的语言。这也会给人们带来新鲜感,并促进交际。

(四)动态理论

唯物辩证法认为,事物不断发展变化。因此,世间万物都在运用过程中。这就意味着人的语言活动也是运动的。基于上述认识,应用语言学家们将语言的动态性质纳入语言研究范围中,并总结出动态理论,内容如下。

1. 语言的动态性

如前所述,语言是动态的。但是,对于语言静态与动态的关系问题,很多专家学者观点不一,众说纷纭。受结构主义语言学的影响,人们认为语言就是静态的,并持续了很长时间。但是随着应用语言学的形成和发展,人们认识到语言并非完全静止,还是运动的,静态是语言发展过程中的一种缓慢表现。在长期的运动变化中,语言呈现了三种变化类型:吸收、隐退或者消亡、中和。

2. 语言认识的动态性

对语言的认识是从实践中提取理论的过程,也是将理论付诸实践的过程。因此,语言认识不仅是一种理论性的活动,更是一种实践性的活动。也就是说,语言认识也是动态的。这可以从两大层面体现出来。

(1)语言本身的动态性对语言的认识起决定性作用,因此语言本身发生变化也导致对语言的认识发生变化。

(2)由于语言是复杂多变的,人们很难立刻认识清楚,因此需要一代一代人的不断努力和挖掘。

语言认识的动态性也告诉人们,语言离不开社会的发展、时代的变化,因此人们需要遵循语言的发展规律。如果从人的意志出发,对语言文字进行控制,这是错误的,严重的可能会导致语言出现倒退。而要想促进语言的发展,必须将语言付诸实践之中。但是无论怎么应用语言,其都应该与社会的需要相符合,如果不相符,就会导致社会的停滞不前。

3. 语言研究要动稳结合

语言的动态性特征并不是否定语言的稳定性。事实上,并不存在绝对的稳态或者动态,由于人类社会在不断发展,语言为了能够适应交际与人类的思维模式,往往会不断进行调节。这往往体现在不断产生新的要素以及保持相对的平衡。认识到了这一点,人们就应该把握语言研究的动稳结合。一方面,用动态的眼光看待语言单位,这具有实际意义。另一方面,稳态研究有助于认清某些语言现象,揭示语言规律,因而十分重要,不可替代。

(五)层次理论

层次理论认为,语言具有层次性。这里的层次包含语言运动的形式以及与事物、地位相关的层次。

第九章　应用语言学理论观照下的英语教学改革

1. 人的层次与语言层次

（1）不同层次的人使用不同层次的语言

应用语言学认为，语言由三个部分构成：一是语言内核，其比较稳定；二是语言外层，其比较活跃；三是位于语言外层与语言内核之间的中介物。

（2）不同层次的语言对不同层次的人有不同要求

语言的使用主要是为交际服务的。语言的层次不同，适应的交际活动也不同，因此对不同的人的要求也不同。例如，对于初学者而言，教师往往只要求他们掌握发音、字母拼写、简单语法等，但是对于已经学过几年语言的人而言，教师往往是培养他们的听、说、读、写、译能力。

2. 层次理论的渗透

层次理论对于我国语言的研究、语言规划等意义非凡，具体表现如下内容。[1]

（1）理论具有较低的层次，相应地应用层次也会降低。

（2）语言规范也具有层次性。

（3）层次性可以体现在语言修辞上。

（4）语言文明、语言能力等也具有层次性。

（5）语言交际活动属于多层次交叉。

（六）人文性理论

语言与文化有着密切的关系。早在20世纪50年代，我国现代语言学家罗常培先生就在《语言与文化》一书中试图从词义的视角对语言与文化的关系进行探讨。进入20世纪80年代，人们对语言的人文性有所重视。下面就来具体探讨语言的人文性。

1. 语言人文性的内涵

通过近些年的研究，人们认识到语言是文化的记录和反映，也是文化的一项重要层面和内容。通过语言，文化才能够进行扩散和传承。同时，文化是语言发生变化的重要影响因素。

所谓语言的人文性，指的是在语言发展过程中所表现出来的文化特征，其包含如下三点。

（1）语言在文化中的反映，即通过文化背景来审视语言的特点与变

---

[1] 于根元.应用语言学概论[M].北京：商务印书馆，2003：118.

化规律。

（2）文化在语言中的反映，即通过语言的变化来审视文化的意义以及运行轨迹。

（3）在语言与文化中的相互反映。

2. 语言人文性的研究视角

语言的人文性研究可以从文化环境中的语言现象和语言环境中的文化现象两个方面进行考察。

（1）文化环境中的语言现象

文化对语言在文字发展、语言系统、语言发展等方面有着明显的影响。

文化对文字发展的影响。文化对文字发展有着重要影响，之所以这么说，是因为文字的产生与发展都是随着人类文化的发展而发展的。我国古代的甲骨文、埃及的象形文字、苏美尔人的楔形文字等的产生都与文化相关，这些文字也都是在人类对外部认知的基础上产生的，是人类生产、生活的反映，如图9-1所示。

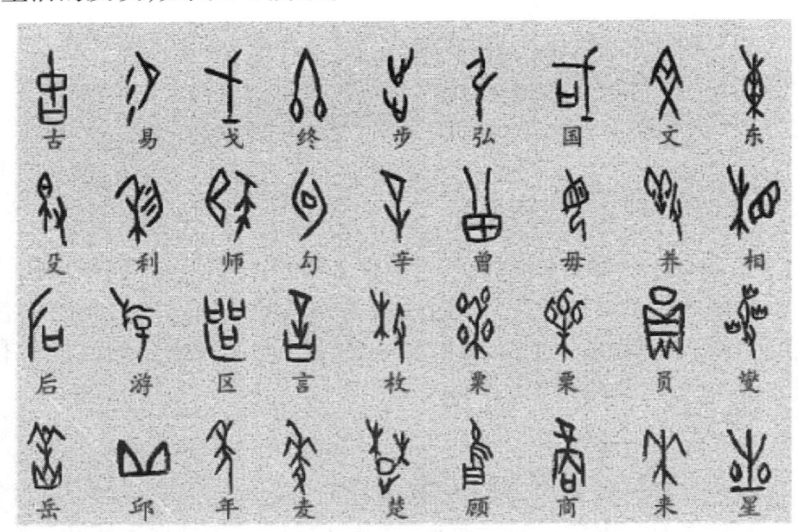

图9-1　甲骨文及其汉字简化字

（资料来源：于根元，2003）

随着人类文明与生产生活的进步，人类对自然征服与改造的能力逐渐增强，对世界的认知也越来越深刻，对精神的追求也在不断提升，简单的图画已经很难满足人们交际的需要，因此图画文字逐渐转换成象形文字、音节符号为主的文字等。这也正是体现出文化对于语言产生与发展

第九章　应用语言学理论观照下的英语教学改革

的意义。

另外,文字的演变也受到文化的影响。例如,秦始皇统一六国之后,在文化、思想层面采取了一些措施,采用统一的文字——小篆,这就导致了汉字的演变。

文化对语言系统的影响。具体如下所述。

第一,文化对语音的影响。语音在语言的发展变化中较为活跃。在文化发展、接触的影响下,新的音节、音位可能会有增加。例如,我国海南黎语中原本没有i,u介音的韵母,在与汉语接触的过程中,吸收了i,u介音的韵母。这种现象在很多民族的语言中都有出现。另外,出于文化发展的需要,每个民族都会形成一种主要的民族共同语,使用着相同的发音。

第二,文化对语法的影响。文化对于语法的影响可以从两大层面分析。首先,文化对语法整体产生影响。根据研究,说英语的中国人与英语本族语者在表达模式上不同:说英语的中国人总是先说原因、论述事实,最后给予结论;英语本族语者总是先陈述结论,进而给予论据。这种表达层面的差异反映了英汉两个民族的思维模式的差异。这种差异与英汉两个民族的文化相关,中国文化侧重于含蓄,对个人的功绩并不着重强调;西方文化则侧重于展现自我。这种差异性导致中国人习惯开始于客观事物,而西方人习惯开始于结论或者个人的观点。

其次,文化对语法的影响还体现在:不同的语言社团在语言使用中存在语法上的差异。例如,从事文学创作的人多采用主动表达,采用的语气多为抒情语气,目的是吸引读者的注意力,引起读者的共鸣;从事法律工作的人多采用被动句、名词化结构,采用的语气多为陈述语气,目的是保证法律的客观性与公正性。

第三,文化对语用的影响。语言的使用包括两个环节:表达和理解。无论处于哪一个环节,都是在某一具体的交际情境下产生的,因此表达与理解都与具体的情境相关。但是,语境中涉及大量的文化因素,这就表示语言的运用必然离不开文化。例如,美国孩子与父母之间往往都直呼其名,但是中国人会认为这是不礼貌的。这种差异性表示了英汉两个民族的家庭文化差异:中国人讲究长幼尊卑,而西方人强调个人主义。

文化对语言发展的影响。具体如下所述。

第一,原始文化对语言产生的影响。在远古时代,人类的生产力低下,要想保证自己的生存需求,必然需要相互团结,共同抵御灾害、共同劳动,这就必然需要语言的参与。因此,早期人们利用有限的思维创造了简单的文字,并给予了这些文字一定的发音,这也是早期语言文明的产生。

第二,文化对语言地域变化的影响。语言的地域变化与其自身特点与内部发展规律有关,还与其所处的文化背景有很大的联系。就后者而言,文化对方言的产生与发展在语音、词汇、语法等各个方面都有体现。例如,中国的部分农村将女孩称为"守灶门的""赔钱货""掌锅铲把的"等。这些贬义词是农村男尊女卑、重男轻女的反映,是一种落后的观念。

第三,文化对不同阶层、行业用语的影响。语言的运用还受到不同行业、不同阶层、不同性别、不同年龄的影响和制约。例如,不同阶层的人,由于经济地位不同,加之受教育程度的差异,运用的语言也存在差异。一般情况下,上层人士的文化素养比较高,因此使用的语言也是标准用语,而下层人士的文化素养比较低,因此使用的语言多是非正式的语言。请看下面例子。

Speaker A: He ain't got it.
He done it yesterday.
It was she that said it.
Speaker B: He hasn't got it.
He did it yesterday.
It was her what said it.

通过对比可知, Speaker A 的文化素养、阶层较低,而 Speaker B 的文化素养、阶层较高。

有研究表明,性别不同,语言也存在明显差异。这种不同主要表现在语音、词汇等内容和方式上的差异。一般情况下,女性的语言要比男性的语言更为规范、得体。例如,男性比女性更容易使用不雅的语言,如男性经常用 shit, bitch 等;女性则经常用 "Oh, dear!" "Good heavens!" 等。虽然都是惊讶,但是很显然女性的更雅一些。

另外,年龄不同的人使用的语言也不同。即使是同一个人,在不同的年龄阶段中使用的语言也是不一样的。这是人在成长过程中受生理和社会心理方面的因素影响所致。例如,小孩子多使用简单、基本的词汇和省略句,这是因为他们尚未掌握足够多的词汇和句式;青少年对外部世界有了一定的接触,处于叛逆和突出自我的阶段,因而多使用新鲜词语,爱好创新;老年人经历岁月沧桑,形成了稳固的思想观念,再加上身体和思维上的老化,更倾向于使用过时的词句。

通过上述分析可以看出,不同的文化背景孕育出不同的语言倾向。对这些倾向进行研究有助于我们更好地理解世界。

(2)语言环境中的文化现象

其中涉及语言对文化结构层次、文化发展的反映两个方面。

第九章 应用语言学理论观照下的英语教学改革

语言对文化结构层次的反映。具体如下所述。

第一,语言对物理世界的反映。人类对自然界的改造及改造结果在语言中可以寻到一些蛛丝马迹。例如,世界上很多语言中有关"茶"的发音都很近似:汉语中是 chá,蒙语中是 tʃɛi,哈萨克语中是 xay,吉尔吉斯语中是 tsay。可见,后面几种发音与汉语 chá 的发音很接近,这就是我国茶文化传播发展的证据。而且,对不同国家关于"茶"的发音进一步研究还发现,"茶"在外语中有两类不同的发音:从陆路传播到土耳其、俄罗斯、阿拉伯等国家的"茶"在这些国家的语言中都读成塞擦音声母,这种发音与北方话中的 tsh- 有关;从海路传播到英、法、德等西方国家的"茶"在这些国家的语言中都读成清塞音声母 t-,这与闽南话中的 t- 有关。通过这种发音差异,有关研究者可以看出我国茶文化传播的渠道、时间,据此作深入的推理考证。

第二,语言对文化世界的反映。人类改造社会的活动方式及结果在语言中也有所体现。这是因为,语言总在一定的情景中使用,这个情景暗含了当时的社会制度、风俗习惯、人际关系以及交际双方的背景。后人可以通过语言发现这些隐藏其中的文化信息。例如,不同的称谓反映了不同的婚姻关系。在实行一夫多妻制的我国古代,"妻"通常是男子明媒正娶进门的正室,是一家的女主人;而"妾"则是侧室,地位比"妻"低,家中事务要听从正室安排,不能穿红。

第三,语言对心理世界的反映。语言对文化的反映是全面深刻的,人的心理世界在语言中也有一定的影射。例如,汉语中有表示男性老师的妻子词语"师母",但却没有表示女性老师丈夫的称谓。这可以被视为男权社会的反映。

语言对文化发展的反映。具体如下所述。

第一,文字对社会文化发展的反映。例如,在甲骨文的考证中研究者发现很多与古代畜牧业相关的信息。"狩"字以反犬旁为部首,反映出当时犬已为家畜;"牢"字以"宀"在上,像是一个牢笼,困住下面的"牛",反映出牛在当时也已成为家畜,如图9-2所示。

第二,语言对文化分化与融合的反映。例如,早期汉语中只有"水"字表示各种江河,如"汉水""渭水"等。后来,被认为来源于阿尔泰语系的"河"(如"黄河""海河"等)与来源于南方语系的"江"(如"长江""珠江"等)进入汉语中,与"水"一起承担描述江河的词语。

第三,专门用语对文化的反映。专门用语包括专有名称和专门术语。前者指的某一特定的对象,如人名、地名等;后者则反映了某一行业、职业的特点。

第四,语言对文化传播交流的反映。例如,日语中很多汉字的意思与我国汉字古义相同。最典型的例子莫过于"步く"和"走る"。前者的意思是"走",后者的意思是"跑",这与"步"和"走"在中国古汉语中的意思是基本一致的。由此可以看出,历史上中日两国的文化交流是十分频繁的。

通过上述两个视角的研究,我们才能更清楚地看到语言的人文性质,对语言有更加深刻的认识和更加正确的应用。

图 9-2 甲骨文中的"牢"字

(资料来源:于根元,2003)

二、应用语言学的核心领域

(一)社会语言学

社会语言学认为,语言是诸多社会现象中的一种,其与所在的社会具有十分密切的关系,人们在评价一种语言形式时往往带有典型的社会性特征。下面就重点对社会语言学进行探讨。

1. 社会语言学概述

一般认为,社会语言学这一概念首先出现在美国语言学家库力(Currie)1952年发表的一篇学术论文之中。在此之前,也曾有学者关注语言和社会的关系。但直到20世纪60年代,它才成为一门学科,其标志是1964年在洛杉矶加利福尼亚大学召开的"第九届国际语言学大会"。两年后,布莱特(Bright)把在这次大会宣读的论文汇编出版,成为最早的社会语言学论文集。

社会语言学的诞生不是偶然的,而是许多因素综合作用的结果,概括起来有以下三大因素。

第一,社会科学技术方法的发展为社会语言学的建立提供了可靠的

第九章　应用语言学理论观照下的英语教学改革

物质基础。正因为采用了当时颇为先进的录音设备及社会科学所使用的抽样调查和统计学的方法,拉波夫才有可能开展语音变异研究,成功地发现了社会变量和语言变量之间的共变关系,从而开创了多语言变异现象进行研究的先河。

第二,从语言自身来看,社会语言学的产生也是语言研究与发展到了一定阶段的必然结果。语言学作为一门学科,其研究中心和着眼点始终是语言系统本身。索绪尔强调对语言内部系统进行共时研究及乔姆斯基的转换生成语法所研究的语言形式的分类、分布和语言的共性特征虽然都盛极一时,但他们的局限性也随着时间的推移和人们认识的提高逐渐暴露,一些针对性的理论便应运而生,社会语言学对语言差异和变异的研究正是对传统语言学的补充和修正。

第三,社会历史的发展为其建立奠定了社会基础,促进了学者们对语言与社会关系的研究。第二次世界大战后,社会变革频繁,政治形势多变,社会关系复杂。在当时,新兴国家的建立,人口的迁移,民族的融合和教育的实施等各种语言和语言变体问题的解决大多涉及具体的语言政策问题。作为民族构成不可或缺的重要因素之一的语言,受到了来自政治、文化、社会、心理等诸多方面的关注,其社会性、文化性、民族性等越来越受到语言学家的重视。

2. 社会语言学的研究内容

社会语言学作为一门独立的交叉学科,它的研究对象是语言与社会的关系。它关注的是语言的社会功能以及用语言来表达社会意义的方式,试图对人们在不同的社会语境中使用语言的方式进行解释,从而为人们提供如何运用语言以及语言在社团中所反映出的社会关系等相关信息。

广义的社会语言学即从社会的角度看语言,研究的是语言社区、多语制、语言态度、语言选择、语言规划、标准语、语言和文化等问题,进而为一个国家或民族标准语的选择和确定、文字的制定和改革、语言政策的制定、语言规划的制定与实施、语言教学与研究等提供科学的依据和指导。

狭义的社会语言学即从语言的角度看社会,研究的是语言事件、语言功能、语用、语篇分析、语言变异、语码转换、语言和性别等问题,从而发现社会结构或社会因素如何影响人们的交谈方式和谈话语体的选择等。它研究的是某一社会阶层、性别、年龄的人使用语言的模式,语言的变异现象以及人们使用语言的模式与社会因素的关系是什么。

海姆斯把狭义社会语言学称为"话语文化学",从而为社会语言学开拓了语言学的视野,即把研究的对象延伸到句子以外的领域。费希曼认为社会语言学促使了面向语境和功能的语言学的产生,因此它才是"真正的语言学"。然而,一旦社会语言学取代了语言学,社会语言学也就不复存在了,因此可以说这是"一个自我消失的预言"。

20世纪60年代社会语言学诞生时,其研究对象还不明确。近50年来,随着社会语言学研究的深入发展,其研究对象也越来越明确,各种新的理论不断出现,在研究方法上也日益成熟,其研究对象归纳起来有以下三个方面。[①]

第一,研究语言的变异,联系社会因素去探究语言变异发生的原因和规律,并常用统计的方法和概率的模式来描写这些变异现象。有人称之为"微观社会语言学"或"小社会语言学"。

第二,研究社会中的语言问题,如双语、语言接触、语言态度、语言社区、多语制、语言选择、语言替代、语言政策、语言规划、标准语以及语言与文化的关系等问题,从而又被称为"宏观社会语言学"或"大社会语言学"。

第三,研究人们如何在实际的语境中使用语言进行交际,不同的社会阶层以及不同的社区使用语言的差别。这种研究又被称为"话语文化交际学"。

然而不管人们给这些研究冠以什么名称,社会语言学的研究对象越来越清晰了——即社会语言学研究的是语言和社会的关系,或者是联系社会来研究语言问题,或者是联系语言来研究社会问题。此外,上述的讨论反映出这样一个事实:语言和社会有着密切的联系,脱离社会来研究语言就无法从根本上了解语言的本质,也无法解释许多语言现象,因此可以说语言是一种社会现象。

3. 社会语言学的研究方法

(1)快速隐秘调查法

快速隐秘调查法是获得语言研究数据的重要方法之一,其特点表现在以下两个方面。

调查速度快。这种调查方式是在短时间内完成的,因此被调查人很难察觉,所获得语言信息更加真实。

隐秘性高。由于快速隐蔽调查法调查过程中被调查人不知情,因此其调查语料更加真实和自然。

因此,为了提升快速隐蔽调查法的效率和调查效果,调查人员应该事前准备好资料和问题。

[①] 夏中华. 应用语言学: 范畴与现状[M]. 上海: 学林出版社, 2012: 482.

第九章　应用语言学理论观照下的英语教学改革

（2）多人次抽样调查

多人次调查抽样是社会语言的主要研究方法,主要包括随机抽样与非随机抽样两种形式。

随机抽样在操作过程中较为灵活,可以采用抽签的形式,也可以采用随机数表的形式。在具体操作过程中,可以采用整群抽样和分层抽样。整群抽样需要将研究对象进行划分,然后再从这些群体中随机进行抽样。分层抽样需要首先对研究对象进行等概率和不等概率的分类,然后按照不同的类别进行随机抽样。

非随机抽样可以划分为偶遇抽样与判断抽样两个类别。偶遇抽样指调查者将其在多种不同的场合偶然遇到的人作为样本。相比较而言,随机抽样更费时间,但其科学性更强。判断抽样由调查者以主观判断为依据来抽取典型的样本。

（3）配对变法

使用配对变法的目的是检测听话人的语言态度。具体来说,配对变法主要包括以下几个步骤。

第一,需要将话语翻译为不同的语言。

第二,让具备双语能力的人讲述上述话语,检测者进行录音。

第三,让不同的受试者听取录音内容。

第四,让受试者对录音内容进行打分。

第五,检测者对分数进行统计。

第六,以分数和具体表现判断具备双语能力的人对另一种语言的喜好与掌握程度。

（二）儿童语言学

儿童语言学是应用语言学的一个重要领域,对儿童语言学进行研究,有助于探究出儿童语言发展的规律,了解儿童语言的发展情况。下面就对儿童语言学进行分析。

1. 儿童语言学概述

儿童语言学又称"儿童语言发展学"或"发展语言学",顾名思义,就是对儿童语言发展的过程、规律等进行研究的学科。

一般来说,儿童语言学有广义和狭义上的区分。狭义的儿童语言学只研究儿童掌握母语口语的过程。由于母语是人类接受和掌握的第一语言,其接受方式主要是自然获得,这与人类第二语言的学习有着重要的差异。从这个意义上说,狭义的儿童语言学研究的是母语获得的过程或者是第一语言习得的过程。

广义的儿童语言学的研究对象主要有四个方面。

（1）第一语言的口语学习。

（2）第一语言的书面语学习。

（3）儿童所进行的非第一语言的学习。

（4）具有语言障碍的儿童所进行的语言康复。

儿童语言发展的研究是目前发展心理学中最令人振奋,且最富于挑战性的研究领域之一。一般来说,儿童语言的发展可以分为三个阶段：语言准备阶段、语言发展阶段和语言完善阶段。

儿童语言的研究需要遵循一般规律,同时也需要考虑到研究过程中的特殊情况。将一般与个别相结合,对于研究儿童思维的发展以及语言习得规律都有着积极的促进作用。儿童语言学在初始阶段是心理语言学的一个分支,随着其自身的不断发展与进步,已经成了一门体系完整的独立学科。我国对儿童语言发展研究的起步较晚,但目前也取得了一定的成果。

2. 儿童语言学的研究内容

（1）描述儿童语言的发展过程

当前的学术研究现状是：对儿童语言发展基本过程的了解不够深入；对语言的一些子系统的发展过程的观察和描写都不充分；对儿童语音系统、语义系统的发展和儿童运用语言的情况的涉足还较少。

在我国,由于儿童语言学的起步较晚,加之发展较为缓慢,因此关于儿童语言发展的研究成果还不是很多。无论哪一门科学,只有以对其研究对象的充分描述为基础,才能更好地揭示科学规律,解释科学理论。因此,李宇明(2004)认为"要对儿童语言发展的材料加以充分详实全面的搜索和描述,这在相当一段时期内,是儿童语言学界的一项亟待解决的任务"。

（2）揭示儿童语言的发展规律

科学的目的不在于描述,而是以描述为基础,对科学规律进行总结,以实现其科学意义。

关于儿童语言发展的规律,目前学术界也给出了一些观点,如"前置的语法形式比后置的语言形式先掌握,无标记成分比有标记成分先掌握等"(桂诗春,1985)。但是,所揭示的规律十分有限,规律所依据的材料也不全面,因此这些规律的普适性还有待于进一步检验。

值得提及的一点是,这些理论学说,以推理居多,而不是建立在为解决儿童语言发展的问题、在占有大量的第一手材料的基础上形成的;同时这些理论学说还比较片面,因此解释多是根据一定的学术观点做出的,与一定的学术派别有关。

综上可见,目前,对于儿童语言发展所做出的解释还处于假说阶段,现有的任何理论学说对儿童语言发展的解释还难以令人信服。

(3)探讨应用的理论和方法

科学的价值可以通过应用体现出来,同时科研成果的验证也离不开应用。儿童语言学,是一门基础学科,不一定要解决应用的具体实践问题,但是这并不意味着可以忽视关于应用的理论和方法的探讨。对应用的理论和方法的探讨,可以通俗地理解为是对儿童语言学"有什么价值"和"怎样实现它的价值"问题的探讨。

3. 儿童语言学的研究方法

(1)儿童语言测验量表

儿童语言测验量表是心理学家通过一定程序编制的由一定数量测验题目组成的量表,其目的在于测验儿童的语言能力。常见的儿童语言测验量表包括皮博图画词汇测验(PPVT)、言语障碍鉴别测验、麦卡锡交流发展问卷(the MacArthur Communicative Development Inventions)等。值得提及的一点是,很多语言测验量表通常需要与其他量表结合使用,或者作为一些量表的分量表。

(2)临床法

皮亚杰的临床法通常可用以研究3岁以上的儿童语言发展。临床法可以采用两种方法进行,一是观察法,主要用于记录托儿所内儿童游戏时的"自发式"话语;二是实验法,主要用于检测儿童传递具体信息的能力。实验法的具体实施过程是:首先问儿童某一词的含义是什么;在儿童回答完后,研究人员根据他们的回答,再进一步提问,以明确儿童所回答的真正含义。[1]由于有时候,儿童话语中存在一些有歧义的词汇,如果成人根据自己的理解来确定其含义,容易误解儿童的真实意义。因此,用临床法研究儿童的语言表达能力,有助于研究人员对儿童话语中所用词的真实含义进行充分理解。

(3)日记研究法

日记研究法主要用于研究儿童语言早期的表达能力。该方法的研究对象可以是一个儿童,也可以是几个儿童。在研究过程中,研究人员每天系统记录儿童所说的话,并对所作记录加以分析,目的在于发现儿童语言

---

[1] 陈昌来. 应用语言学导论[M]. 北京:商务印书馆,2007:301.

表达能力的发展规律与特点。日记研究法具有以下几个优点。

可以对儿童说话时的语境进行详细记录。

可以对处于某一特定时期的儿童说话所用词汇的变化进行了解。

可以掌握父母与儿童在不同时间内各自语言相互影响的情况。

需要注意的一点是,日记研究法本身也存在一定的缺陷,如工作量大;研究者在记日记的过程中,很容易夸大婴儿的语言能力等。

(三)心理语言学

心理语言学是一门形成时间较短的边缘学科。作为一门新兴学科,心理语言学诞生于 20 世纪 50 年代,其主要研究的是语言活动中的心理过程。下面就对心理语言学展开分析。

心理语言学的研究从 19 世纪末便开始了,这个时期出现了很多著作为心理语言学的产生奠定了基础,如德国心理学家普赖尔(Preyer)的《儿童心理》(The Mind Of the Child, 1882)、德国心理学家斯特恩(Stern)的《儿童的语言》(The Language of Children, 1907)、美国心理学家奥尔波特(Allport)的《社会心理学》(The psychology of early children, 1924)。

在心理学和语言学的不断发展下,两门学科相互进行融合,出现了很多专业字眼,如"心理语言学""语言心理学"等。

1953 年,美国社会科学院的语言学和心理学委员会在印第安纳大学召开了一次学术讨论会,这次会议上的文件与报告由奥斯古德(Osgood)和西比奥克(Seboek)于次年汇编为《心理语言学:理论和研究问题的概观》,这个专集被理论界公认为是心理语言学问世的标志。

心理语言学的主要研究内容包括以下几个方面。

(1)思维与语言的关系,即到底是语言使用决定思维还是思维决定语言使用。

(2)语言在思维活动中的作用。

(3)语言习得的过程与途径。

对上述几个内容展开分析可以知道,心理语言学的研究方向包括语言理解、产生、习得、障碍、思维、认知等。下面对语言理解和语言习得展开分析。

1. 语言理解

心理语言学主张语言的相似性以及接触频率对语言理解和加工有着重要的影响作用。这就是说,通过拼写、语音等可以加深人类对语言的学习与理解。

第九章 应用语言学理论观照下的英语教学改革

提取和识别词汇、进行语法与句法分析、从语篇层面进行理解等都属于语言理解的核心环节,下面就来深入分析。

(1)单词辨识

单词辨识主要包括口头语单词的辨识以及书面语单词的辨识。

口语具有即时性强的特点,因此对这类词汇进行识别时可以采用集群模型、交互模型和竞争模型的方式。其中,竞争模型包括前词路径和词汇路径这两条相互竞争的路径。

在书面语中,语言结构之间存在一种对应映射关系,因此可利用词法内的形态结构来辨识、理解书面语词。

(2)句子理解

对句子的理解并不是指对句子中所包含词汇含义的简单叠加。心理语言学认为,只有了解了句子的语法规则并理解句子中的隐含表达,才能真正理解句子的深层含义。一般来说,句子理解可以通过串行模型、争行模型和并行模型进行。

需要特别说明的是,人们一般认为"并行模型"描述了处理器如何运用所有相关的信息快速地评估一个句子所有可能的理解。

此外,在理解句子的过程中,人们通常会将已有的情境知识与语法知识有机结合起来。这也是理解句子的有效方式之一。

(3)语篇理解

语篇是按照一定的逻辑链条连接的,对语篇的理解一般会受到阅读者长时记忆与短时记忆的影响。

第一种为长时记忆。读者通过长时记忆积累了一定量的背景知识。当阅读材料中的信息与读者的长时记忆中的信息有明显语义关系时,长时记忆中的信息便被自动地激活,从而有助于提高理解的效率与质量。

第二种为短时记忆。读者在进行阅读时往往需要对文章线索进行提炼,同时还要对语篇中未出现的信息进行推测,这种提炼与推测活动在很大程度上受到读者的短时记忆的影响。

2. 语言习得

语言习得是人类区别于其他物种的重要区别,同时也是心理语言学研究的重要内容之一。

瑞士心理学家 J. 皮亚杰(Piaget)认为,儿童的语言能力不是天生就有的,但其认知能力却是天生就有的。儿童借助认知能力,将从客观世界中获得各种概念组成系列,从而获得语言能力。一般来说,语言习得主要包括以下几个阶段。

（1）独词句时期

独词句时期指的是儿童学习发音后的两个月到一年的时期。这个时期的儿童可以说出一些简单的词汇。

①具体名词，如 nose，boat，doll，car 等。
②表动作的词，如 come，eat，up，off 等。
③简单的形容词，如 cold，clean，more，less 等。
④简单的社交常用单词，如 want，bye，yes，no 等。

对上述词汇的使用可以让儿童进行简单的语言交流。由于儿童本身的差异性，因此独词句时期儿童的词汇掌握数量不尽相同。

（2）双词句时期

从一岁半开始，大部分儿童在语言习得方面都会有两个明显的进步：词汇量明显增大；掌握简单句法。

在这个时期，儿童对语言运用更加自如，语言使用的正确率也会提高。双词句时期的儿童可以利用双词句进行询问、评论、要求等语言行为。

（3）流畅会话时期

随着儿童语言掌握数量的增加，其句子使用频率上升，语言能力得到迅速发展，逐渐过渡到流畅会话时期。流畅会话时期的儿童表现出以下几个语言特点。

①可以说出长而复杂的句子。
②说出含有 what，who，where 等词的特殊疑问句。
③可在句中使用 the，does，of 等非重读功能词。
④会使用动词的变化形式，如 -ed，-ing 和 -s 等。
⑤说出含有连接词、比较级、被动语态、关系从句等的较为全面的句子。
⑥可以将两个句子进行合并或嵌入。例如，他们可以将双词句时期的 Big doggie 与三词句时期的 Give doggie paper 合并为 Give big doggie paper。

第三节　应用语言学理论在英语教学中的应用

将应用语言学与语言教学相结合，运用应用语言学理论来指导语言教学，对提高教学效率、提高学生学习兴趣、增强学生语言学习效果都十分有利，因此语言教学中加强对应用语言学理论的研究和应用十分必要。

第九章　应用语言学理论观照下的英语教学改革

具体而言,在应用语言学理论的指导下,应该调整语言教学,并选用具体有效的教学方法开展教学。

一、调整语言教学

运用应用语言学理论开展语言教学,是调整语言教学、深化语言教学改革的有效途径。在语言教学中,广大教师应加强对应用语言学理论的了解和掌握,并将其运用于语言教学中,从而用理论指导教学实践,促进语言教学的改革。具体而言,在应用语言学理论的指导下,语言教学应进行以下调整。

（一）充分发挥教师的作用

教师是教学活动的组织者、设计者、实施者和指导者,在教学活动中发挥着极其重要的作用。要想使应用语言学理论更加充分地在语言教学实践中发挥作用,就需要教师熟悉和研究应用语言学理论。在语言教学过程中,教师在充分提高自身教学素养的基础上,以学生为研究对象,以教室为实验室,对语言教学和应用语言学进行研究,使应用语言学理论更好地适应语言教学并服务于语言教学。

（二）规划学习过程

在应用语言学理论指导下,语言教学应对学生的整个学习过程进行规划。具体将语言教学的内容分为教师的教学和学生课外的自学两部分,将教师原来繁重的教学任务进行分解,明确告知学生将要学习的内容,要达到的目标以及自主的方式,以此来培养学生的自主学习能力,真正形成以学生为中心的语言教学,使语言教学实现从量到质的转变。

（三）鼓励学生进行语言实践

学习语言的目的不仅仅是掌握语言知识,而是有效地运用语言进行交际,这也是应用语言学理论与语言教学融合发展的具体体现。在具体的语言教学中,教师应鼓励学生进行语言实践,也就是鼓励学生张口说,锻炼学生的语言表达能力。具体教师可通过多媒体等现代化教学技术为学生营造良好的语言环境,让学生有机会接触到自然的语言交际环境,此外还可以鼓励学生参与英语角等活动,以有效提高学生的语言交际能力。

二、选用有效的教学方法

在应用语言学理论的指导下,语言教学的教学方法也发生了改变,由传统的教学方法开始向实用性教学方法转变。其中,任务型教学法是最常用且最有效的一种教学方法。这里就对任务型教学法在语言教学中的应用进行研究。

(一)任务型教学法概述

任务型教学法(Task-based Language Teaching)是指教学者在进行实际教学活动的设计活动中,按照语言环境所需要的表达条件、特定环境等,设置详实具体的任务目标,促使学生通过表达、沟通、交涉、解释、询问等各种语言活动形式来完成任务,从而使学生更好地掌握所需学习的知识点的一种教学方法。

任务型学习法是从西方传入我国的,其在20世纪80年代的美国校园实际教学环境中应运而生,自其诞生起,就广受语言学者的追捧和认可,认为其是可以切实提升外语教学效率的一种新形式的教学方法。随后,任务型教学方法传入我国,一经引入,就引起了我国学术界的广泛关注,众多学者将其进行本土化的研究,使其更加符合我国教育特点和教育国情。随着其在中国的推广,教育部门更是将其列入中学英语教育推荐的外语教学法,同时也是新课标对中高等院校的教学要求。

(二)任务型教学法使用过程中应注意的问题

任务型教学法在其使用过程中,经过实践证明,对于提升外语课堂教学水平具有非常明显的作用。教师在运用任务型教学法进行外语教学的过程中。为了达到更好的教学水平,教师在使用的过程中,需要注意以下几个问题。

1. 任务

任务对于任务型教学法的重要性,通过其名称就可以看出来。任务型学习法中的"任务"一词,与传统教学模式中的"教学任务"是有一定的区别的。其"任务"更具有开放性,学生通过这一教学模式所完成的教学目标与学生个体之间关系密切,同时受学生个体差异之间的影响。其次,其并不将任务局限于掌握一定数量的知识点,而是通过对语言的练

第九章　应用语言学理论观照下的英语教学改革

习,产生非语言性的结果,即可以使学生对于语言的掌握不仅仅局限于口语,其表达语言的肢体语言等也会得到训练。任务的设计作为教学安排的重中之重,对于教学任务的完成具有重要的意义。教师事先通过为学生安排需要完成的任务同标,在此过程中,教师需对于教学目标有深刻的认识,同时对于其所要应用的学生也有一定的认识,根据其水平设计相应的课题安排,保证其能够实现对学生知识与能力的训练。

2. 以学生为主体

任务型教学法在实际运用的过程中,是通过在使用语言进行交际的过程中得到体现并提升能力的,这主要在特定背景下的学生与学生之间进行。因此,学生成为这一教学模式得以顺利进行并取得效果的主体,要使其在课堂中成功有效地运用,需要师生之间的相互信任以及学生们之间的相互配合,为此需要教师想方设法地调动课堂上的氛围,保障学生对于学习任务的热情与兴趣。这样才能使学生主动积极的在教学任务环境下顺利地进行人际沟通,使其主动要求进行语言交谈,到达教学目标,并提升教学质量。为此,教师应对于参与的同学进行积极的鼓励,并根据课堂表现等设置奖励,对于表现欠佳的学生也要对其勇气给予肯定。

3. 教师发挥课堂主导性

任务型教学法的发挥需要教师事先根据教学目标设置相应的教学任务,教师在此过程中需要充分发挥主导地位。为了更好地把控教学过程,必须事先对于教学任务以及教学过程的推进具有一定的把控作用,将实际操作中可能出现的一系列问题充分考虑,在学生们出现分歧或者错误的时候,对教学进行把控并纠正,将其向正确的方向引导。其次,任务型教学法教师的主导作用,不仅体现于其对于课堂过程的推进中,更主要的是其对向学生进行知识输入的把控中,教师对于任务的设计基于其教学目的,课程结束后,需要达到一定的量化的结果。而向学生们传递知识点,就体现在教师对于任务的主导性上。

(三)任务型教学法在英语语言学课程中的实际应用

本部分对于教师应如何对任务型教学的过程进行设计,主要包括三部分,即考量教学意义、任务分析和任务设计与操作。

1. 考量教学意义

学校进行任何课程的设置以及教学方法的使用,最终目的都是为了完成对学生进行知识的传递。任务型教学法其教学效果虽然因学生个体差异而有不同,但是其也必须进行最低限度的目标设置。任务型教学法在进行课程安排的过程中,首先需要对其需要达到的目标进行考量,验证其是否对学生知识性的学习有一定的作用,即"任务"的确定。

2. 任务分析

确定教学意义后,根据其教学目标,第二步可以进行教学任务的设计了。教师事先对需要达到的教学目标进行分析,将其尽量细化,并进行安排。通过这一方法,就可以掌握如何通过一系列小目标的操作,最终实现课堂教学的最终目标。而且通过对任务进行分析,教师可以对教学任务有更深刻的理解,可以更好地梳理课堂上的教学逻辑问题,另外,还可以事先对实际教学环境中出现的问题提前进行预设,并对之解答,保证更好的教学效果。

3. 任务设计与实操

将教学任务进行分析过后,教师可以根据突出的小目标进行任务的设计,即教学过程的环节,在各个环节如何更好地实现教学目标。通过各种手段烘托班级氛围,鼓励学生积极主动地进行交流学习。在对任务设计进行预设的过程中,教师要避免同一种方法的反复使用,避免学生对课堂教学感到乏味,保证学生对课堂的注意力,提升课堂学习的效率。同时,任务设计的过程中,需要根据学生的年龄、心理发育特点进行相应的教学安排。

三、应用语言学理论指导下的英语折中主义教学

英语教学中,折中语言教学法的优势是博采众长,即能够从不同的教学法中获取精华,做到扬长避短,应用教学时可以借助于语言研究的热点话题,探究学生的困境,同时运用实践教学法,引领学生了解语言学知识,探究语言学习内涵。本节就对应用语言学理论指导下的英语折中主义教学进行探究。

折中主义教学法,即在开展外语教学法时综合运用各类教学法的优点,进而获取最佳教学效果的方法。但需要注意,简单的方法拼凑不是折中语言教学法的关键所在,其应用实质是需要遵循折中的规则性,针对教学实际状况,吸收各类理论以及方法,在坚持学习者中心原则的前提下,进行语言教学法的再次创造。

第九章　应用语言学理论观照下的英语教学改革

（一）折中语言教学法的适用原则

1. 根据教学情况灵活折中

当前教师开展教学主要以学生为教学活动的中心，就如同任务教学法中倡导学生的学习地位处于独一无二的境界，因而在课堂教学中大部分工作都由学生完成，这样做虽然出发点好，但是也要结合教学实际状况，调整折中教学要素。运用折中教学法的前提是中国学生英语基础薄弱，加之平时没有较好的英语交流以及互动空间。由此，运用折中教学法要结合学生的实际状况，并且根据学生的实际状况调整课堂教学任务。

2. 在任务型教学法的基础上进行功能教学法折中

形式教学法即语法翻译教学法，简称 GTM，这类教学方式在我国英语教学中使用时间比较常见，因而对我国的英语教学有着根深蒂固的影响，功能教学法主要是指 CA，这是目前比较流行的教学方法之一，主要是结合不同教学方法的优点，因而符合折中教学法的理念。通过调查研究，教师教学时将交际法作为主要的教学方法，原因是目前中国国内开展英语教学，语言环境不足，学生也不能做到在足够的英语语句中进行交际，更关键是学生在学习时需要应对考试带来的压力，因而考试内容的研习代替交际训练时间。但还是要详细区分好语言形式与研习能力的差异性，比如肯定句中，表达方式不能完全使用陈述句进行，对于疑问句而言，那么表达方式也不能局限在提问中。例如，肯定句"I wish you can go with me"，与疑问句"would you pleace go with me？"这两句话表达含义相似，由此可以了解到同一种沟通形式，也可以用不同的表达形式，因而英语教学中教师需要灵活地运用各类句型，让学生体会到语言变化的快乐，借此实际教学中，结合教学实际情况，灵活运用英语。

（二）从语言教学角度探析英语折中主义教学法的实践应用

1. 实际交际

语言学习的目的即在实际应用中做灵活运用，让交流者灵活地选择表达内容和表达方式，表达出自己的想法，并能和对方进行信息互动，因而如果在交流时严格控制交流方式，那么势必会制约学生的语言能力发挥，导致学生只能运用一种语言开展交流，教学的整体效果也将不复存在。其实任何形式的交流沟通都需有目的性，如果交流不能达到信息传达或者达到说话者预定的效果,那么整个交流就被判定为无效交流。因而,教师在设计教学活动时,应考虑交流者之间存在信息差距,模式训练法的应用不仅能激发学生的学习兴趣,更能锻炼学生的交流能力,为了让学生对交流的内容感兴趣,那么就要从学生感兴趣的内容入手,或者从学生感兴趣的生活案例入手,教学预设学生喜欢的情境,这是引发学生兴趣的基础,但交流中需要注意学生之间的信息掌控情况造成的差异性,力求让每一个学生都能表达自己的看法。

2. 自由交流以及讨论

开展语言教学时,教师将语言学知识传授形成体系,加之考试的压力,语言学的互动性已经不复存在,反而更多地突出语言学的知识性,导致学生将语言学看成是一门知识点庞杂的学科。调查中了解,很多学习英语困难的学生反映,感觉英语的知识点太多,不同于理科有很多的规律性,因而理解和记忆起来就很困难,有时候有种无从下手的感觉。其实从语言学应用的角度探究问题,思考我们学习汉语的时候是否也这么难,每说一句话的时候是否探究这句话的语言形式和语言结构,其实不然,汉语学习时就是想到表达内容,然后再组织表达语言,语言也没有完全组合,是根据自己的思路和想法说出语言的,甚至学生写汉语作文的时候也没有思考这么多,仍是跟随着自己思路,将自己的语言表述清楚即可,如果有的学生语言学基础深厚,可以适度地加入修辞以及渲染的手法,增强语言表达效果。那么由此可以了解,语言学学习的关键是放松,不要拘泥于条条框框,因而自由交谈成为提升交流能力的最为有效的方式,让学生可以有机会表达自己的想法,并且在学习过程中,学生自由表达自己的想法。自由交流可以分为两类,第一是学生自己想要选择的词汇或者语言结构形式,第二类是教材中给出的特定词语结构形式。无论运用何种方法最终目的是表达出内心的真实想法,形成活跃的课堂教学氛围。

例如,教师在教学中运用 friendship 为交流的例子,教师可以让学生自己用语言表述什么是 friendship,很多学生关于 friendship 给出了很长的解释: Friendship means understanding not agreement. It means forgiveness, not forgetting. It means the memories last, even if contact is lost. 但有的学生将 friendship 解释为 friend,其实这样的解释也不无道理,友谊的基础首先是朋友。这名学生理解了这个单词的内在含义,其实运用讨论是让学生明白一个道理,语言学习不是越复杂越好,是要越简洁越好,用简洁、直观的方式,表达出语言的内涵。

目前,关于折中语言学的研究都停留在表面。严格说,折中主义教学

第九章　应用语言学理论观照下的英语教学改革

法只能是教学思想,并且对于教学特征和教学过程没有明确的描述。同时由于任务法和交际法本身的教学步骤就很难描述及控制,所以结合教学特征开展这种教学法的研究有待进一步加强。应用语言学的理论指导,要结合我国的英语教学特点,实施折中教学法,优化教学效果。

第十章 文化语言学理论观照下的英语教学改革

　　文化语言学是宏观语言学的一个重要分支。在文化语言学还没有形成前,语言学就开始探讨语言与文化之间的关系。到20世纪后期,文化语言学才成为一门独立学科并产生广泛影响。本章就对文化语言学进行深入探究,先来分析何为文化语言学,然后对文化语言学研究的主要内容予以研究。

第一节 文化语言学的内涵

　　关于文化语言学的界说,学术界并没有形成统一的观点,归纳起来主要存在如下四种不同的观点。

一、文化语言学是解释性学科

　　游汝杰(2003)认为凡学科皆可以分为描写性的和解释性的两大类,如描写语言学、计算机语言学、声学语言学都是描写性的;心理语言学、社会语言学和文化语言学都是解释性的。解释性的学科需要借助其他学科来对本学科的问题进行解释,文化语言学也是如此,它主要是借助历史学、地理学、民族学、文艺学等学科的知识来解释语言学的问题。

二、文化语言学是交叉性学科

　　有很多学者都认为文化语言学是一门交叉性学科。例如,游汝杰(1987)就曾指出"文化语言学是语言学和文化学的交叉学科,它不仅在文化的背景中研究语言,而且还利用语言学知识研究文化学,或利用文化学知识研究语言学"。此外,徐静茜的《汉语的"意合"特点与汉人的思维习惯》(1987),刘云泉的《语言的色彩美》(1988),卢卓群的《语言接触的文化背景》(1990)等论著也都表达了相同的观点。

三、文化语言学是研究语言和民族文化关系的学科

从社会存在的时候起,就有了语言。语言随着社会的产生和发展而产生和发展,随着社会的消亡而消亡。要研究语言及其发展的规律,必然要把语言同社会的历史、同创造这种语言、使用这种语言的人们的历史联系起来加以研究。"社会和文化对语言来说,不仅是一个存在的环境,而且还渗透到了语言形成和发展的各个方面。因此,当人们把眼光从语言符号本身移开,就会发现语言不仅仅是符号形式和意义的结合体,不再只是作为一个单纯的符号存在于社会中,而是与它所存在的环境和文化息息相关、紧密相连。"(苏新春,2006)

四、文化语言学是关于语言本体的学科

申小龙认为,语言是一种人文现象,只有从文化视角、运用文化学方法研究语言,才抓住了语言的实质,才能揭示语言的本质。他还指出语言"既有世界观和本体论的性质","制约人类的思维和文化心理","语言是文化产生的基本条件,语言决定文化"。同时,他认为"语言的人文性"是语言的根本属性,语言文化功能是文化语言学的研究对象(申小龙,1990)。

上述关于文化语言学的界定各有侧重,但无论哪一种界定方式都有其相应的理论基础。作为一门交叉性的边缘学科,文化语言学的含义与界说仍具模糊性。

第二节 文化语言学的研究内容

一、国内外文化语言学研究的内容

(一)国内文化语言学研究的内容

在我国,很多语言学界的前辈,罗常培、赵元任、王力等,都对语言与文化的关系进行过精辟的论述,其中罗常培的《语言与文化》中涉及古今

中外的语言与文化,被视为中国文化语言学的先驱之作。

不过可惜的是,我国自 20 世纪 50 年代以来,文化语言学一直处于被忽视的地位,这种不正常的状态一直延续到 80 年代中期,才受到一批以上海为主体的中青年学者的重视,他们著书立说,努力把丰富复杂的中国语言与方言同历史悠久、多姿多彩的中国文化结合起来研究。"上海青年语言小组"率先举办了"语言与文化"专题讨论会,并编辑出版了《青年学者论语言与文化》专集,《汉语学习》专门开辟了"语言·文化·社会"专栏,《语文导报》也开设了"语言与文化"专栏,从而形成了一种声势,影响了全国的语言学界,并引起了文化学界、社会学界和历史学界等多方面的关注,这些都对中国文化语言学的建立奠定了坚实的基础。

如何理解语言与文化的关系,不同学者从不同角度出发有不同的观点和看法,因而尽管不少人都在讲"文化语言学",但每个人的内涵却极为不同,有些甚至相反。目前国内主要有三种代表性学说:文化参照说、社会交际说以及文化认同说。

1. 文化参照说

文化参照说主张研究语言与文化相互渗透及影响的关系。这一学派的代表人物主要有游汝杰、邢福义、戴昭铭等。

游汝杰在其《语言学与文化学》一文中指出语言的性质是多维的,至少应该从以下四个方面来研究:人文的、生物的、信息的和物理的,所以人文主义对语言来说是必不可少的。归纳起来,游汝杰的观点主要有以下两点。

(1)主张文化语言学"是语言学和文化学的交叉学科,它不仅在文化的背景中研究语言,而且利用语言学知识研究文化学,或利用文化学知识研究语言学"。

(2)"不仅研究共时现象,也研究历时现象,更重要的是它力图把语言学和文化学结合起来研究,以达到互相促进的目的"。

由此可见,游汝杰的文化语言学研究是主张"双向"和"交叉"的。他在《文化语言学答疑》中进一步解答了若干理论问题,指出"文化语言学是解释语言学的一个分支,它与心理语言学、人类语言学、社会语言学等处于同一层次上","文化语言学只研究语言的文化内涵,研究语言与文化的关系"。

在具体研究方面,游汝杰、周振鹤合著的《方言与中国文化》具有代表性。该书从八个方面对中国境内的方言(包括少数民族语言的方言)的变化、形式同中国文化的关系进行了论述。

第十章　文化语言学理论观照下的英语教学改革

（1）方言与移民。
（2）方言地理与人文地理。
（3）历史方言地理的拟测及其文化背景。
（4）语言化石与栽培植物发展史。
（5）从地名透视文化内涵。
（6）方言和戏曲及小说。
（7）方言与民俗。
（8）语言接触和文化接触。

该书一方面对方言形成和发展的文化背景进行探讨，另一方面又以方言为钥匙求解文化史上的某些课题，这就为汉语方言学开辟了一个新的研究方向，同时还为文化史研究提供了一条新的途径。

吕叔湘在《南北朝人名与文化》的题记中写道："我所了解的文化语言学是说某一民族的某种文化现象在这个民族的语言里有所表现，或者倒过来说，某一民族的语言里有某种现象可以表达这个民族的文化的某一方面。"吕叔湘同时指出："照这样理解的文化语言学当然是语言学的一个方面，是值得研究的。"

与吕叔湘的观点相似，戴昭铭在《文化语言学导论》中也认为，文化语言学的目的是"研究语言而不是文化"，文化语言学是"语言学而不是文化学"，"是语言学扩展领域和变更方法而形成的语言学科，仍应归属语言学。"

何九盈等在为《汉字文化大观》写的序言《简论汉字文化学》中指出："这门学科的任务非常明确，一是阐明汉字作为一个符号系统、信息系统，它自身具有的文化意义；二是探讨汉字与中国文化的关系，也就是从汉字入手研究中国文化，从文化学的角度研究汉字。"

由此可见，上述学者都认为文化语言学应该研究语言和文化的关系，都属于参照派。这一学派也是文化语言学研究的主体。

2. 社会交际说

陈建民认为文化语言学并不是一味地否定结构语言学的作用，也不是一概反对描写，而是强调结构的描写只是手段而不是目的，必须强化语言的人文性。

陈建民曾长期从事北京口语的调查研究，因此他心目中的文化语言学包括两个交接点，即与交际语言学交接，与社会语言学交接。他提出的"文化语言学的语言观"主要表现在以下三个方面。

（1）从动态的角度观察语言。
（2）重视语言的变异形式。
（3）重视语言的交际价值。

上述这三方面具有紧密的关系。因此，他主张从使用语言的人的因素出发，文化语言学研究人们的言语活动，研究作为这种活动的工具的语言，并从文化学方面做出解释。

陈建民的《北京口语》中有很多章节都是与文化背景相结合而研究的，如"汉语口语的流变和发展""语音和节奏"以及"口语里的词语"等。他在《受话人的言语反应》一文中重点从文化背景对同样的话给予解释，受话人都可能有不同的言语反应，主要原因包括如下几个方面。

（1）性别不同。
（2）年龄不同。
（3）职务不同。
（4）地区的差异。
（5）文化程度不同。
（6）心理定式不同。
（7）观点和情感不同。
（8）民族文化的差异。

3. 文化认同说

申小龙认为语言具有世界观和本体论的性质，从本质上来看是一个民族的价值系统和意义系统，是一个民族的世界观。他强调人文性是语言的本质属性，同时指出汉语在理解和表达上重虚实、重意会、重具象，汉语句子的逻辑铺排、句读本体，这些都体现出浓郁的人文性。他从文化心理学和哲学的角度出发，认为在汉族人的"整体思维、散点透视、综合理解"的思维特点下，汉语语法的规律是"句读本体、逻辑铺排、意尽为界"。他认为，西方语言是一种严格受形态制约的法治语言，而汉语是没有形态制约的人治语言。

此外，申小龙还指出《马氏文通》以来的中国现代语言学是模仿西方的语言学、背离传统文化、脱离汉语本体而造成的文之断层，文化语言学的使命就是使汉语研究回归本体，是中国语言学实现由科学型向人文型的转折。

（二）国外文化语言学研究的内容

关于文化语言学的研究，欧洲及一些发达的国家，如中世纪的欧洲、

第十章 文化语言学理论观照下的英语教学改革

阿拉伯,文艺复兴时期的欧洲、19世纪的欧洲和20世纪的欧美苏日等都产生了浓厚的兴趣。下面就来简要介绍国外文化语言学研究内容。

1. 古印度、希腊和罗马的研究

（1）古印度的研究

在古印度时期,就已经意识到了语言在传递文化中的重要作用。用梵语写成的古印度经典《吠陀》,到公元前5世纪时,已与当时的口语严重脱节,古印度人建立了语言学,旨在传播教义、解释经典。他们认为经文的宗教职能是要凭借完美的语言形式表现出来的,因此他们选用一字一音加重语气的语言形式来强调《吠陀》的语调重音。这是国外对语言与文化关系最早的研究。

（2）古希腊的研究

公元前5世纪,古希腊人从哲学角度出发,试图对诸如事物与名称、语言与思维的关系等问题做出解释,表现出了他们对语言与文化之间关系的兴趣。在柏拉图（Plato）的《对话录》中,其中有一篇对话是专门探讨语言问题的,这篇对话就是《克拉底洛篇》。这篇对话主要讨论了名与物的关系问题：名与物之间的关系到底是天然的,还是必然的、人为规定的？一个词的意义与它的形式之间到底有没有内在的、必然的联系？由此形成了以下两派。

一派以赫尔摩根（Hermogenes）为代表主张约定论。他认为事物的名称是由人为规定的,是惯例产生的结果,只要语言使用者达成共识,可以更改事物的名称。

另一派以克拉底洛（Cratylus）为代表则主张本质论。他认为事物的名称是出于自然的,是因其性质而产生的,人们不能改变事物的名称,只能接受。

这场争鸣表明了语言在人类的最早和极其重要的文化行为即命名活动中的作用。

（3）古罗马的研究

古罗马的瓦罗（Varro）在《论拉丁语》一书中指出,在重要的文化领域中,语言词汇的分化体现更为明显。瓦罗认为,除了大多数人的习惯用法确定的形式外,还有一种个人变体也有着一定的影响,这种影响在诗歌用语中得到了明显的体现。

2. 中世纪欧洲、阿拉伯的研究

中世纪的欧洲对语言与文化关系的研究没有像古希腊、罗马时期那样呈现出百家争鸣的局面。但是,拉丁语作为天主教堂用语和学术研究用语的,被当作是培养人们思维能力的语言,这就导致了当时的人们用逻辑标准来衡量语法的正确性,从而促使思辨语法得以产生。这种语法理论认为,不同语言在意义上都是相同的,它们的区别只在于语音外壳,思辨语法认识到人类的语言是人类共同的文化遗产,但没有意识到不同民族的语言和文化传统是不同的。宗教在这一时期具有强大的势力,教会要求各地的传教士学习所在教区的语言或方言以传教,因此他们一方面搜集具有相同与不同文化传统的各种语言材料,试图通过对语言间进行对比与分类,最终实现不同文化价值体系的语言间的交流与沟通;另一方面,教会学者还企图寻找反映共同文化的原始语,并且判定人类历史上最早的语言就是希伯来语。

3. 文艺复兴时期欧洲的研究

到了文艺复兴时期,人们逐渐不再只重视拉丁语,开始转向对欧洲语言的研究。例如,意大利诗人但丁就曾提倡研究罗曼诸语言来对抗书面拉丁语,他自己也通过用意大利语地域变体写成的论著,使佛罗伦萨方言确立为意大利的文学语言,进而成为官方语言,满足了意大利社会文化发展的需要。

在当时的文化背景下,有些学者还萌发了为了适应时代需要改进甚至创造语言的想法。例如,英国哲学家培根(Bacon)提出集中已有的语言精华来创造理想语言的观点。法国哲学家卢梭(Rousseau)讨论了人类语言的起源和早期的发展,他认为语言起源于模仿性的手势以及自然叫喊,咏唱是最早的文学形式,这点与同时期我国学者阮元的看法不谋而合。1764年,普鲁士科学院还就语言起源方面的问题征文并评奖,德国哲学家赫尔德(Herder)是获奖者,他认为,语言和思维相互依存,所以各民族的思维方式和大众文化只能通过它们各自的语言才能正确地理解并加以研究。

此外,德国学者莱布尼兹(Leibniz)用地名、河流名为依据,对语言扩散和居民迁徙的关系进行分析说明。

4. 19世纪欧洲研究

19世纪,国外对语言和文化关系的研究得到了蓬勃发展。

(1)格林:我们的语言就是我们的历史

这一时期,德国语言学家格林(Greene)把赫尔德有关各民族语言的个性及其与民族文化的密切联系的理论,进一步发展为"我们的语言就是我们的历史"。他认为,语言间的差别除了与语音不同有关,还涉及说话人对所处世界的理解和阐释,因此使用不同语言的人,实际上是生活在

第十章 文化语言学理论观照下的英语教学改革

某种程度不同的世界中,其思想体系也不同。此外,丹麦语言学家拉斯克(Rask)看出语言是了解一个民族的起源及其在远古时代亲缘关系的最重要的工具。可以这样说,历史比较语言学已经预示了文化语言学的必然诞生。

(2)洪堡特:民族语言即民族精神

德国语言学家洪堡特(Humboldt)在论述语言的民族性时,是从个体和群体的关系入手进行的。他认为,要真正认识语言的本质,必须从多种多样的个体因素上升到民族的高度,只有了解了一种语言的民族性,才能认识各种个性化语言要素的真实特质,也才能认识到这些个性化要素之间的联系。因为,"属于同一个民族的所有个人保持着民族同形性,这种民族同形性把每一具体的认识倾向与其他民族的类似的认识倾向区别开来。从这样的民族同形性之中,从每一语言所特有的内在动力之中,便形成了语言的个性。"语言事实也证明,"有些精神创造绝非源自个人,再由个人传递给其他的人,而是导源于所有个人同时进行的自主的活动。"总的来说,"语言无时无刻不具备民族的形式,民族才是语言真正的和直接的创造者。"

(3)阿斯科里:语言底层说

语言底层说是意大利语言学家阿斯科里提出的。他指出,当不列颠群岛的凯尔特人被撒克逊人征服后,凯尔特语就成了底层语言。凯尔特人虽然使用英语,但仍然保留了原有语言中的许多传统的东西,甚至在使用新语言的词汇对,仍然保留着原语言的重音和发音方法。

此外,1887年,波兰医生柴门霍夫(Zamenhof)创制了世界语(Esperanto),以便不同语言间的人们能够相互交流、传递文化。所有这类通用语的创制,都体现了人们对于不同语言间进行文化交流的强烈愿望,表明了语言作为文化载体的重要作用,得到了人们的广泛接受,并逐渐受到很多语言学家的重视。

5. 20世纪欧美苏日的研究

20世纪初,越来越多的语言学家开始关注语言与文化的关系。瑞士语言学家索绪尔(Sassure)认为语言是一种社会现象,是共时和历时的体系,语言史和文化史互相交织。他指出民族的风俗习惯通常在语言里得到反映,在很大程度上,构成民族的正是语言。索绪尔认为可以从语言推定人的文化行为的产生过程,但反对将某一民族的文化水平同他们语言的语法特点混为一谈。法国语言学家梅耶(Meillet)指出语言是文化的一部分,有什么样的文化,就有什么样的语言。"一种语言要能代表一种有文化权威的文化才能扩充,甚至语言的扩充完全依赖一种文化的权威。"此外,他还重视词义与社会因素的关系,并指出语音的变化源于说话人的心理机制。美国语言学家博厄斯(Boas)把精力放在对美洲印第安人的语言和社会的研究上,并创立了人类语言学,他在《种族、语言与文化》中认为,每一种语言都有自己所受的文化影响。此后,美国语言学家对于语言与文化的研究,继续广泛而深入地发展着。

(1)萨丕尔、沃尔夫:"萨丕尔—沃尔夫假说"

美国语言学家萨丕尔(Sapir)认为,虽然语言具有生物性和物理性,但其本质是社会性和人文性。他认为语言是一种社会科学,每一种语言都是整个文化的一个方面,强调把语言现象放到文化环境中处理,把语言放到社会环境中研究的必要性。"我们没有别的办法,只有承认语言是在人的心灵或'精神'结构中充分形成的功能系统。我们不能把语言当作只是一件心理——物理的事来给它下定义,虽然这心理——物理基础是很必要的,否则语言不能在人身上发生作用。"他还指出在语言和思维的关系方面,二者有着非常密切的关系,思维决定于语言。"思维只不过是脱去了外衣的语言。"他在《语言学作为科学的地位》中指出,人并不是独自生活在客观世界之中,也不是像平常理解的那样独自生活在社会之中,而是受着已经成为社会交际工具的那种语言的支配。认为自己可以不使用语言就能适应现实情况,认为语言是解决交际中具体问题或思考问题时偶然使用的工具,那是非常错误的。事实上,所谓的客观世界在很大程度上建筑在社团的语言习惯上。没有任何两种语言十分相似,可以认为它们表达同样的社会现实。不同社会的人生活于不同的世界之中,而且不仅仅是名称不同。

沃尔夫(Whorf)是萨丕尔的学生。沃尔夫深受萨丕尔观点的影响,他们认为,语言过滤人们的感知,渗透到人们分类经验的方式中。后来,一些语言学家为概括其相关理论而提出的一个命题,即"萨丕尔—沃尔夫假说"(Sapir-Whorf Hypothesis)。该假说包括以下两个基本观点。

①语言决定论,即语言模式决定人们的思维和行为等。由于不同的民族有不同的语言模式,其思维方式也不同。这是该假说的强式说。例如,爱斯基摩语言中有很多表示"雪"的词汇,根据语言决定论的观点,爱斯基摩人对雪的认知与其他民族不同。

②语言相对论,即语言模式影响人们的思维和行为等。换句话说,思维相对于语言,思维模式随着语言的不同而不同。语言不同的民族,其思维方式在一定程度上存在差异。这是该假说的弱势说。

下面先来看一个例子。

第十章　文化语言学理论观照下的英语教学改革

英语的文化中命名实际的、有用的和重要的事物有自己的特点。一般而言,重要的事物有具体的名称,而次要事物的名称则很宽泛,需要有其他的词修饰才能变得具体。爱斯基摩语和英语当中的"雪"一词就是这一观点的最好体现。爱斯基摩语中与雪有关的词语多种多样。雪在他们的日常生活中具有十分重要的地位,因此不同形式、不同条件下的雪都有自己的名字。与之相比,英语的文化中的雪就没有那么重要,一个简简单单的"雪"就可满足表达的需要。当有必要更具体一点的时候,一个更长的短语就能满足需要,如说"春天粒雪(corn snow)""细粉状雪(fine powder snow)""飞雪(drifting snow)"。这再一次证明文化选择的词汇与该文化的思想和事物之间具有紧密的关系。简单地说,不论是有意还是无意,每种文化都会通过词汇向其成员呈现思想观念,而这些思想观念代代相传。

虽然该假说从形成之后就一直备受争议,但是它也在某种程度上体现了语言与文化的密切关系。

目前,语言学、语言文化学等学科的很多研究都为语言相对论提供了支持。这也让我们对这一假说有了新的理解:"人们倾向于按照自己的语言所提供的语义类别对自己的经验进行分门别类。"

在本部分,语言相对论给我们两点重要的启示。

①现在,人们认识到语言作为代码反映了人们对文化的思考,同时制约着人们的思考。

②与沃尔夫那个时代不同,现在的我们认识到语境对于补全语言所包含意义的重要性(牟杨,2012)。

(2)马林诺夫斯基:语言是一个社会过程

20世纪20年代,波兰裔英籍人类学家马林诺夫斯基(Malinowski)在新几内亚东岸特罗布里恩群岛(Trobriand Islands)进行了实地调查。他发现在一种特定的语言文化中,任意一种语言形式可能包含着若干义项,其中的一些语义关系,只有在特定的语言使用环境中,才能为外来文化所理解。他把语言看作是一个社会过程。例如, wood 这一单词在特罗布里恩土著文化中既可指一般的树木,也可以指用树干制作而成的独木舟。独木舟是岛上居民重要的交通工具,在他们的日常生活中起着十分重要的作用。因此,该单词的第二种释义中具有十分强烈的环境色彩和文化意味。对于来自于异文化背景的欧洲人,可能无法正确解读这一现象。基于这些发现,马林诺夫斯基声称,"在原始用法中,语言在协同人类活动中起着纽带的作用……语言不仅是通过交流概念而成为一种表达思想的工具,而且是一种可以建立人际关系的行为方式。"(Sampson,

1980）此外,马林诺夫斯基最重要的贡献还在于他的语言学思想中,强调语境重要性这一点。不过,马林诺夫斯基对于语境的论述,多半具有一种探索性的性质。马林诺夫斯基的研究对英语的语言文化或语境研究奠定了基础。

（3）弗斯：语境学说

弗斯（Firth）是稍后出现的伦敦学派的先驱,在马林诺夫斯基的影响下,进一步发展了语境理论。弗斯语境说的一些概念,后来又在北美社会学家那里得到进一步的重申与印证,最终使得语言与语境的研究日益广布,成为早期社会语言学研究的一个主要内容。弗斯首次以比较完善的方式,阐述了说话人、语言形式、语言环境等因素相互之间的关系,开创了语言学研究中的"语境学说"（theory of context of situation）。其观点可主要包括如下几点。

①参与者的相关特征：个人与个性。

A. 参与者的言语行为。

B. 参与者的非言语行为。

②相关的话题内容。

③言语行为所产生的效果（Firth,1950；Palmar,1981）。

为了更好地说明这一学说极强的文化取向,有必要指出以下两点：一是弗斯指出了语言在使用过程中的创造性和多样性；二是他所强调的内容类似于一种更流行的社会学观点,即"Who speaks（or writes）what language（or what language variety）to whom and when and to what end？"。

（4）奈达的观点

奈达（Eugene Nida）也对语言与文化的关系提出了一些精彩的观点。针对语言文化关系研究而言,他的观点意义非凡,具有理论与实践两个方面的贡献。多年来,奈达一直从事《圣经》的跨文化翻译工作。他根据自己的翻译经验,认为作为一个翻译家,如果想出色地完成跨文化交际的任务,需要注重以下五种次文化形态。

①生态文化（ecological culture）。

②语言文化（linguistic culture）。

③宗教文化（religious culture）。

④物质文化（material culture）。

⑤社会文化（social culture）（Nida,1964）。

这一观点肯定并强调了跨文化交际的多样性和难度。

第十章　文化语言学理论观照下的英语教学改革

（5）魏斯格贝尔："母语中间世界"学说

德国语言学家魏斯格贝尔（Weisgerber）对语言的民族性做出了高度的评价。他认为，从群体来说，语言是一个群体的文化财富和精神力量，这种力量对人类历史的发展具有决定性的作用。从个体来说，一个孩子从出生之日起就进入了民族语言流，他的母语对其一生的语言行为和精神格局具有决定性的作用。因此，对于一个民族来说，语言不单单是简单的交际工具，语言的这种文化和精神内涵，使语言与语言之间在结构上的差异具有巨大的文化学、美学和哲学意义。每一种语言都可以视为人类认识世界和观察世界的一种手段，语言的本质不是交际工具，语言只有在它作为精神的中间世界，作为把世界转变为精神财富力量的意义上才是"工具"。

此外，魏斯格贝尔还把语言视为精神中间世界，视为认识的必然中介。语言的内部结构，认识和把握语言的精神构造是其语言研究的重点。他确立的语言范畴，如句型、词义和词缀，都以语义为依据，这种研究被他称为超越"形态相关"的"内容相关"研究，对语言的语义结构进行深入探究。

（6）伽达默尔：语言是人与世界的本质联系

伽达默尔（Gadamer）认为，人通过语言而有了一种对世界的看法、态度和观点，他将语言视为一种世界观。世界上存在着不同的语言，也就有不同的世界观。每一种世界观中都蕴涵了世界自身的存在，世界在不同的语言中具有语言上的细微差别。各种语言世界观之间是相对的，这是因为它们都只是对世界的一种态度。我们可以通过学习另一种语言来克服我们以前世界经验的局限，可见，我们的世界经验的语言性是第一性。语言不创造世界，但它揭示了我们的世界，语言是我们遭遇世界的方式，是我们与世界的根本纽带，是我们与世界的本质联系。

二、国内外文化语言学研究的五个主要问题

综合上述国内外文化语言学的研究，可以将文化语言学研究的主要内容归纳为如下五个问题。

（1）语言与文化的关系。

（2）语言对文化的影响。

（4）文化对语言的影响。

（3）怎样通过语言研究文化。

（5）怎样通过文化研究语言。

下面就对文化语言学研究的上述五个主要问题进行具体探讨。

(一)语言与文化的关系

在对语言与文化的关系进行分析之前,有必要先来理解文化的定义。

在中国,"文化"一词最早出现在中国古籍中。西汉刘向《说苑·指武篇》说:"圣人之治天下也,先文德而后武力。凡武之兴,为不服也;文化不改,然后加诛。"这里的文化的含义是指古代封建王朝所实施的文治和教化。唐代的孔颖达认为,"文化即社会的文化,主要是指文学艺术和礼仪风俗等属于上层建筑的那些东西。"中国古代对文化概念的理解是狭义的精神层面的东西,还不足以视为文化的定义。

在西方,"文化"一词来源于拉丁文 clutura,意思是耕种、居住、练习、注意等。而法文的 culture,也含有种植、耕种的意思,此外还引申为对人的性情的陶冶和品德的培养。法文中的文化的意思就包含了从人的物质生产到精神生产两个领域(程裕祯,1998)。由此可见,与中国古代对"文化"一词的定义相比,西方对"文化"的定义更加宽泛。

关于"文化"一词的定义,各国学者试图给"文化"下定义,由于从不同的角度和目的对其进行研究,有关"文化"的定义竟有 200 多种。这里,根据需要,我们选取一些比较有代表性的一些观点。

(1)各学者对文化下的定义。

大卫与达拉德(Davis & Darrad)将文化定义为:群体与群体之间之所以有差异,是因为各有不同的文化,各有不同的社会遗产。成年人的行为之所以各不相同,是因为他们的文化各不相同。人成长于不同的习惯与生活方式之中。人只好依照这些方式生活下去。因为除此之外他们别无选择。

贝内特与图明(Bennett & Tumin)指出,"文化是一切群体的行为模式,我们把这些行为的模式叫作生活方式。生活方式是一切人群之可观察的特色。文化事实乃一切人所有。这一群体与那一群体各有不同的文化模型,这不同的文化模型,将任何社会与所有其他的社会区别开来。"

泰勒(Edward Tylor)认为,文化和文明,从广义人类学意义上看,是由知识、信念、艺术、伦理、法律、习俗以及作为社会成员的人所需要的其他能力和习惯所构成的综合体。

波普诺(David Popenoe)指出,"文化应由三个主要元素构成:符号意义和价值观——这些都用来解释现实和确定好坏,正误标准;规范准则——对在一个特定的社会中人们怎样思维、感觉和行动的解释;物质

第十章　文化语言学理论观照下的英语教学改革

文化——实际的和人造的物体,它反映了非物质的文化意义。"

克罗伯和克拉克洪(Alfred Louis Kroeber & Clyde Kluckhohn, 1952)总结了164条文化定义。他们不但总结了角度各异、内容或抽象或具体的文化定义,而且提出了自己的文化定义:文化由外显和内隐的行为模式构成;这种行为模式通过象征符号而获得和传播;文化代表了人类群体的显著成就,包括它们在人造器物中的体现;文化的核心部分是传统观念,尤其是它们带来的价值观念;文化体系一方面可以看作是活动的产物,另一方面则是进一步活动的决定性因素。

(2)词典与百科全书中文化的定义。

《现代汉语词典》给文化下的定义为:文化指在人类社会历史发展过程中所创造的物质财富和精神财富的总和,特指精神财富,如文学、艺术、教育、科学等。

《辞海》中关于文化的定义为:从广义上说,指人类社会历史实践过程中所创造的物质财富和精神财富的总和。从狭义上来说,指社会的意识形态,以及与之相适应的制度和组织机构。

《牛津简明词典》中文化的定义是:艺术或其他人类共同的智慧结晶。这一定义主要从智力产物角度阐释文化内涵,即深层文化,如文学、艺术、政治等。

《美国传统词典》中文化的定义是:人类文化是通过社会传导的行为方式、艺术、信仰、风俗以及人类工作和思想的所有其他产物的整体。这一定义涵盖的范围较为宽泛,既包括深层文化,又涵盖浅层文化,如风俗、传统、行为、习惯等。

《苏联百科全书》(1980)将文化定义为:文化这一概念,用以表征一定的历史时代,也用以说明具体的社会、部族和民族,以及人们活动或生活的独特范围的特征。比较狭义的理解时,文化就是人们的精神生活。文化还包括人们活动所创造的具体成果,以及人们在活动中体现的创造力和才智的成果。

可见,对文化的定义众说纷纭,各有侧重。文化的定义既有简练而抽象的涉及人类精神文化和物质文化的所有产物,也有具体涉及人类知识、经验、信仰、宗教、价值观念、态度、行为、宇宙观、时间观等方方面面。

总的来说,文化定义包括广义文化和狭义文化。广义文化由物质文化和精神文化构成,而狭义文化指的是精神文化。文化是人类社会特有的现象,是人类在社会历史实践过程中创造的物质文明和精神文明的总和。物质文明是由物质产品形成的,包括人类创造并赋予意义的全部制品,即有形物品,如书本、桌椅、公园等;精神文明则是由精神产品形成的,由抽象的物质构成,如语言、制度、技术等。文化受社会各种要素的制约,具有社会性和集体性。只有人类才有文化,动物之所以没有文化,主要是因为动物缺少语言。

在对文化的概念有一个清晰的了解之后,下面就对语言与文化之间的关系展开分析。语言与文化关系密切,具体体现为如下几个方面。

1. 语言是文化的一个组成部分

同宗教、法律、文学一样,语言也是文化的一个组成部分。因此,语言也是一种文化,是精神文化的基础。每个民族的文化都决定着该民族的语言面貌,语言是民族文化的一个表现形式。精神文化需要用语言来表达,用语言来记载。

语言并非文化的全部,只是文化的一个组成部分,而且是一个重要的具有标志性的部分。语言是在人类进化、发展的过程中产生的,并逐步完善的,它是一种特殊社会现象。从这个意义上讲,语言又是文化的一个十分特殊的组成部分。

2. 语言反映文化

可以说,语言是文化的镜子,它直接反映文化的现实和内涵。一个民族的文化面貌可以在语言中得到体现。英国语言学家莱昂斯(John Lyons,1968)曾说过:"特定社会的语言是这个社会文化的组成部分,每一种语言在词词上的差异都会反映使用这种语言的社会的事物、习俗以及各种活动在文化方面的重要特征。"

(1)语言反映风俗习惯

作为一种社会文化现象,风俗习惯是社会群体经过长期的共同生活而共同创造、共同遵守的生活习惯和行为习惯。民间的风俗和习俗涉及面很广,如社会礼仪、习惯、生活方式、婚姻传统、信仰、迷信等。

例如,从汉语中一些词汇,如"礼尚往来""先来后到""人敬我一尺,我敬人一丈"等,可以从一定程度上看出中国人的处事态度和行为习惯。英语习语 let one's hair down(放松),源于英国早期这样一个习俗,即妇女不管在什么场合中,头发都得往上梳理整齐,只有单独一人时才能把头发放下来,因此"把头发放下来"有放松的意思。

(2)语言反映宗教文化

宗教是文化价值体系的内核,不同语言能够表现所在文化的宗教观念。佛教是中国文化中的主要宗教,汉语中与佛相关的表达很多,如立地成佛、借花献佛、佛口蛇心等;来自佛教的词语,如慧根、慧眼、慧心等。而在英美文化中,人们相信上帝创造世界、主宰世界并且主宰人类命运的

第十章　文化语言学理论观照下的英语教学改革

宗教信仰。因此，英语中很多表达方式体现了基督教在英国社会生活中的重要性，如"for God's sake!""So help me God!""By God!""Please God!""Good God"等。

（3）语言反映民族心理

语言是民族文化的载体，体现民族心理，如伦理道德观念、价值观念等。

中国文化基于农业文明，封建主义结构重视亲属关系，因此亲属的称谓细致严格，比英语称谓复杂很多。例如，英语中 cousin 一词意指亲属关系中与自己同辈的称谓。父亲一方：堂哥、堂弟、堂姐、堂妹（父亲同胞兄弟的孩子）；（姑）表哥、表弟、表姐、表妹（父亲同胞姐妹的孩子）。母亲一方：（舅）表哥、表弟、表姐、表妹（母亲同胞兄弟的孩子）；（姨）表哥、表弟、表姐、表妹（母亲同胞姐妹的孩子）。英语中一个词 cousin 可以指称众多的成员，这表明某社会成员与这些分布在不同亲属地位中的同辈人都保持相同关系。对他们的社会行为都一样。而汉语中对众多亲属成员使用众多称谓，说明了某社会成员与他们每一个人都保持着一种独特的关系。中国传统文化观念认为，父系的姑表关系要比母系的姨表关系更加亲近。所以，汉语中不同亲属成员使用不同称谓反映了英汉不同的民族心理。

此外，词汇中褒义词汇和贬义词汇也反映了该文化的民族心理。汉语文化中，龙是备受尊崇的，龙是皇帝的代名词，象征高贵、神圣、威严、神武，许多与龙有关的词汇就有神圣、高贵的含义，如"真龙天子""龙颜""龙体""龙威""望子成龙""龙的传人""龙子龙孙"等。但是，在西方文化中，龙却是一种能喷烟吐火的可怕的、凶残的怪物，是恐怖、可怕的象征。

（4）语言反映生存环境

一个国家或地区的自然环境对文化的形成也有一定的影响作用，特定的地理环境造就了特定文化，特定文化反映在语言中形成特定的表达。例如，英语习语和谚语中有大量有关海洋的表达，体现了英国海洋文明的生存环境和生活方式，如表 10-1 所示。

表 10-1　英语中有关海洋的固定表达

词组	字面意	比喻意
Poor fish	可怜的鱼	可怜虫
With flying colors	打胜仗的战船归来时彩旗高挂	成功地，凯旋地
Take the wind out of someone's sail	船在航行中抢其他船的风路	先发制人，占上风

续表

词组	字面意	比喻意
Any port in a storm	船遇到风暴时只要有个港口，不管好坏，能避开危险就行	危急时任何可解脱的办法
See how the land lies	看清海岸或河岸的走势后才确定航线	摸清情况，查明底细

3. 语言促进文化的发展

文化是语言发展的动力，反过来语言的丰富和发达是整个文化发达的前提。正是因为语言记载了人类祖先的知识和经验，后代人才能以此为借鉴，避免一切从头开始，社会才得以发展和进步，从而促进文化的发展。此外，在世界各民族的交流中，语言起着十分重要的桥梁作用。各民族借助语言这一媒介，互相吸收先进的知识和经验，从而促进社会的发展和文化的进步。

4. 文化对语言具有促进与制约作用

文化是语言赖以生存的基础，文化不断地将其精髓注入语言之中，是语言新陈代谢的生命源泉，成为语言表现的基本内容，因而文化的发展可以推动和促进语言的发展。例如，汉语中的"小姐"一词，在中国古代封建社会中是对贵族家庭中的女儿的尊称，后来泛化为对未婚女子的称呼，但是随着该词的词义下降，即该词语的不断贬义化，现在多用"女士"来称呼女子。这其中，社会文化因素发挥着根本性的作用。再如，汉语中"同志"这个词，在古代同志是指志同道合的人，和先生、长者、君属于同义词，在建国初期，"同志"指拥有共同信仰、共同理想的人。20世纪90年代以后，中国的同性恋者开始使用"同志"一词互相称呼，于是该词逐渐演变为对同性恋者的另一个称呼，因此，现在很多年轻人已不再使用"同志"彼此称呼。这种现象在语言中十分常见，这样的例子比比皆是，由此可见，文化因素是语言演变的主要动力。

此外，社会文化又在一定程度上制约着语言使用者的思维方式和表达方式。例如，中国古老的文明源于黄河中下游的中原地带，地处北温带，这里的土地比较贫瘠，农耕是人们主要的生产方式，因此"牛"与汉民族的关系十分密切。这种密切的联系反映到语言中就是，汉语中围绕"牛"字的词语有很多，如"牛马、牛性、牛劲、吹牛、牛角尖、牛脾气、牛刀小试、对牛弹琴、牛郎织女"等。而西方则源于游牧文化，因此"马"成为西方人关系较为紧密的动物。对西方文化而言，牛仅用于产奶。西方也主要用马来耕地。在这种文化的影响下，在英语中就形成了与汉语中"牛"的

第十章　文化语言学理论观照下的英语教学改革

系列词语相对应的"马"（horse）的系列词语，如 to talk horse（吹牛），a willing horse（工作认真的人），to work like a horse（像老黄牛一样拼命干活），as strong as a horse（强壮如牛），to ride on the high horse（盛气凌人），to come off high horse（放下架子），to buy a white horse（浪费钱财）等。

综上所述可知，语言与文化的关系是显而易见且密不可分的。邢福义（1990）教授认为："语言是文化的符号，文化是语言的管轨。好比镜子或影集，不同民族的语言反映和记录了不同民族特定的文化风貌；犹如管道或轨道，不同民族的特定文化，对不同民族语言的发展，在某种程度、某个侧面、某一层次上起着制约的作用。"由此可见，语言与文化不可脱离，也不可单独存在。

（二）语言对文化的影响

语言对文化具有不可忽视的影响力。具体体现为如下两方面。

（1）由于语言是思维的唯一载体，而思维又是文化赖以产生的根基，因此语言不仅反映特定人群的特定文化，同时也对文化产生着巨大的影响。思维及具体特定人群的思维模式是孕育特定文化的摇篮，以思维为基础前提，才会滋生出世界观、信仰、价值观等一系列文化要素。此外，语言对人类思维的质量或水平产生一定的影响，从而影响到文化的发展。这主要是指语言在其历史发展的过程中的不同阶段自然存在的差别，如早期人类的语言显然远远不如现代人的语言那么严密、丰富、深厚；但也指在同一历史时期处于不同社会发展阶段的特定人群之间的差异，如多数现代人的语言就比当代仍然生存于亚马逊河热带雨林深处以及非洲某些人迹罕至的偏远地区的土著人的语言具有更加强烈的表现力，其蕴含的文化内涵也更为丰富。

（2）作为文化的记录器和传播者，语言可以使文化的内涵在同代人中间广为流传，在不同代人之间一代一代传承下去。

（三）文化对语言的影响

影响语言的因素是多维的。语言作为文化的一部分，既是文化的载体和表达形式，又是文化传播和继承的最重要的手段。各国不同的文化背景形成了异彩纷呈的文化特色。这种各民族间的差异既反映在语言的表达形式上，也反映在语言的内涵上。文化对语言的影响包括以下几方面。

1. 价值观念

人类学家认为,价值观念是文化的核心。西方人重个人价值,强调自我意识,希望能充分的表现自己的个性,不过分强调为人处事、言语行为,也不追求与别人保持一致。在英美街头除了警察,你很难看到两个服装完全一样的人。在他们看来,服装不仅体现了个人的爱好,更是强调个性的方式。因此,他们要通过自己着装的风格展现自己的个性。与之相反,中国人有着很强的群体意识,在某城市的大街上会很容易发现很多穿着一样的服饰的人。在西方,人有很强的独立意识,他们只要年满18岁就懂得独立谋生,他们以依赖父母生活为耻辱。这与中国的传统观念是截然不同的。

2. 社会心态

由于不同的民族会有着不同的文化背景,因此人们在成长和生活过程中会逐渐形成不同的思维方式和社会心态,即使对同一事物也往往会有不同的观点和看法。比如,对什么是禁忌,什么是隐私,东西方人则表现出很大的差别。英美人见面很忌讳问及家庭有关情况,而且他们视个人年龄、收入、财产等为隐私。中国人见面交谈很少有所避讳,他们认为这是对方对自己的关心。

西方人重视人生价值实现的社会心态还表现在人们不希望自己老,希望永远年轻,因此对 old, aged 等词的使用特别敏感。为此,人们创造了许多称呼老人的新的表达方法:the mature the longer living(生活经历长的人), seasoned man(历练的人), the advanced in age(上了年纪的人), senior citizen(资深公民)等。

3. 交际方式

见面的时候,英国人常用的方式是谈天气。例如,"Good morning"或"Lovely weather, isn't it?"等。在中国,熟人之间的寒暄语常用:"吃饭了吗?""到哪里去?"等,而问者并不真正关心对方的回答,只是表示一种关心罢了。若将这些话直译为英语:"Where are you going?""Have you eaten?"就不再是打招呼的寒暄语了,而变成了期待对方回答的问题。这些话只能在某些特定的场合使用,若作为招呼语随便滥用,有时就会伤害对方的感情。因为英美人对这些话做出的反应是"Why do you ask?"甚至是"It's none of your business."他们认为这是对个人私事的干涉,因而引起内心的反感。

第十章 文化语言学理论观照下的英语教学改革

4. 语言的词汇意义

在语义学中,词汇意义被分为文化意义和语言意义。文化意义是指词汇的感情色彩、风格意义和比喻意义,通常是某一文化群体对一客体的主观评价。语言意义就是词汇的概念意义。

(1)语言可以反映社会现实。词汇的意义是文化对语言影响的最明显的体现。由于历史上英国的航海事业非常发达,因此有关这方面的词汇十分丰富,目前大量常用词都是由航海方面的词演变而来的。如 assail(攻击),由前缀 as 加 sail 构成,有"扬帆前进"之意。

(2)英汉两种语言中许多词语带有文化的伴随意义。词语的文化内涵离不开文化传统和宗教习俗。例如,"龙"在英汉两种语言中的语言意义上大致相同,但在文化内涵上却完全不同。"龙"在我国历史上是一个图腾形象。在中国古代传说中,龙是一种能兴云降雨的神异动物。在封建时代,"龙"作为皇帝的象征。时至今日"龙"仍是一种象征吉祥的动物。在汉语中,"龙"也总是用于褒义,例如"龙虎"比喻豪杰人士,"龙凤"指才能优异的人。而在西方文化中"龙(dragon)"常被视为邪恶势力的象征。在西方神话传说中,dragon 是一种巨大的蜥蜴,身上有鳞,长着翅膀,拖着一条长尾巴,可以从嘴里喷火。在中世纪,dragon 成为罪恶的象征。

5. 语言的表达形式

语言的表达形式在一定程度上受制于该民族的文化习惯。比如,英语句子中的修饰语既可置于被修饰词之前又可置于其后,这不同于汉语表达习惯。常见的说法有 everyday except Friday(除星期五之外的每一天),all but one(除了一个之外的全部)等,它们都是将修饰语置后,与汉语语序恰恰相反。

除了表达方式上的特殊性以外,英语表达的意念有时也是独特的。英语民族在意识深处常把事实与揣测、意愿、祈求等非事实区别开来。这一心理特征对英语影响很深。虚拟语气中 should 与 would 所表达的意念也是汉语中所没有的。

(四)怎样通过语言研究文化

语言是思想的直接表现形式,不仅是思维的工具,还是一种重要的交际手段。申小龙在《社区文化与语言变异》中指出,"我们今天所谈论、研究的语言又无一不是民族的语言。当民族在人类历史上作为一种在语言、居住地域、经济生活、心理状态上稳定的共同体出现时,语言就深深地打上了民族的烙印,成为民族和民族文化最典型的表征。"

上面已经提到,语言与文化具有十分密切的关系,语言是文化的载体,不同民族的语言反映和记录了不同民族特定的文化风貌,不同民族的特定文化,对不同民族的语言的发展又起着一定的制约作用。因此,我们可以通过语言事实来研究文化方面的内容,如文化的结构层次、文化的发生发展、文化的传播交流等。

民族的历史文化是一道纵向延伸的河床,语言就如这道河床的流水,民族特有的思维方式、价值取向、伦理观念、联想习惯、审美情趣,经过历史长河的激荡,融入民族语言之中。[1]

萨丕尔指出"语言背后是有东西的,而且语言不能脱离文化而存在",民族语言本身就是民族文化的一种基本形式,文化之间的差异,文化发展的轨迹必然要在语言反映出来,语言也无时无刻不在折射着文化内涵。

拉斯克(R. Rask)指出,"若要知道史前期远古时代民族的起源及其亲属关系,那么就没有比语言更重要的材料了。"

格里木(J. Grimm)提出,"我们的语言也是我们的历史",而作为语言要素之一的词汇与人类社会的文化也具有十分密切的关系,"语言的词汇多多少少忠实地反映出他所服务的文化"。鉴于此,文化语言学提出了这样的主张,即"词汇是社会文化的镜像"。

例如,罗常培先生在《语言与文化》一书中就阐述了如下几个方面的内容。

(1)从借词研究不同民族文化接触交流的历史。

(2)从亲属称谓可以研究一个民族的婚姻制度。

(3)从地名研究民族迁徙的踪迹。

(4)从人名研究民族来源和宗教信仰。

(5)从造词心理研究民族的文化程度。

(6)从词的来源和演变研究古代文化的遗迹。

除此之外,还可以从某类词语的丰富程度研究该民族的生产生活的方式;从数字研究该民族抽象思维的特点,从纪时法(年、月、日等的名称和安排方法)研究该民族的时间观念等。[2]可见,通过词汇可以很直接地实现对一个民族文化的研究。

---

[1] 唐素华. 论文化语言学中的语言与文化. 现代语文, 2008,(6):12.
[2] 同上,第13页.

第十章　文化语言学理论观照下的英语教学改革

（五）怎样通过文化研究语言

随着人们对语言认识的日益深入，人们越来越深刻地发现，如果单从语言本身来看，很难理解很多语言现象，而如果把它放入文化的范畴进行分析，一切就会容易得多。

以中国文化为例。中国人在社会交往中喜欢用恭敬口吻称呼人和事，用谦恭口吻称呼自己和与自己有关的事物。这与中国的封建君主专制下的儒家尊卑有序的礼制有很大的关系。儒家文化对中华民族的伦理传统与民族心理产生了深刻的影响，这也在汉语中留下了痕迹。汉语中存在大量的谦词与敬词。下面列举一些例子。

（1）谦词。例如：

谦称自己为"不才""鄙人""小人""妾""在下""奴"等。

谦称自己妻子为"贱内""内人""拙荆""糟糠"等。

谦称自己父亲为"家父"。

谦称自己母亲为"家母"。

谦称自己的酒为"薄酒"。

谦称自己的著作为"拙著"。

谦称自己的住处为"寒舍"。

（2）敬词。例如：

敬称对方妻子为"令妻""令正""贤阁""贤内助"等。

敬称对方父亲为"尊公""尊君""尊侯""尊大人""令尊""令翁"等。

敬称对方母亲为"尊堂""尊上""尊夫人""令母""令堂""令慈"等。

敬称对方儿子、女儿为"令子""令郎""令嗣""令爱""令媛"。

敬称对方兄弟姐妹为"尊兄""尊姐""令兄""令弟""令妹"。

敬称对方孙子，孙女为"令孙"。

贤，主要用于同辈或晚辈（除父母以外）堂、表兄妹，如贤弟、贤兄、贤姐、贤妹、贤从（对方从兄弟）。

贵，主要用作称呼与对方有关的事物，如贵姓。

苏联语言学家谢·叶·雅洪托夫曾说过："许多语言变化并不能从语言内部来找原因。"例如，近年来，很多北京女青年在日常说话时往往习惯将"j""q""x"念作"z""c""s"，如"积极"（jiji），念作 zizi。这是因为他们感觉这样的发音更能体现女性的娇柔可爱。我们如果单单从语言角度来解读这一现象，是难以理解的，真正起作用的还是一种文化心理因素。

第三节　文化语言学理论在英语教学中的应用

一、显性文化教学法

显性文化教学法是一种相对独立于语言教学的、较为直接系统的、以知识为重心的文化教学方法。在培养学生的跨文化意识时，运用这种方法将会取得较好的效果。因为对我国学生来说，学习英语主要是在汉语环境中进行的，所以比起让学生在课堂学习的过程中自然地获取异文化的知识，显性文化教学法更加省时、高效。显性文化教学法会直接明确地介绍外国文化，利于减轻学生因为对异文化不熟悉而产生的困惑，这种方式也是培养跨文化交际能力的基础。对于文化教学中那些相对独立于语言教学的自成体系的文化知识材料，运用这种方法可以供学生随时自学。

运用显性文化教学法一般可以采用两种模式：一种是在语言课程之外开设专门的文化课程，如"英美概况""英美文化""跨文化交际"等，向学生直接、系统地教授英语国家的历史、地理、制度、教育、生活方式、交际习俗与礼仪等有形的文化知识；另一种是在语言课程中"导入"与"语言点"相对的"文化点"，这种文化导入通常是结合阅读课文或听力对话等语言知识的学习，所以其与第一种模式相比更缺乏系统性。

二、隐性文化教学法

随着教学思路与方法的不断变革，英语教学与英语文化教学逐渐也开始融合。这样，英语文化教学不用单一地讲授文化知识，而是可以在真实的交际情景中自然地习得文化，是一种"通过实践来学习"的方式。这种融入语言学习之中的、较为间接、相对分散的、以行为为重心的文化教学法就是隐性文化教学法。

隐性文化教学法特别强调语言教学与文化教学真正的有机结合，提倡"通过实践来学习"，以填补如何教授外国文化的隐形内涵这一空白，特别是隐含在语言使用中的文化知识和话语规则。此外，隐性文化教学法还很注重学生的个体需求，常常根据学生的实际情况进行有针对性的教学。

第十章　文化语言学理论观照下的英语教学改革

三、文化对比法

要想培养学生的文化意识,培养跨文化交际能力,首先需要有扎实的语言基础。不仅如此,学生还应在掌握英汉语言知识的基础上,理解语言深层的文化差异内涵。这里主要从词汇和句子两个层面介绍英汉语言文化差异,供学生参考。

（一）词汇文化对比

词汇是语言的重要组成部分,也是语言的基本材料,没有语言就无法表达思想。不同词汇中往往蕴含着不同的、丰富的文化内涵,学生对此要多加学习。

1. 词汇的象征意义

很多英汉词汇在象征意义上有较大差异,这在数字词、色彩词、动物词、植物词等体现得尤为明显。换句话说,在不同语言中,同一概念可能被赋予了不同的象征意义。例如,英语的 red 与汉语的"红"虽然都象征喜庆、热烈,但英语中的 red 还可以象征脾气暴躁,如 see red,这一层意思汉语中是不存在的。

2. 词汇的联想意义

英汉语言中均有很多比喻性词汇,如成语、典故、颜色词、植物词等。这些词生动、形象,且具有鲜明的联想意义,被赋予了特定的民族文化特色。尽管有不少英汉词汇的本体可以相互对应,但是也有一些词汇在另一种语言中具有不同的联想意义,或缺少相对应的联想意义。例如：

beard the lion 虎口拔牙
black sheep 害群之马
as timid as a rabbit 胆小如鼠

3. 词汇的情感意义

在英汉语言中,有一些词汇虽然字面意义相同,但是有着不同的情感意义,也就是说,词的褒贬含义不同。例如,英语 peasant 一词从历史上来看具有明显的贬义色彩,指的是社会低下、缺乏教养等一类的人。与汉语的"农民"一词虽字面意义相同,但情感意义不同。因为汉语中的"农民"指从事农业生产的劳动者,被视为最美的人,具有明显的褒义色彩。所以,汉语中的"农民"一词译为英语中更为中性的 farmer 更合适。

（二）句子文化差异

1. 英汉句子重心差异

英汉句子重心的差异也很大。通常，英语句子重心在前，而汉语句子重心在后。简单地说，英语句子会将重要信息、主要部分置于主句之中，位于句首；而汉语句子一般把重要信息、主要部分置于句尾，而次要信息、次要部分置于句首。

2. 英汉语序差异

通常，英语民族的思维模式为：动作的主体—主体动作—动作的客体—动作的标志，所以体现在语言上就是：主语＋谓语＋宾语＋状语。而汉语民族的思维模式为：动作的主体—动作的标志—主体动作—动作的客体，所以其体现在语言上就是：主语＋状语＋谓语＋宾语。可见，中西思维方式对中西语序产生了重要影响，尤其体现在修饰成分的位置上。例如：

Marry went to Shanghai from Guangzhou by train.

思维模式为：

动作的主体：Marry

主体动作：went to

动作的客体：Shanghai

动作的标志：from Guangzhou by train

而表达相同的含义，汉语的句子为：

玛丽从广州坐火车去了上海。

思维模式为：

动作的主体：玛丽

动作的标志：从广州坐火车

主体动作：去了

动作的客体：上海

（三）篇章模式差异

对于篇章模式的差异，这里重点介绍衔接手段的差异。

第十章　文化语言学理论观照下的英语教学改革

1. 照应

所谓照应,是指当无法对语篇中的某一个确定词语进行解释时,可以从这一个单词所指的对象中找到答案,这就意味着该语篇形成了一种照应形式。本质上说,照应表达的是一种语义关系。

在汉语语篇中,照应关系也随处可见。汉语中不存在关系代词,但英语中有大量关系代词,特别是人称代词。因此,汉语语篇通过会使用人称代词表达英语语篇中形成的照应关系。

在英汉语篇中,照应关系的类型基本相同,只是二者使用这一形式的频率有一定的差异。英语照应中使用人称代词的频率要比汉语的频率高,这与英语行文通常要求避免重复,而汉语则多用实称有很大的关系。

2. 替代

所谓替代,是指将上文中所提到的内容使用其他形式进行代替,这是语篇衔接过程中经常采用的一种手段。在英语段落中,人们常用词汇传达两个句子之间所形成的呼应关系。在英语语言中,替代的形式有很多,常见的类型有:名词性替代、动词性替代和分句性替代。

在汉语语言中,人们较少用替代形式,所以典型的替代形式比较少见。通常,汉语中人们习惯对某一个词或某一些词进行重复,通过重复来实现句子与句子之间的连贯。另外,汉语中还经常使用"的"的结构实现连接。

英汉语言在替代方面的区别还有如下两个。

其一,英语的替代手段比汉语要多。

其二,英语语篇中使用替代的频率明显比汉语要高,对于英语中所使用的替代形式,汉语则多通过重复、省略来实现语篇衔接。

3. 连接

英汉语篇通常用连接词、副词、词组等实现语篇的连贯。连接不但利于读者通过上下文来预测语义,而且能更快速、更准确地理解句子之间的语义联系。英汉语篇在连接方面的差异体现在如下两点。

其一,英语连接词有着显性特点,而汉语连接词有隐性的特点。

其二,英语的平行结构主要用连接词连接,而汉语中的衔接关系主要用对偶、排比等来实现。

4. 省略

所谓省略,是指将句子、段落、文章中一些可有可无的成分省略。在英语语篇中,人们常通过省略实现语言凝练、简洁。众所周知,英语语法的结构非常严谨,所以不论从形态还是形式上说,运用省略都不会引起歧义,所以英语中经常使用省略的手段,而汉语语篇中使用省略的情况没有英语中的多。

英汉语篇在省略的成分上也有一定差异:英语语篇中不省略主语,汉语语篇除了不能省略第一次出现的主语之外,后面出现的均可省略。

四、影视欣赏法

影视作品往往涵盖人类社会生活的各个方面,蕴含着大量的文化信息,对培养学生的跨文化交际能力有着重要意义。在欣赏影片的过程中,学生可以身临其境,感受大量有声与无声、有形与无形的社会文化知识。正如一句谚语所说:"一幅图画胜过千言万语。"电影就是这样一种让我们轻松愉悦地学习西方社会文化的手段。那些以社会变迁和发展为主题的纪录电影,其直观的画面与所要教授的文化内容一一呼应,能使学生获得更直观的体验和感受,这比从书本上学的知识更让人难忘。

第十一章 语料库语言学理论观照下的英语教学改革

在语言学不断的研究与发展过程中,其获取语言知识的途径也在进行着变革,因此语料库语言学应运而生,成为语言学的重要分支。语料库语言学的研究为语言研究增添了活力,并成为语言研究的主题之一。本章就对语料库语言学的内涵、外延、发展历史、研究现状和前景展望进行分析。

第一节 语料库语言学的内涵

一、语料库语言学的界定

虽然语料库语言学的研究历史并不短暂,但是语料库语言学的定义却没有统一的表述。

学者麦克内里和威尔逊认为,语料库语言学是以现实生活中人们运用语言的实例为基础进行的语言研究。从该定义可知,作为一个学科的名称,"语料库语言学"不属于语言自身某个侧面的研究,而是一种以语料库为基础的语言研究方法。它包括两方面:一是对自然语料进行加工、标注,二是用已经标注好的语料进行语言研究和应用开发。

人类认识语言的方式十分多样,既可以看作是人类先天具有的天赋,同时也可以被认为是人类学过的词语和文本的集合。语言学是人类对语言规律研究的学科,在此基础上语料库语言学指的是借助语料库对语言现象和规律展开分析的学科。

语料库语言学在研究过程中,重视语言的含义,将语言看作一种社会现象,更加关注语言本身的内容。

语料库语言学以话语为基础研究语言。它的研究对象是话语的样本,而这一样本就是语料库。语料库所收集的是某种语言中自然出现的全套语言材料,有学者认为人们可以从语料库中得到语言知识,可以把语料库中的这些材料作为研究语言的素材。

乔姆斯基(Avram Noam Chomsky)反对这一观点,认为语言具有创造性,人脑具有理解和生成无数个句子的能力,语料库的研究只能展现所说的有限话语,语言是收集不完的,语料库不会预示明天人们会说些什么。有些词典编纂者也曾质疑语料库的可靠性和科学性,他们认为语料库只是随意地收集了一些话语。

然而,随着科学技术的进步,社会上不断有新词汇出现,语料库不可能囊括人们所说的所有话语,但人们可以建设更大规模的语料库,甚至可以把网络作为虚拟语料库,来进行大规模的语言研究。

语料库语言学应该致力于词汇的意义。语料库语言学提供了一个从不同的角度来审视语言的方法,必然会以其代表性、真实性、兼容性、客观性等优势成为今后语言研究的主流。

从术语的角度进行分析,语料库语言学并不仅仅是文本的堆积,而是服务语言研究的一种文本资源库。

语料库语言学重视对语料的刻画与分析,属于描写语言学范畴,但同时又有对语言事实的解释。[①]

学者卫乃兴(2009)认为语料库语言学包含以下几个方面的特征。[②]

(1)语料库语言学的描述中设计大量的数据,因为少量数据难以凸显语言特征和趋势。

(2)语料库语言学对语境真觉检查与分析十分缜密。

(3)语料库语言学将客观的描述与主观倾向进行分开解释。

(4)语料库语言学对语料呈现出来的高频或核心形式的解释不使用现成的语言理论。

(5)语料库语言学的解释建立在对语言事实客观、详尽的描述基础之上。

一般来说,现如今语料库语言学在学术界形成了两大阵营,分别为语料库驱动和基于语料库。二者的区别如表11-1所示。

[①] 熊文新.语言资源视角下的语料库建设与应用研究:汉、英[M].北京:外语教学与研究出版社,2015:10.
[②] 卫乃兴.语料库语言学的方法论及相关理念[J].外语研究,2009,(5):36-42.

第十一章　语料库语言学理论观照下的英语教学改革

表 11-1　语料库驱动和基于语料库范式的比较

研究范式	语料库驱动	基于语料库
对待现有语言学体系及理论的态度	本身即一门独立学科，摒弃已有的语言学理论体系与框架	以某种语言学理论体系作为基础，是一种语言研究方法
对于语料库的态度	所有语言知识体系全部源自对语料库的观察	语料库为语言学理论的完善和检验提供支持
研究对象	研究词项，使用索引行和 KWIC 技术观察语境	词项不是唯一研究切入点，结合其他研究方式
对语料库样本选择的处理	文本具有自身的内部结构，不应任意裁剪文本	为保证语料库的代表性，文本长度应尽可能一致
对语料库文本标注的态度	保持语言使用的原貌，防止玷污文本	对语料库进行标注处理，以提升其应用价值
对数量关系的看法	大部分采用描述统计，使用频数，百分比等统计量	使用对照和统计检验，多采用推断统计

（资料来源：熊文新，2015）

二、语料库语言学的外延

语料库语言学是使用语料库进行语言学研究的学科，其通过语料库作为语言素材，进行技术和手段处理。一般来说，语料库语言学的外延可以用图 11-1 表示。

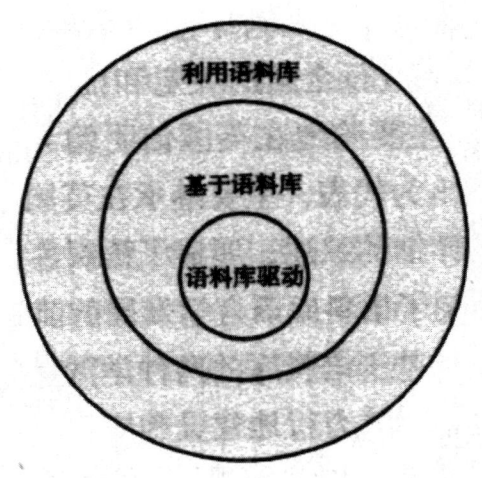

图 11-1　语料库语言学的外延

（资料来源：熊文新，2015）

第二节 语料库语言学的研究内容

语料库语言学的研究不仅需要分析语言中哪些词语、结构、使用方式是可能出现的,同时还要统计出现的概论,因此研究的重点应该是词汇、词汇语法。

语料库语言学是对文本的研究,而这些文本是进行语言描述与论证的重要证据来源。对于语言条目在语料库中的分布计量描述,也逐渐成为语言研究的重要组成部分。

一、语料库的建设与编纂

语料库的建设与编纂是进行语料库语言学研究的基础,具体包括语料库的设计、语料的采集、录入、管理等工作。

需要强调的是,语料库并不是文本的简单堆积,而是带有一种语言或其子语言的文本。设计语料库,首先应该在语料库建设的宗旨之上,精心考虑采样的原则以及样本的分布,从而提升语料库的代表性。

二、语料库的加工和管理技术

语料库的加工和管理技术主要指的是用于语料分析、标注、维护和检索的软件工具。

为了便于语料库的使用,从而便于使用者搜索出自己需要的信息,因此语料库必须具备良好的存取功能。现如今,普遍使用的检索技术为逐词索引。

随着计算机功效的不断增长,语料库在规模、多样性和使用方便性等方面都发生了巨大的变化,为加工和访问语料库中所包含的信息已经开发了大量软件。但是,作为研究资源的语科库的价值是不能单独用规模来衡量的,应该通过标注给语料库带来"附加"的价值。这就是对语料库进行的多种标注,通过标注明显地扩展了语料库的语言信息含量,从而对各种语言研究作出更大贡献。

对汉语语料库来说。词的切分(即分词)是不同于印欧语言的一项特殊的前处理,其后的词性标注、词义标注、句法标注、句义标注以及话语一篇章标注等加工过程,就同印欧语言的情形相似了。

三、语言研究中语料库的使用

现代语料的巨大包容性及开发语料的种种手段的出现,构成了深化我们对语言认识和理解的强大力量。

语料库为语言描述提供了丰富的数据资源。在基于语料库的语言研究中,语言学家利用机储语料库去描写语言的词汇和语法。研究内容不仅仅局限于在语言中可能出现什么,还包含它们出现的概率。

而有关词汇和语法分布的研究,进一步促进了在文本类型、语音变化及语言变异的研究。通过从大规模语料中抽取信息的技术,语料库为语义研究提供了丰富的上下文信息。语言研究中的语料库方法所涉及的研究层面及其相关领域很多,包括口语研究、词汇研究、语法研究、语义学、语用学、话语分析和社会语言学等。

四、语料库语言学在计算语言学中的应用

基于语料库的语言描述的应该是语料库进化中最具有创新性的一项活动。可以将语料库语言学的研究成果直接应用于自然语言处理、语音识别和机器翻译系统中。在进入 20 世纪 90 年代后,为满足实际应用的需要,基于大规模语料库的统计方法在自然语言处理等领域中逐渐占据了主导地位。

综上所述,在语料库语言学中,一部分学者在研究语料库的设计,一部分学者在研究文本分析和处理的方法,另外一部分学者甚至是一大部分学者在研究基于语料库的语言描述及其应用。

第三节 语料库语言学理论在英语教学中的应用

虽然人们对语料库语言学的研究已经有半个多世纪的时间,不过将语料库作为一种辅助工具应用于语言教学,仍然属于一个新兴领域。随着对这方面研究的大量开展,人们对语料库在英语教学中所起的作用逐渐有了更加深入和全面的认识。语料库可以有效促进语言教学以及语言学习的开展,这已经得到了众多师生的肯定。因此,本章就来研究语料库

语言学理论观照下的英语教学改革研究

语言学与英语教学,首先分析语料库语言学对英语教学的影响,然后论述语料库辅助英语教学的理论基础、英语教学语料库的建设,最后研究语料库在英语教学中的具体应用。

一、语料库语言学对英语教学的影响

早在语料库刚兴起时,欧洲一些语料库语言学的创始者和语言教育家就开始关注语料库在语言教学中的应用问题,并将语料库在语言教学中的应用看作语料库语言学的重要分支。近年来,随着语料库建设的规模化和专业化,语料库方法作为一种新的语言研究方法得到广泛运用。语料库能够为学习者提供真实、可靠且丰富的数据资源。利用语料库研究语言的特征已成为英语教学发展的趋势。本节主要围绕语料库语言学对英语教学的影响展开分析。

(一)对英语教学观念的影响

20世纪80年代以来,随着计算机处理技术的快速发展,基于语料库的各项研究也呈逐年递增趋势。语料库已经广泛应用到语言教学领域,如词典编撰、翻译研究、文体学、二语习得、英语教学、法律语言学等学科,在扩宽应用语言学视野的同时,对传统英语教学观念也产生了极大的冲击。

在传统的英语教学中,词汇的记忆和掌握最初被认为是英语教学的重点内容。大部分教师选择使用同义词对新词语进行释义,词汇教学的目标也仅限于领会某词在不同句子中的含义。语法教学时,过分强调语法的系统性和正确性,忽略语法运用的各种语境因素。总之,英语教学以教师为中心,学生处于被动接收的地位,这种灌输式教学观念造成了知识学习与知识的真实运用严重脱节,语言输入与输出发展不平衡。语料库语言学对传统教学观念产生了极大的冲击,并引起英语教学思想观念的转变,主要体现在以下几个方面。

1. 语言是描写式的科学

从18世纪开始,西方语言学家在语言研究中多采用规定式方法,即为语言的正确运用制定各种规则,强调语言的正确性和拉丁语标准模式的应用。因此,当时语言研究和语言学习的重点一直是语法,语言的运用需要遵循某种被认为确定的规则,在不断重复中加深记忆。在这种思潮影响下,语言教学的内容大多是掌握大量定义、理解规则的解释和记忆,

第十一章　语料库语言学理论观照下的英语教学改革

因此书面语受到更多关注。语言教学方法是以教师为中心的语法翻译法。

语料库语言学的出现为另外一种相对的教学观念的普及提供了技术条件。与规定式语言相对的观点是认为语言是描写式的科学，语言学家不应为某一语言社团的语言制定规则或用其他规则来修正该社团的语言，而应尽力去发现和记录他们实际运用的语言。这种观点在语料库语言学中找到了依据和实施的可能性。通过对语料库中大量实例的研究和分析，可以得出语言的实际运用规则。因此，语言教学中要更加注重学习者个人的需求，语言教学方法也要转变为以学生为中心的知识探索型教学法。

总之，基于语料库中相关项目的研究，利用语料库的分析，检索得出的"硬数据"（hard data）具有更高的科学性、可靠性，可以反映出语言使用的真实情况，以及语言使用的频率和特点。故而，教师在教学中充分利用语料库资源，可以大大减少英语教学的盲目性，同时还可以极大地发挥学生在学习上的主动性。

2. 平衡目标语与母语间差异性

语料库语言学为分析目标语和母语之间的差异性提供了良好的技术支持，同时其研究结论也具有较高的科学性和可靠性。因此，除了重点关注典型的语言现象外，语料库语言学所揭示的目标语的典型语言特征也应成为英语教学的重点，并引起教师和学生的共同重视。此外，需要注意的是，对于目标语中那些不是特别典型的语言现象，如果其与母语存在较大差异，很容易成为目标语学习障碍的话，也需列为英语教学的重点和难点。

（二）对英语教学大纲设计的影响

教学大纲是制订课程内容、讲授程序及学习过程等的依据。传统语言学影响下的英语教学大纲大多数是结构性大纲，因此利用传统的语言学方法对其进行大规模有效研究的可能性十分有限。但是，语料库在英语教学中的应用就为英语教学大纲的研究提供了可能性。

1. 对于课程内容而言

对于课程内容而言，语料库能够提供丰富的词汇、短语、句子、篇章及其他类型的资料。这些资料语法正确，上下文连贯、得体。但是，这些语言资料是否适合学生的认知水平？适合学生当前英语学习的输入量是多少？衡量输入量大小的标准是什么？这些问题都是在规划英语教学课程,设计教学大纲时需要考虑的问题。

克拉申(Krashen)的可理解输入假设理论为解决上述问题提供了很有借鉴意义的办法。克拉申认为,语言输入应该适当超越学生当前的语言水平,并用公式"i+1"进行说明,这里的 i 代表学生现有的语言水平,1 则指提供给学生的输入材料的难度要稍微高于他们现有的水平。至于如何确定学生当前的知识水平以及期望的输入难度,以及如何获取两者的"差距"问题,在传统的教学大纲中,大纲设计者一般是通过直觉得出这一差距的,这种做法得出的结论往往科学性较低。语料库的出现使这一问题有了极其快捷的解决办法,这一差距的准确性也大大提高,借助语料库的数据统计和分析功能,设计者可以充分了解学生在某一阶段的知识状况,进而制定出超出学生目前英语水平,且难度在合理范围之内的学习内容。

2. 对于教学程序而言

对于教学程序来说,以语料库语言学为基础的大纲应该优先考虑重视课文而非重视语法结构的条理性。这并非意味着把语法从教学中完全排除出去,而是意味着语法结构应该被选用来完成交际功能。传统大纲中语法结构的选择和安排往往根据大纲设计者的个人语言直觉或教学经历决定,而不考虑语言的交际功能和目的。

语料库为人们展示了课文中词的组合形式,因此处理课文时的重点和先后顺序是由内容决定的,而不是由语法决定的。由此可见,英语教学应该把课文置于教学的中心位置,而不应该仅仅围绕语法、以解释语法开始并以运用或实践语法结束。

为了更好地处理课文内容,教师可以创建教学内容语料库。

(1)将教材的全部内容(包括课文和练习)输入计算机,建立一个教材语料库,作教学和备课参考之用。

(2)确定课文的难易程度。通过语料库语言学方法对每篇课文进行量化分析,如课文中生词所占的百分比、熟词的复现率、不同语法—词汇结构在该文章中的分布情况等。

(3)在讲授某个单词或语法结构时,可以在语料库内寻找上下文出现的全部例子,通过重复和比较的方式加深学生对这个词语或结构的印象。

(4)记录并分析学生的语言使用错误,为今后的教学重点提供参考依据。

除课程内容和教学程序外,以语料库语言学为基础的教学大纲还应

第十一章　语料库语言学理论观照下的英语教学改革

关注学生的学习过程,引导教师对学生学习过程的关注。

（三）对英语学习工具与模式的影响

1. 对英语学习工具的影响

近年来,随着语料库建设的完善和研究层次的不断加深,语料库的应用工具不断更新,产生了越来越多适应中国学习者的应用工具。2014年7月,北京外国语大学中国英语教学研究中心对进行语料库研究的专门工具进行了综合整理,主要有以下几类。[①]

（1）综合性检索工具 PowerConc。
（2）应用于文本间比较的 Keywords+。
（3）应用于文本内比较的 TextSmith Tools。
（4）分解整体语料库为子语料库的 Sub-corpus Creator。
（5）对语料词性进行自动标注的 TreeTagger。
（6）进行手工标记和标注的 BFSU Qualitative Coder。
（7）清理整理文本、批量替换语言项的 Power GREP。
（8）支持编码的记事本 Editpad Pro。
（9）进行多维度、多角度文本分析的 MAT。

这些工具有的是在前人已有工具的基础上完善发展起来的,有的则是专门适应于现阶段的语言教学和研究。

2. 对英语学习模式的影响

《大学英语课程教学要求》明确指出:"教学模式改革成功的一个重要标志就是学生个性化学习方法的形成和学生自主学习能力的发展。"因此,现阶段的英语学习模式要转变为主动发现式的学习模式。语料库语言学为英语学习模式的转变提供了便利和可能,那就是"数据驱动学习模式"（data-driven learning,简称 DDL）。

DDL 是以语料库为基础,使用原始语料或通过语料库检索工具得到的结果来进行语言学习的发现式和探索式学习模式。它是由学生从真实的语言使用实例中发现自己所学语言的事实,在激发学习动机的同时,牢记通过自身努力所发现的东西。学生通过自己分析语料库的检索结果最终解决了在学习过程中出现的问题,或教师根据需要预先设定的问题。

[①] 陈蓉.应用语料库语言学的外语教学理论解析[J].内蒙古师范大学学报,2015,(10):126.

程春梅对这种学习模式进行了研究,并总结出其五大特点。[①]

(1)以语料库中的真实语料为基础。

(2)使用语料库的检索工具及其多种多样的功能,如语境共现、词频及词汇表等基本功能,能够满足不同层次的学习和研究需要。

(3)课堂教学活动的设计以学习者为中心,促使教师转变角色,能够更好地培养学生独立思考、独立解决问题的能力。

(4)方式灵活,不受时空限制,适用范围广。教室和远程教育环境中都可以实施;本族语者语料库和学习者语料库共存;书面语语料库和口语语料库共存;个人学习和小组学习共存。

(5)利于学生的自主学习。学生在熟悉这一学习模式后,可以根据自己的学习要求,使用检索工具检索语料库中的语料,解答难题。

二、语料库辅助英语教学的理论基础

英语教学理论不断发展、与时俱进,也借鉴、完善、改进、创新了语言学理论。结合语料库的英语教学理论从客观真实的角度为教学实践开拓了新的视野。语料库辅助英语教学的实践过程体现了客观性、真实性和系统性的统一。融合语料库提供的客观真实的资料数据,分辨有效信息,升华英语教学知识,因材施教,不同层次的英语教学课堂都会展现有别于其他学科课堂的风格特点,达到学以致用的目的。本节主要围绕语料库辅助英语教学的理论基础展开分析。

(一)建构主义学习理论

建构主义教育学的发展基础是皮亚杰(Piaget)的认知发展心理学(Cognitive Developmental Psychology)和维果茨基(Vygotsky)的社会互动理论(Social Interactionism)。

1. 建构主义学习理论概述

建构主义学习理论(Constructivist Learning Theory)的来源基础是20世纪60年代瑞士心理学家皮亚杰提出的建构主义理论。这一理论很好地阐释了人们智力的来源、学习行为的产生、意义建构的过程以及理想的学习环境应该包含的要素等。皮亚杰还提出了同化(assimilation)和顺化(accommodation)两个基本概念,正是因为同化作用与顺化作用才

---

① 何安平.语料库在外语教育中的应用:理论和实践[M].广州:广东高等教育出版社,2004:96.

第十一章　语料库语言学理论观照下的英语教学改革

形成了个体的认知结构。学生的学习过程同样也存在着外界环境的刺激、个体的主动发现、以原有知识为基础的新认知结构的建构等。建构主义的基本观点便是学习者对客观存在的外界世界的认知,是以自身的经验为基础进行理解并赋予意义的。[1]

皮亚杰提出的学习过程的构建本质对于认知的建构主义产生了重要影响。他将认知的重组,即个体经验和知识的重构视为完成学习过程的重要因素。儿童学习的过程不受环境因素的制约,是一个主动对环境进行适应的过程,也就是说儿童具有主动建构图式的能力,其在与环境的相互作用中,通过自我调节同化和顺应过程,逐渐完成原有图式基础上的新图式的建构。因此,可以说学习过程是学习者主动发现、主动思考的积极参与过程。教育的真正目的是让学习者主动探索、主动学到知识,而不是简单地注重增加他们头脑中的知识。

此外,皮亚杰还十分重视社会交往对儿童认知发展的重要作用。他认为,同伴之间的交往是平等的,因此会更加自由地表达自己的想法,倾听他人的意见,积极思考,得出结论。这种交往有利于去自我中心性的发展。

维果茨基社会互动理论的中心思想便是强调社会活动和社会交往在人的心理机能发展中的重要作用。语言上的互动和文化观念的改变都是通过社会交往实现的,由此思维才会发展,学习活动才会发生。因此,要在"做"中学习。

维果茨基还提出了"最近发展区"理论。人的心理发展是从低级逐渐向高级转化的过程。教学必须适应儿童智力发展的水平。"最近发展区"就是儿童的现有水平与经过他人帮助可以达到的较高水平之间的差距。他认为,教学必须要考虑儿童已达到的水平并要走在儿童发展的前面,着眼于儿童的"最近发展区"。

建构主义学习理论提出了三种教学方法以提高学习者的自主学习能力。

（1）直接教学法。
（2）同伴辅导与讨论。
（3）合作学习。

经验证明,这些教学方法能够有效地改善当前的自主学习模式,全面提高学习者的自主学习能力。

---

[1] 郑茗元,汪莹.网络环境与大学英语课程的整合化教学模式概论[M].北京:中国水利水电出版社,2015:18.

随着实践的发展和研究的深入，不少学者又从多角度、多方面发展了建构主义理论。

建构主义教学理论注重培养学生对各种知识间内在联系的理解能力和对知识的灵活运用能力。该理论发展了早期认知学习论中关于"建构"的思想，认为学生的学习过程是一种根据自己已有的经验和知识积累对外部信息进行主动地选择、加工、处理和建构的活动。学生新认知图式的建立是主动选择的结果。因此，教学活动要以学生为中心，学生是信息加工的主体和意义的主动建构者。教师起着指导、引领的作用，是促进者和帮助者，而不是知识的灌输者。

概括来说，建构主义学习理论的基本观点可以分为以下几点。

（1）学习者的学习过程是在原有的认知结构与新接受的感觉信息相互作用的基础上，通过新旧知识经验间反复的相互作用，对外部信息主动加工和处理的过程。

（2）学习过程中的建构包含两个方面。

一是运用已有经验进行新知识意义的建构。

二是对原有经验的改造和重组。

（3）提倡合作式学习。因为每个个体意义建构的方式或角度等都是独特的，只有彼此间相互合作才能弥补个人对知识理解的不足，减少理解的偏差。

建构主义学习环境的四大要素是情境、协作、会话和意义建构。

（1）情境是学习者进行学习活动的社会文化环境。

（2）协作是学习者与学习者之间、教师之间或与网络交流者之间进行合作学习。

（3）会话是在协作过程中，通过多种方式的信息交流，实现信息共享。

（4）意义建构是学习过程的最终目标。

2. 语料库、建构主义与英语教学

近年来影响较大的建构主义教学理论使用的 PQ4R 法，即 Preview, Question, Read, Reflect on the materials, Recite and Review。这种教学观最早源于皮亚杰的"发生认识论"，并广泛运用于实际英语教学课堂，随着实践的加工与完善，逐步发展成为一种完善的较有影响的建构主义教学观。这种教学观主张知识是由学生主动获取，而不是通过教师传授而得的，是学生在一定的情境即社会文化背景下，利用必要的学习资源，通过与老师和学习伙伴的交流、协商与讨论，最终以意义建构的方式来获得。因此，学生需要运用已经拥有和积累的知识与经验分辨学习资料的

第十一章　语料库语言学理论观照下的英语教学改革

适宜性,包括材料选取、分级制定等过程。

在上述过程中,语料库可发挥决定性优势,即借助教师的中介作用,根据英语学习的任务和目标,探究大量的语言信息达到学以致用的目的。根据语料库语言学的理论和特性,在英语教学实践中,教师运用语料库进行英语教学,并指导学生运用语料库辅助自身的语言学习具有重要的意义。此外,建构主义教学理论中的支架式教学、抛锚式教学、随机进入教学等新型的教学模式都可以在自身模式特点的基础上结合语料库的优势展开教学实践。

语料库语言学属于语言学的理论范畴,语料库中包含庞杂大量的语言资料。将语料库语言学与英语教学相结合,设定有待考察的语言研究项,运用相关软件归类数据,进而有效整合并提取信息,得出结论,为英语教学提供客观、系统、真实的语料实例,对完善英语教学理论,提高英语教学效果具有重要的价值。

（二）图式理论

图式理论兴盛于20世纪70年代。德国哲学家、心理学家康德(Kant)早在其1787年所著的《纯粹理性批判》一书中就首次提到了"图式"(schema)这一概念。康德认为,图式是连接无意义的概念和具体的已知事物间的"桥梁",而"桥梁"间的相互联系则构成了人们头脑中的认知结构图式。后来,皮亚杰(Piaget)和巴特莱特(Bartlet)等人发展了图式理论。20世纪初,巴特莱特在《记忆》(*Remembering*)中提出人们头脑中已有的知识和经验是以图式的模式存储在记忆中,这些图式相互关联,是"对过去经验的反映或对过去经验的积极组织"。

20世纪70年代,美国认知心理学家鲁姆尔哈特(Rumelhart)在巴特莱特理论的基础上进一步将图式理论发展和完善。他把图式描述为相互作用的知识结构,这些结构以等级层次的形式存储于记忆中"构成认知能力的建筑切块"。

库克(Cook)则认为图式是头脑中的先存知识(the pre-existent knowledge)或背景知识(the background knowledge),人们在面对新信息时,总会利用记忆中原有的知识为新信息提供依据。

卡罗尔(Carrel)将图式理论定义为"有关背景知识在语言理解中的作用的学说"。"图式"可以被看作语义记忆的一种结构。

20世纪70年代后期,还有一些学者分别从多个角度又对图式理论进行拓展与完善。图式理论被广泛应用于英语教学研究中,对阅读、听力和口语教学有重要影响。

众多学者的研究表明图式是人们头脑中储存过去记忆和知识的方式,是人脑中一种抽象的、结构化和系统化的知识表征。学习者通过大脑中对已有经验和知识的积极组织,并对新知识进行主动理解,从而丰富知识库。图式是认知的基础。每位学习者的头脑中都有大量的图式,如就医图式、用餐图式、购物图式等。

图式理论认为,学习者在吸收、理解新知识时,需要将输入信息与头脑中的已知信息即背景知识相联系,通过头脑中已有图式的匹配,完成新信息的解码和重新编码。图式存在于大脑中是抽象的、有空档的(slot),当空档被具体的信息填充,便形成了一个完整的图式。[①] 图式是按层次组织起来的,核心概念图式涵盖次图式(sub-schemata),图式也可以相互涵盖。在心理学研究中,图式一般分为以下五类。

(1)自然范畴图式。
(2)事件图式。
(3)文本图式。
(4)专门领域知识图式。
(5)计划和策略图式。

其中,前四类等同于霍华德·加德纳和威多森(Howard Gardner & H. G. Widdowson)所说的陈述性知识(factual knowledge/ declarative knowledge),涉及事物属性及表现形式。最后一类等同于他们所说的程序性知识(procedural knowledge),涉及操作、技能等认知策略。

1. 语料库与图式建构

建构语言图式的途径是大量并重复接触这些语料,而具有丰富资源、快捷提取信息方式的语料库恰好可以满足这个条件。目前已存在许多来自真实语境的各种层次、语域、语体,服务于各种目的的语料库资源。语料库中含有大量在形式与意义相关联的检索行。Guy Aston 指出,学习者习得新图式的过程实际上就是不断组构(composition)和解构(decomposition)头脑中已有图式的过程,有以下两种途径,这两种途径是相辅相成的。

一是"从具体到抽象",将反复出现的带有具体语境(context-specific)的语言形式归纳和提升为抽象的认知图式。

二是"从抽象到具体",将抽象的认知图式分解为次图式,并通过反复呈现的语境(contextual repetitions),形成更大规模、更为具体的图式的

---

① 许俊. 图式理论与英语口语教学 [J]. 佳木斯教育学院学报,2010,(6):34.

第十一章 语料库语言学理论观照下的英语教学改革

合成。

以语块 I don't know... 为例,运用第一种途径,学习者可以从带有具体语境的语例中将 I don't know... 抽象为一种否定回答形式,即将其归纳和提升为抽象的认知图式,并在以后的类似语境中脱口而出。运用第二种途径时,当学习者反复接触出现在其他语境下 I don't know... 的各种变体时,如 I don't know what else to do/I don't know where they're going to... 等,则可以从 I don't know... 这个抽象的图式中进一步分解出 I don't+know+who-clause/I don't+know+where-clause 等一批比较具体的次图式,进而再合成 I don't know+wh-clause 这样一种更加抽象、具有更高层次的图式。[①]

语料库的语境共现为以上两种途径提供了合适的语言材料。这样,学习者在完成用语料库设计出的各类教学任务时,通过甄别、选择、分类、分析、综合等各个环节,就会避免固化于早期习得的基本词汇及其搭配。

2. 语料库、图式建构与英语教学

语料库在促进英语图式建构方面发挥着重要作用。下面以高级英语视听说教材(徐曼菲,2002)中关于"家庭火患"的话题为例,探讨语料库是如何促使学习者形成英语教学的某些语言形式的相关图式的。一般英语学习者的认知结构中都形成了用母语承载的"火"的图式及其主要次图式,经过多年的英语学习后,也已经掌握部分表达这些概念的目的语形式。

但是,要用目的语流畅并准确地表述与"因家具引起的家庭火灾"有关的内容,则要涉及有关 fire 的更具体、更细致的次图式的表达形式。为此,英语教学中,有必要教授学生构建关于"家庭火患"概念图式及其目的语表达图式。可通过建立微型语料库,获取词频表,提取内容图式,呈现语境共现行,设计语料驱动下的观察、分析、甄别、概括等课堂任务,以及调查、撰写报告、课堂汇报等课外任务,一方面,使学生建构更为具体的有关"家庭火患"的图式;另一方面,在大量交互活动中培养学生自由流畅地表述有关话题和事件的能力。

(1)建立微型语料库

建立微型语料库,提供大量且真实的相关语料是建构有关"家庭火患"目的语图式的第一步。下面以高级视听说课程(徐曼菲,2004)中有关记者与在家庭火灾中丧失亲人的家庭、防火机构工作人员以及家具商

[①] 徐曼菲,何安平. 图式理论、语料库语言学与外语教学[J]. 解放军外国语学院学报,2004,(6):46.

等谈话的记录为语料建立小型语料库,共 1944 个词,同时从互联网上采集了与上述话题语料体裁相近的真实语料共 5925 个词。

(2)调查学习者已有图式

通过调查发现,学生已经掌握的有关"家庭火患"图式的联想词汇集中于消防人员和工具,如 fire-fighter, alarm, police, ambulance, doctors, accident, risk, choke, smoke, bum, put out 等,与起火原因有关的词汇较少,如 gas, cigarette 等,至于有关"火灾防患"的词汇更是很少涉及。此外,学生在用英语谈论这一话题时,条理也较凌乱,且用词简单,类型较少,不能使用相应的、较具体的词汇。因此,教师在英语教学中,要培养学生不仅具备更为具体、细化的图式知识,且熟练掌握与这些知识匹配的英语词汇及其搭配,还要懂得如何获取、组织事件内容,有序地陈述事件的前因后果。

(3)从语料库提取"家庭火患"的图式——构建概念图式

使用 wordsmith 软件包中的 wordlist 工具生成经过词族处理的词频表,并整理出其中有关"家庭火患"话题的高频实义动词、名词和形容词,表 11-2 展示了排列前 20 位的高频词。

表 11-2 有关"家庭火患"的高频词表

Word	Freq.	%	Lemmas
fire	36	1.85	fire(9)
furniture	25	1.29	
flame	24	1.23	flames(4)
foam	22	1.13	
make	16	0.82	makes(2), making(3), made(6)
retardant	16	0.82	
fabric	15	0.77	fabrics(1)
get	13	0.67	gets(1), got(2)
chair	11	0.57	chairs(2)
burn	10	0.51	burning(1), burned(5)
couch	10	0.51	
flammable	9	0.46	
minute	9	0.46	minutes(7)
say	9	0.46	says(5), said(3)

第十一章 语料库语言学理论观照下的英语教学改革

续表

Word	Freq.	%	Lemmas
small	9	0.46	
test	9	0.46	tests（2），tested（1）
know	8	0.41	
manufacturer	8	0.41	manufacturers（5）
upholstered	8	0.41	
consumer	7	0.36	consumers（4）

（资料来源：徐曼菲、何安平，2004）

由此可见，上表中的词汇集中围绕"家庭火患"这一话题。因此，可以先要求学生对这些词汇按照语义进行分类，如表11-3所示。

表11-3 有关"家庭火患"次图式的词汇分类表

事件	原因	处理与防范	织物性质	其他
fire	furniture	test	retardant	make
flame	foam	manufacturer	flammable	get
burn	fabric	consumer	upholstered	say
		couch		know
		chair		small
				minute

（资料来源：徐曼菲、何安平，2004）

（4）构建语言形式的图式

教师可通过语境共现工具，向学生展现以上高频词带有局部语境的检索行，然后通过观察、梳理、分类、概括等，引导学生将"家庭火患"的图式具体化；同时要求他们注意与话题匹配的语言形式在搭配上的特点与分布，从具体的语料总结出表述该图式的语言形式和选词规律，这是一个从具体到抽象的图式构建过程。

（5）巩固与扩展图式

接下来，学生通过小组协作、采集更多同质语料，建立自己的小语料库，就本话题进行调查，撰写报告，准备课堂发言。在各种近乎真实的口头与笔头任务中，学生就能不断提高运用语言的技巧，培养观察、思维、检索、取舍、安排、协作等能力。同时也建构出有关图式的程序性知识。

图式理论为语料库在英语教学中的应用提供了理论基础。语料库特有的资源和工具可为英语学习过程中建构和重构各种图式提供便捷、有效的帮助。

三、英语教学语料库的建设

一般来说,英语教学语料库的建设通常应遵循一定的规范,如图11-2所示。

在图11-2中,"制定教学语料库建设规范"对于整个语料库的质量具有不可忽视的决定意义,因而是最重要的环节。"合理分工"与"语料附码"可以具体情况为依据来取舍,因而是可选环节。

要想保障语料库的质量,不仅要在时间、精力等方面进行大量投入,在语料库建设之前制定严格的语料库建设规范也是十分重要的。具体来说,语料的附码与标注规范、储存方式、获取方式、语料的采样原则、语料库的大小等都属于语料库的建设规范的范畴。清晰、详细的语料库建设规范可为后续工作提供明确的依据,从而有利于减少重复建设,降低校对的工作量。如果语料库规模较大,则应采取多人参与、分工合作的方式,这对于提高语料库的建设效率大有裨益。例如,华南师范大学外国语言文化学院就将很多本科生与研究生都吸收到语料库的建设队伍中来。

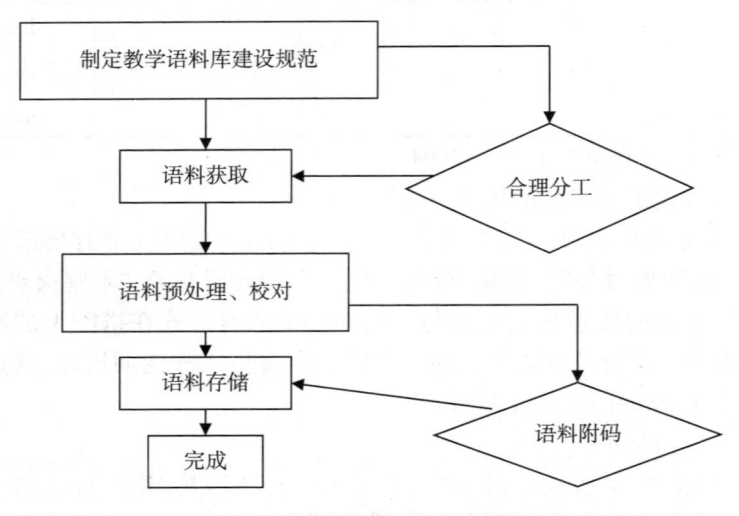

图11-2 英语教学语料库的建设规范

(一)英语教学语料库建设的影响因素

教学语料库尽管缺少大型语料库的一些特征,但在教学领域具有极

第十一章　语料库语言学理论观照下的英语教学改革

强的实用性与针对性,因此是一种专门语料库(specialized corpus)。在辛克莱尔(Sinclair)看来,在为个人教学语料库进行语料收集的过程中,应考虑难度、大小、时代性、典型性、语域定位等五个方面的问题(梁茂成,2003)。下面仅对难度、时代性和典型性进行分析。

1. 难度

英语教师在对语料进行选择时,应对教学对象的英语水平、教学主题等因素进行综合考虑。根据克拉申(Krashen)的"可理解输入"原则,还应对语料库入选词汇与教学大纲词汇要求之间的关系进行考量。为更加有效地对语料词汇的难度进行控制,教师还可使用 Antwordprofiler1.200w 或 Range 等电脑软件来检测词汇难度与词汇量。此外,在网络上对其他学者或教师制作的词族(families)表或者以个人需要为依据来制定个人词汇表也是非常有效的方法。

例如,为判断语料库中的词汇难度,可以一些常见的词族表为依据,如大学英语基本要求活用词词族表、高等学校英语专业英语教学大纲四、八级词汇表 Range(及 AWP)词族表、2008 年普通高等学校招生全国统一考试大纲英语词族表等。值得一提的是,这些词汇表都可以通过 Antwordprofiler1.200w 工具进行导入,并成为语篇词汇检测的参照词汇表。

2. 时代性

随着社会的发展,语言也在不断向前发展,一些新的词汇不断涌现,一些过时的词汇则被淘汰。这就要求教学语料库的建设应具有时代意识,应使入选的词汇能够反映当代生活的语言规律与语言的发展变化趋势。例如,要开展当代英语口语教学,可选取一些反映现代生活的视频文本、电影对白、纪录片等,且最好是最近三至五年的材料。

3. 典型性

英语教学的根本目的是培养、提升学生的综合语言运用能力,因此应为满足不同的教学目的而选取不同的语料。例如,建设口译教学语料库时,较理想的采样对象是网络视频与英文电影对白的文本。尽管这些文本经过人为的加工,但仍然可以将自然的语言反映出来。需要特别说明的是,在选取电影对白时,既要保证一定的广泛性又要保证不同题材语料规模之间的均衡性,并最好选择来自英语本族语者国家的电影。

(二)英语教学语料库语料的获取

概括来说,纸质素材、音频与视频素材以及网络素材是进行教学语料库建设的主要素材来源。充分利用现代技术来挖掘、利用这些素材十分有利于提高语料库的建设效率。

1. 纸质素材

纸质素材通常包括教材、报刊、杂志等。例如，华南师范大学外国语言文化学院在进行教材语料库的建设时，就将国内外的中小学英语教材作为素材来源。在对纸质素材中的内容进行录入时，通常可采取手工键入与扫描仪扫描录入两种方法。原则上来说，若是打印版的纸质素材且数量较大，通常需要使用 OCR（Optical Character Recognition）软件，即光学字符识别软件，可与平面扫描仪搭配使用。

就目前的情况来看，市场上的普通扫描仪都配备有这一软件。其中，TextBridge Pro，OmniPage Professional，ABBYY Fine Reader 以及汉王文本王等都具有较强的英文识别能力，对提高语料录入效率大有裨益。若要建立学生的作文语料库，除对纸质版作文进行手工录入之外，还可直接让学生提交电子版的作文。

2. 网络素材

概括来说，网络素材包括电子文档、网页以及电影字幕等。近年来，互联网的飞速发展有目共睹，资源"共享"的观念也逐渐深入人心，建立在文本基础上的网络资源可看作英语教学最丰富的资源库，并成为语料库领域的一支新生力量。

客观地讲，网络素材不可避免带有一定的杂质性，有的并不符合语料库资源的基本要求，但网络素材的优势也是不可比拟的，即涉及语域广，语料量大，更新速度快，动态化程度高，费用低廉（有的甚至完全免费）。此外，一些描述新生事物的新词、新语、新用法也常在网络素材中最早出现。换句话说，网络素材具有其他资源所不具备的时效性，因此将其排除在语料库资源范围之外是十分不明智的。

具体来说，获取网络素材时可采取以下几种方法。

（1）利用 Google 检索

在 Google 上通过一些有效的关键字，就可以找到一些共享甚至免费的在线语料库资源。例如，输入"免费在线语料检索工具""免费语料资源""web concordancer""free corpus""online concordancer""online corpus"等关键字，会有很多常用的语料检索工具与在线语料库显示出来。从内容上来看，这些语料库具有十分广泛的题材，从而将当代英语的语言现象充分反映出来。

第十一章 语料库语言学理论观照下的英语教学改革

此外,它是现成的语料库,因此能够大大节约教师构建语料库的时间与精力。从技术层面来看,这些语料库都具备统计功能并支持在线检索,其中有一部分在线的语料库还具备搭配检索功能、连续和非连续的词组检索功能、通配符检索功能等,并可以对检索词的词性进行指定,从而可以满足英语教学的基本需要。下面是一些网上常用的语料库。

Bank of English

当代英国书面语和口语语料库(5.6亿词次)

网址:http://www.collins.co.uk/Corpus/CorpusSearch.aspx

Corpus of Contemporary American English(1990-2009)

当代美国英语书面语语料库(4亿词次)

网址:http://www.americancorpus.org/

British National Corpus(1980s-1993)

英语书面语和口语语料库(1亿词次)

网址:http://corpus.byu.edu/bnc/

Time Magazine Corpus(1923-2009)

美国《时代周刊》语料库(1亿词次)

网址:http://corpus.byu.edu/time/

MICASE(Michigan Corpus of Academic Spoken English)

美国大学学术口语语料库(1.8万词)

网址:http://www.hti.umich.edu/m/micase/

WebCorp

基于互联网文本资源的语料库(资源丰富但杂质较多)

网址:http://www.webcorp.org.uk/index.html

Virtual Language Centre

(包含 Computing texts, Business & Economy, SCMP articles, LOB, Brown, The Starr Report 等多个语料库)

网址:http://vlc.polyu.edu.hk/concordance/WWWConcappE.htm

(2)利用专题网站

一些专题网站具有很高的代表性与权威性,能够提供很多英语本族语者使用的原始语料,因而非常有利于英语教学。常见的专题网站包括 TIME、VOA、BBC、CNN、ENCERTA 等。例如,可在 Google 上输入"CNN website"以查询 CNN 的官方网站,从而快速获得网址以便下载所需语料素材。

（3）利用搜索引擎

为了获取与某一特定主题相关的原始语料，可利用搜索引擎来进行精确检索。Wildcards 检索可适用于大部分互联网搜索引擎，因此从一定程度上来看，互联网搜索引擎就是简化版的 Concordancer，其功能也是十分强大的，不仅可以使用频数并显示词语用法、上下文语境的区分，还可对检索词语进行高亮显示。此外，还支持用户进行组合检索，如添加空格，OR，""，—，site, intitle, filetype 等。例如，某位英语教师为满足课堂教学的需要，想搜索与 first aid 相关的语料，就可以在 Google 上输入以下文字：

site：uk "first aid"

其中，site：uk 将检索范围限定于英国本地的网址，这有利于保障语料的真实性。

3. 音频与视频素材

随着现代科技的不断发展，音频与视频素材越来越多地应用于英语教学领域，因而也是语料库建设的重要资料来源。例如，华南师范大学外国语言文化学院在建设课堂教学语料库时，就将国内外中小学英语教学课堂录像作为重要的素材来源。

与纸质素材相比，音频与视频素材往往需要花费更多的精力与时间来进行文字转录。具体来说，转录不仅对工作人员提出了听力方面的更高要求，这些转录信息的校对也需要更多的时间与人员。令人可喜的是，现代信息技术不断向前发展，语音识别技术也取得了日新月异的成绩，越来越多的自动化语音识别技术将为音频与视频素材的录入提供极大便利。

四、语料库在英语教学中的具体应用

当全球已经进入电子信息化时代，英语学习的资源也逐渐可以从各种资源库中提取。因此，选择、提取、搜索信息以及对信息进行处理已经成了教师的一项必备能力。语料库语言学与当前现代信息技术的发展相适应，为英语教学提供了更优化的资源和环境。因此，本节对语料库在英语教学中的应用进行分析。

在英语教学中，英语语音、词汇、语法、听力、口语、阅读、写作、翻译的教学都可以在语料库的辅助下展开并取得预期的教学效果。不过，由于篇幅有限，故这里仅针对英语语音、听力在教学中使用语料库的情况展开

第十一章 语料库语言学理论观照下的英语教学改革

详细研究。

（一）语料库应用于英语语音教学

1. 语料库辅助英语语音教学的优势

母语对外语习得的影响称为迁移。当母语规则与外语规则有差异时，学习者把母语规则迁移到外语中去，母语便会干扰外语的学习。此时母语对外语学习的消极影响被称为负迁移。据《中国语言文字使用情况调查资料》显示，我国能用普通话进行交际的人口比例为53.06%，能用方言进行交际的人口比例为86.38%。可见，方言在我国使用范围和影响是极其广泛和深远的，对英语学习来说，来自方言的影响是不容忽视的。这个问题不仅影响到高校学生的口语表达，而且也会影响听力能力，更为甚者导致他们的学习兴趣越来越低。

汉语方言俗称地方话，只通行于一定的地域。现代汉语各方言形成的要素很多，有属于社会、历史、地理方面的因素，如人口的迁移、山川地理的阻隔等；也有属于语言本身的要素，如语言发展的不平衡性，不同语言的相互接触、相互影响等。方言虽然只是在一定的地域中通行，但本身却也有一套完整的系统。方言都具有语音结构系统、词汇结构系统和语法结构系统，能够满足本地区社会交际的需要。中国是一个幅员辽阔的国家，各地方言分布的区域很广，因而千差万别。现代汉语与各方言之间的差异表现于语音、词汇、语法各个方面，语音方面尤为突出。不同的方言对英语语音学习均有迥然各异的影响。高校学生均来自全国各地，其中不乏以母语为方言的同学。虽然入校后都用普通话进行交流和教育，但毕竟母语对个人语言体系形成的影响根深蒂固。因此，面对高校学生英语学习中发音不准确、讲英语口语时没有自信心、经过几年的英语学习仍旧是"哑巴英语"等问题，需要研究其母语与英语的迁移作用，进而从根源解决问题。

对于上述问题，英语教育者可以采用语音语料库辅助教学来改善学生的语音学习问题。通过对学生的英语发音进行收集、整理，进而标注方言、普通话、英语语音预料，采用标注文本、声音、声学参数三种形式对学生的语音进行对比，分析出语音高分组与低分组之间所具有的差异，进而研究这种差异对语音学习的影响。

通过对不同地区英语学习者语音的习得特征进行调查，可以获知母语方言在英语语音学习者习得过程中所产生的负迁移作用，发现他们在语音的音位、重音、节奏、语调等方面与本族语者所具有的差异以及原因，进而搜集语料,建立英汉双语语音平行语料库,帮助学生在语音学习过程中实现自主化、立体化、个性化。此外,英汉双语语音平行语料库还可以为广大英语学习者提供生动、地道、原汁原味的英语语言学习材料,为英语语音的相关研究者提供更加便捷的检索与统计工具。

英汉双语语音语料库可以为高校师生带来帮助。对于教师而言,可以通过语料库研究高校学生在英语听说学习上所具有的问题,如制约语音习得的因素有哪些? 如此就可以在课堂上有的放矢地展开教学,从而积极培养学生的语音学习意识,帮助他们克服语音学习上的困难。对于学生而言,他们可以在课堂或课外积极使用语料库来学习语音,在学习过程中发现自身的问题并加以改进,从而在语音学习上取得较快的进步。

2. 语料库在英语语音教学中的具体应用

在高校英语语音教学过程中,教师可以采集不同生源地区的学生方言、普通话、英语语音发音,然后对所采集的语料进行整理、分析、标注。下面对语音语料的采集过程给予简要介绍。

步骤一:教师找一处环境比较安静的区域,准备一支录音笔。

步骤二:将参与录音的学生进行登记,包括姓名、性别、籍贯、受教育地点代码。

步骤三:学生根据所发放的阅读资料进行阅读,包括方言、普通话、英语发音。学生可以从准备的材料中随机抽取一篇,然后准备5分钟,随后进行朗读,教师可以在学生朗读时进行录音。

步骤四:教师将学生的录音转入电脑中。

步骤五:教师对电脑中学生的录音材料进行整理、标注,然后给出评分。在此过程中,有条件的学校可以邀请国内一些语音专家给学生的录音材料进行打分,包括音段、重音、语调、流利程度、清晰程度等方面。满分可设置为25分。

语料标注和分析采用目前语音学界应用最为广泛的人工语音标注、分析及合成的软件Praat软件。标注完成后,每一位受试者的录音会产生两个文档:以Wav格式保存的声音文件和以Textgrid格式保存的标注文件。完成数据提取后,可以利用微软Excel和社科统计软件SPSS进行统计分析。对高分组和低分组之间的独立样本T检验具有统计学意义。

(二)语料库应用于英语听力教学

听力教学也是语言教学的一项重要内容,传统的听力教学往往是在多媒体教室里由教师播放音频或者视频资料,学生进行统一的收听,这样

第十一章　语料库语言学理论观照下的英语教学改革

的方式便于教师对学生进行集中的控制,但是其并不利于学生的自主学习。虽然现代网上也存在一些课外的听力材料,但是这样的搜索难免会浪费时间,且搜索的内容也不够全面,因此建构一个丰富和优质的基于语料库的听力教学模式就显得十分重要。下面就来分析语料库在英语听力教学中的应用。

1. 语料库辅助英语听力教学的优势

语料库主要研究的是机器可读自然文本的存储、采集、统计、检索以及在词典编纂、语言定量分析、自然语言理解、机器翻译等层面的应用。近些年,将语料库应用于语言教学的研究越来越多,教学语料库也成为当前语料库研究的一项重要内容。当然,语料库对听力教学也有着越来越重要的作用。从听力教学的角度而言,听力语料库的构建主要有如下几点作用。

首先,利用语料库能够弥补听力教材教学内容单一的局面,语料库可以大大地扩展语言输入的范围。通过语料库,学生有更多的机会接触各种类型的语体,从而扩宽自己的视野,增加语言输入的范围和内容。

其次,利用语料库能够为教师提供一个可靠的语言信息,听力语料库可以为听力教学提供一个更为可靠的语料来源,教师也可以根据这些语料为学生选择更为合适的内容。

再次,利用语料库可以为学生创造更为真实的语境。听力语料库为使学生处于一个真实的听力语境上,使他们所学的内容与自己的生活实际情况更为贴合,增强了学生听力学习的兴趣和积极性。

最后,作为新型的学习资源,利用语料库可以开展任务驱动和自主探究式学习。其为学生提供了更为地道的素材和语境,通过对各种不同语境的分析和归纳,从而强化自己的听力学习,提高自己的探究式学习能力。

2. 语料库在英语听力教学中的具体应用

下面以一则具体的语料库在听力教学中的案例进行分析。

教学目的:对选题类话题的高频词汇进行掌握,并理解课程的介绍和评论等相关的对话,使学生能够运用英语对课程进行介绍和评论。

教学语料:大学选课的相关内容。

操作指引:

(1)关键词检索 \<education\>,\<L1\>,并得到图 11-3 的检索结果。

1.	New oriental IELTS listening U7Ex08	<audio+script><1m6s><BE>	<education><monologue><formal><L1>
2.	Computers and Children	<audiovisual+subtitle+script><3m59s><AE>	<education><news report><formal><L1>
3.	A teacher's training course	<audio+script><2m48s><BE>	<education><interview><informal><L1>

图 11-3　检索结果

（2）选择与教学目的相关的语料，根据检索到的语料的不同内容和类型，采取相应的听力策略，对不同类型的听力活动进行设计。此案例中，教师选取了上图中 1 和 3 这两份语料进行分析。

（3）第一段语料都是短句，时间为 1 分 6 秒，听力重点是对各种类型课程名称的介绍。这一段语料适用于学生进行热身练习。第二段语料是生动的采访，时间为 2 分 48 秒。在检索中发现此段语料有文本 script。

第十二章 系统功能语言学理论观照下的英语教学改革

人类对语言的研究是从不同的角度出发的。根据研究方向的不同，语言学可以分为不同的分支，如社会语言学、功能语言学、心理语言学、形式语言学、认知语言学、神经语言学、人类语言学、民族语言学、计算机语言学、地理语言学等。系统功能语言学属于功能语言学的一个分支。随着时代的发展和社会的进步，学者对系统功能语言学的关注程度加深。下面分别从系统功能语言学理论的起源、理论基础、重要概念、发展阶段、应用价值几个方面对其展开研究。

第一节 系统功能语言学的内涵

任何一种理论的研究和发展都是在总结前人经验并结合自身研究的基础上发展而来的。系统功能语言学理论的提出也是如此。

一、韩礼德的观点

作为20世纪最有影响力的语言学研究理论之一的系统功能语言学，其研究主要是从社会学角度出发，关注语言功能的作用，同时其研究范围涉及与语言相关的很多领域，如语言教学、语篇分析、文体学、机器翻译等。

系统功能语言学（Systemic-functional Linguistics）的创始人是伦敦学派（The London School）的重要学者之一韩礼德（M. A. Halliday）。下面对韩礼德教授进行简单的介绍。

1925年韩礼德生于英格兰约克郡利兹。

青年时期的韩礼德在伦敦大学主修中国语言文学，并获得中文学士学位。

1947—1949年在我国北京大学深造,导师为罗常培教授。

1949—1950年转入岭南大学,导师为王力教授。

韩礼德回到英国师从弗斯等著名语言学家,并于1955年完成博士论文《"元朝秘史"的语言》,获得博士学位。

1955年以来,他在英国和美国的多所大学教授语言学课程。

1975年,韩礼德移居澳大利亚,创建了悉尼大学的语言学系,一直任教至1988年退休。

韩礼德的系统功能语言学理论主要由系统语言学和功能语言学两部分组成,二者互相关联、密不可分。

系统语言学的特点主要可以总结为以下几点。[1]

(1)重视语言的社会学特征。

(2)将语言看为一种"行"而不是"知"。区分了语言行为潜势和实际的语言行为。

(3)对某一特定语言或某一语言的各种变体的特点进行重点描述。

(4)用渐变的形式描述了语言不同侧面的特点。

(5)通过对语篇的分析和统计数据来验证自己的假设。

(6)将"系统"作为核心的范畴。

功能语言学主要对语言的三种元功能进行了总结,分别是:概念功能、人际功能和语篇功能。

二、弗斯的观点

弗斯(J.R.Firth)是英国著名的语言学家,同时也是伦敦学派的奠基人。他对韩礼德语言学理论的形成有着十分重要的影响作用。系统功能语言学中的"系统"便是从弗斯的观点中发展而成的。在继承与发展弗斯理论的基础上,韩礼德创立了系统功能语言学,因此系统功能语言学也被称为"新弗斯学派"。

在对语言研究的过程中,弗斯的主要成就是语义学的语境理论和音系学的韵律分析。其中语境理论是弗斯语言学理论的基点。

弗斯的语境理论主要有以下几个观点。

(1)语言和人类的生活以及文化是息息相关、密不可分的。

---

[1] 支永碧,王永祥.英语语言学概论自学指导[M].苏州:苏州大学出版社,2009:80.

第十二章 系统功能语言学理论观照下的英语教学改革

（2）对语义的研究是语言研究的中心任务。

（3）语境包括说话时的语言环境,说话者的各种特征以及非语言因素。语言环境的功能主要是通过意义表现出来。

弗斯的音韵分析理论主要涉及两个概念:音声单位和韵律成分。其中音声单位指的是按系列排列的音段,如辅音和元音等。韵律成分指的是整个结构上或结构中主要部分的语音特征(如语调模式等)。[①]

三、马林诺夫斯基的观点

马林诺夫斯基(B.Malinowski)是一名人类学家,与韩礼德、弗斯在伦敦大学一同工作过。马林诺夫斯基的语言学观点对韩礼德和弗斯的理论产生了很大的影响。

弗斯将语言看作"行为潜势(Behavioural Potential)",其中所主张的"文化语境"和"情景语境"便是从马林诺夫斯基的观点中借用的。韩礼德在马林诺夫斯基与弗斯的基础上对语境理论进行了发展,提出了话语范围(field)、话语基调(tenor)和话语方式(mode)。同时韩礼德还将这些概念与语义系统和语法系统相联系,进一步加深了系统功能理论的研究。

四、萨丕尔和沃尔夫的观点

萨丕尔(Sapir)和沃尔夫(Whorf)的观点对韩礼德的思想也有着深刻的影响。萨丕尔是著名的人类语言学家,沃尔夫则以隐性范畴理论而著名。

韩礼德(1988)曾经指出,"沃尔夫发展了布亚斯(Boas)和萨丕尔的观点,指出人类的语义系统并不是完全一样的,而这种无意识的语义区别正是他们各自不同文化的最典型表现。沃尔夫关于隐性范畴(cryptotype)的见解和语法模拟现实的概念尚未被人认真考虑。我认为他的这些看法会成为世界语言学的主要贡献之一。"[②]

五、其他学者的观点

除了上述介绍的一些学者之外,还有很多学者对系统功能语言理论

[①] 白雅,岳希茜.语言与语言学研究[M].昆明:云南大学出版社,2010:296.
[②] 黄国文,辛志英.系统功能语言学研究现状和发展趋势[M].北京:外语教学与研究出版社,2012:27.

的形成有着积极的影响作用。

布龙菲尔德的结构主义观点中对语言的描写以及弗里斯(Fries)的方法对语言教育有着重要的影响。

对韩礼德理论的形成有着更直接影响的是霍凯特(Hockett,1954)、哈里斯(Harris, 1951)、格里申(Gleason, 1961)。其中霍凯特对结构主义语言学的理论基础进行了检验,并提出了自己的问题。这种疑问对日后结构主义的发展准备了条件。哈里斯以诚实的态度对结构主义的发展及其终极目标进行了论述。格里申对结构主体提出了全面、有条理的模式,为教师和相关学者的研究打下了基础。同时他还提出了自己的层次观点和描写理论,丰富了理论的发展。

派克(Pike)的法位学对韩礼德理论的形成也有着一定的影响。其中派克对语言学和语法功能理论的发展有着重要的贡献,同时他承认语言的文化语境,因此与韩礼德的理论有着共同之处。

兰姆(Lamb)的层次语法受到了韩礼德的肯定。二人在美国相识,研究过程中也有很多观点一致。兰姆曾经向韩礼德指出,计算机是语言学研究中的重要工具,使语法保持简明性和计算机化是可能的,它不会抹杀描写语言学的成就和对语言的了解。[①]

此外,韩礼德理论的形成和三位与汉语研究相关的学者也有密切的联系。他们分别是伦敦大学中文系教授西蒙(Welter Simon)、北京大学教授罗常培以及岭南大学的王力教授。

韩礼德还同很多学者进行过合作,如艾里斯(J. Ellis)、阿尔布罗(K. Albrow)、麦凯(D. Mackay)、杜蒂(P. Doughty)等。

第二节　系统功能语言学的研究内容

在西方,对于语言学的研究早在希腊时期便已经开始了。系统功能语言学在形成的过程中,融合了很多理论。下面对系统功能语言学的理论基础与重要概念进行总结和分析。

[①] 胡壮麟,朱永生,张德禄,李战子.系统功能语言学概论(2版)[M].北京:北京大学出版社,2008:23.

第十二章　系统功能语言学理论观照下的英语教学改革

一、系统功能语言学的理论基础

（一）古希腊的语言观

从相关资料来看，古希腊时期的普罗塔哥拉（Protagoras）和一些诡辩学家已经开始了语言的研究，因此可以说是语言学的开创者。

普罗塔哥拉在对语言的研究过程中，发现了最基本的言语功能，如陈述、疑问、祈使、期望。他的研究发现为语法分析奠定了基础。在当时诡辩学家对语言的研究主要关注的是修辞部分，重视辩论的特点和话语的结构。他们将语句分成行动和行动者两个部分，这明显带有功能分析的倾向。

古希腊的语言研究主要形成了两种对立的观点。一种以普罗塔哥拉和柏拉图（Plato）为代表，另一种以亚里士多德（Aristotle）为代表。亚里士多德对语言的研究，主要是从规约的角度进行的。他认为名字本身带有规约性或合约性，因此与其本质没有关系。在这个基础上，亚里士多德发展了句子的概念。句子的部分组合在一起能够形成对句子真值大小的判断。对亚里士多德而言语言不再是一个资源系统，而是一个规则系统。下面对这两种观点进行对比，如表 12-1 所示。

表 12-1　古希腊语言观对比

普罗塔哥拉和柏拉图的语言观	亚里士多德的语言观
语言学是人类学的一部分	语言学是哲学的一部分
语法是文化的一部分	语法是逻辑学的一部分
语言是向人谈论事情的手段	语言是表示肯定与否定的手段
语言是一种活动方式	语言是一种判断方式
注意不规则现象	注意规则现象
语言学是描写的	语言学是规范的
关心语义与修辞功能的关系	关心语义与真值的关系
语言是选择系统	语言是规则系统
对话语做语义解释	对句子作形式分析
把可接受性或用途作为理想化标准	把合乎语法化作为理想化标准

(二)中世纪的语言观

中世纪的语言观主要有摩迪斯泰(Modistae)学派和法国保尔-罗瓦雅尔(Port-Rlyal)的"理性主义"学派。这两个学派在一定程度上都和亚里士多德的语言学观点有相似之处。

摩迪斯泰学派为中世纪形式句法学奠定了基础。这个学派受到了理性科学的影响,主张语法带有分析性,而不带有解释性。

保尔-罗瓦雅尔学派认为,语法带有一定的理性,是一种说话的艺术。这个学派主张逻辑与语法不同,应该属于思维的范畴。相关学者主张,理性是判断的眼神,因此既属于语法的范畴,也属于逻辑的范畴。根据这个观点,语法学、修辞学、逻辑学这三个学科实际上可以简化为语法和修辞两个学科。因此对于语言的内部和外部运作情况,语法和修辞便足以进行说明。

(三)20世纪的语言观

在20世纪上半叶,语符学派(即哥本哈根派)、布拉格学派和伦敦学派问世。在美国则有布亚斯(Boas)、萨丕尔(Sapir)等人的理论。这种语言观主张以人类学作为研究的方向。人类学倾向的研究主要是随着资本主义的发展和对外扩张的需要产生的。

在美国语言学界,布龙菲尔德(Bloomfield)开创的美国结构主义语言学开始盛行。随后乔姆斯基的转换生成语法兴起,因此语言学向着哲学的方向发展,并在全球范围内产生了巨大的影响作用。

20世纪的相关语言学观点,主要可以通过表12-2进行总结。

表12-2　20世纪语言学观点总结

以人类学为本的语言学传统	以哲学为本的语言学传统
包括语符学派、布拉格学派、伦敦学派、层次语法、法位学、系统功能语法	包括结构主义学派、转换生成学派、生成语义学派
采用体现的观点说明各层次的关系	采用结合或复合的观点说明语言结构
语言是音系学、句法学和语义学三个层次的	语言系统仅音系学和句法学两个层次
人类学的—社会学的	哲学的—逻辑学的—心理学的多重代码系统

对于上面这两种语言观,韩礼德认为其都对语言系统进行关注,都解释语言的基本特性。二者的区别在于对系统和行为关系的认识点不同。

第十二章　系统功能语言学理论观照下的英语教学改革

上述这些观点和理论对韩礼德的系统功能语言学的产生和发展有着不同的影响作用。在先前理论的基础上,韩礼德进行总结与分析,产生了系统功能语言学。

（四）系统功能语言观

在语言研究的过程中,存在着不同流派并存的情况。当今世界,形式主义语言学和系统功能语言学都是影响较大的学派。同时二者的差异也是很多学者关注的问题。学者黄国文对朱永生(2001)、严世清(2001)、胡壮麟(2005)等人的观点进行了总结,归纳出了形式主义语言学与系统功能语言学在哲学理论根源、研究方法、研究重点等方面的差异,如表12-3所示。

表12-3　形式主义语言学与系统功能语言学的差异

	哲学理论根源	研究方法	研究重点
形式主义语言学	受 Protagoras 和 Plato 思想影响;继承经验主义思想;接受以人类学为本的语言学传统	从语言外部即社会文化的支配与影响和人文角度研究语言;把语言当作是"个体之间"的现象	研究人们如何在现实生活中使用语言和用语言来做事情;感兴趣的是语言(语篇)与社会的关系
系统功能语言学	受 Aristotle 思想影响继承心智主义思想;接受以哲学为本的语言学传统	从语言内部即心理、生理、认知的机制与运作的方式研究语言把语言当作是"个体内部"的现象	研究理想化了的讲话者如何造出各种符合语法的句子;感兴趣的是"语言共项"

韩礼德的系统功能语言观在大体上可以归纳为:符号的思想、系统的思想、行为的思想、功能的思想、层次的思想、语境的思想、变异的思想、盖然的思想。

1. 符号的思想

在系统功能语言学中,每个符号系统都是一种意义系统。语言被看作是符号系统的一支,因此也在意义系统的范畴。符号系统包含的种类很多,除了语言之外,还有绘画、雕塑、交通信号等。从符号思想的角度出发,系统功能语言学就是研究意义系统的科学。

2. 行为的思想

语言并不是固定不变的,而是随着时代、社会的发展而不断进行更新与发展。因此在符号系统中,语言带有动态性和抽象性。语言是人类的一种行动方式。在使用语言的过程中,人类体现出了自己话语的含义,同时也表现出了不同的文化色彩。这种语言便体现了行为潜势。

3. 功能的思想

系统功能语言学在对语言进行研究的过程中是从功能的角度出发的。它认为,语言贯穿在人类的行为当中。人类通过以言行事,可以以听、说、读、写的方式完成交际任务。同时,人类语言在形成之出便是根据其功能建构的。因此,在系统功能语言学中,功能是语言的基本特征,是语言组织的基础,是语言的基本原则。①

4. 层次的思想

语言是由不同的层次构成的代码系统。每种语言都包括语义层、词汇语法层、音系字系层。每个具体的语言层次之间呈现出体现与被体现的关系。详细地说,下一层的语言层次由上一层进行体现,上个语言层次体现下个语言层次。

5. 语境的思想

系统功能语言学对语境的重视程度十分高。它主张,一切的语言活动和交际行为都是发生在具体的语境中的。语境的差异对交际目的的顺利实现也有着不同的影响作用。语境一般分为情景语境和文化语境两种。其中情景语境是语篇的语境,文化语境是整个语言系统的语境。

6. 变异的思想

语言的变异性和语言的运用有着密切的关系。在不同的语言环境中,语言会呈现出不同的语言变体。因此,在系统功能语言学中,对语言的变异性进行了强调和突出。对语言变异性的研究能够扩宽语言研究的实用性。有一些语言理论专门对语言变异进行关注,如语域理论、方言理论、体裁理论等。

7. 盖然的思想

系统功能语言学对语言的研究是从整体的盖然的角度出发的。这就是说,在研究过程中,不从逻辑的角度看待语言现象,不简单地将语言现象进行肯定和否定,而是从连续的角度出发,以盖然的角度看待和分析语言现象。

---

① 黄国文,辛志英. 系统功能语言学研究现状和发展趋势 [M]. 北京:外语教学与研究出版社,2012:31.

第十二章　系统功能语言学理论观照下的英语教学改革

8. 系统的思想

将语言看作是一种符号,就是将语言纳入了资源的范围。语言之间通过相互连接,形成了一个巨大的系统。所有的符号系统构成的便是文化。因此从这个层面考虑,对符号系统的研究与文化的研究是息息相关的。

索绪尔(Saussure,1916)曾对语言学各分支之间的关系进行了总结,体现出了语言学的系统性,如图 12-1 所示。

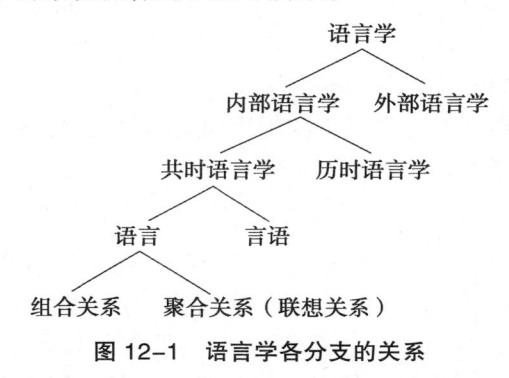

```
                  语言学
                 /      \
           内部语言学    外部语言学
          /        \
      共时语言学    历时语言学
       /      \
     语言      言语
     /    \
 组合关系  聚合关系(联想关系)
```

图 12-1　语言学各分支的关系

上述对系统功能语言观的总结是从整体的角度出发的。从本质上说,系统功能语言学是一种普通的语言学理论,从整体性的角度对语言现象进行研究,其研究的视角是综合的方法。同时由于系统功能语言学是从功能的角度对语言现象进行研究,因此其带有很强的适用性,被称为"适用语言学"(appliable linguistics)模式。(黄国文,2007)

二、系统功能语言学的重要概念

系统功能语言学在其理论研究和发展的过程中,形成了一些重要的概念。下面对这些重要概念进行总结和分析。

(一)语调

语调(intonation)能够体现语篇意义和人际关系。具体来说,语调可以分为四个变项:调位(tonality)、调重音(tonicity)、声调(tone)、韵律(rhythm)。[①]

[①] 黄国文,辛志英. 系统功能语言学研究现状和发展趋势 [M].北京:外语教学与研究出版社,2012:43.

（1）调位是把话语组织成为调群（tone group）的语调机制。调位通过话语组织能够确定调群的边界。

（2）调重音是把调群组织为调核心（tonic）和调前成分（pre-tonic）的语调机制。在信息系统中，调重音能够发挥重要的作用。它能够确定语篇内的信息单位。一般来说，重音部分表示强调，为新信息出现的部分，其余部分则为已知信息。

（3）声调是调核心的升降曲线，表示语调的类别，如升调、降调、升降调和降升调等。在交际的过程中，选择合适的声调对交际的顺利进行有着重要的意义。总体而言，降调一般表示确定，与陈述句、特殊疑问句相关；声调表示不确定，与疑问句相关。

（4）韵律是声调升降和轻重的规则模式，是信息传递的主要方式。

（二）元功能

学者张德禄曾经指出，"语言是围绕很少一组系统组织的，系统的内部相互连接紧密，系统的外部与语法的其他部分的联系松散。这一系列系统与韩礼德所说的概念功能部分、人际功能部分和语篇功能部分，或称元功能相对应。这三个元功能各自且相互共同起作用。小句可以同时体现从这三个元功能中选择的选项。"[①]

每一个元功能结构都需要体现出社会文化和语境特征，同时还要产生出自身的独特结构。具体来说，元功能结构主要可以表现在以下几个方面。

（1）在元功能中，经验意义能够体现出人的自然和社会经历以及他的心理经历的意义。经验意义一般由过程、参与者和情景组成的及物性结构和表达概念意义的词汇体现。

（2）元功能中的语篇意义是创建语篇的意义，是把概念意义和人际意义根据语境组织为一体，共同形成一个语篇的功能，由衔接、主位结构和信息结构体现。

（3）元功能中的人际意义是促进社会关系的功能，表示讲话者和听话者之间的关系，包括较为固定的社会角色关系，如上下级关系和师生关系等，以及暂时的交流角色关系，如询问者—回答者关系，由主语、谓语、补语、附加语组成的语气结构、情态动词和副词组成的情态和语调等体现。

---

① 黄国文，辛志英. 系统功能语言学研究现状和发展趋势[M]. 北京：外语教学与研究出版社，2012：43.

第十二章　系统功能语言学理论观照下的英语教学改革

(三)三个视角

系统功能语言学中的语法范畴是一个十分重要的理论。将语法范畴化一般可以通过三个角度进行。

(1)从语义层看语法。从这个角度看语法是一种从上到下的顺序。所谓语义层,指的是语言的最上层。从语义层上关照语法,能够看到在交际中需要表达什么样的语义特征,以及每个语法范畴体现的含义。

(2)从词汇语法本身来看语法。这个角度属于中间层,从这个角度观察语法能够看出词汇语法本身的特点。

(3)从音系和字系层看语法。这个层面属于最底层。从这个层面可以观察语法是如何通过声音和书写文字进行体现的。

但是需要注意的是,第一个层面,也就是从语义层看语法的角度是系统功能语法最主要的视角。

(四)语言功能

语言功能指的是人们的语言使用方法以及语言是如何根据交际用途的不同而发生变化的。

对语言功能的研究能够使人们更加深刻地了解语言的形成机制以及语言是如何受到更高层次的意义和语境的制约而形成的。下面以儿童早期语言阶段为例,对语言的功能进行分析。

儿童早期语言阶段是语言的第一阶段。韩礼德指出,儿童早期语言阶段的语言功能主要可以包括以下几个方面。

(1)工具功能。这个功能能使儿童获得他需要的东西,也就是说,通过语言,儿童能够满足自身需要,获得物品或服务。

(2)调控功能。调控功能指的是儿童控制他人行为的功能,具体来说,儿童可以通过语言指示其他人按照他的想法做或不做某事。

(3)交流功能。交流功能指的是儿童用来和他人交流的功能。

(4)个体表现功能。个体表现功能指的是儿童用来表现自己的功能,这属于一种自我认识的功能。通过个体表现,儿童能够表现出自身的喜怒哀乐,积极地与周围的人或物进行互动交流。

(5)启发功能。当儿童形成自我认知之后,就要探索周围的环境,这就是语言的启发功能。

(6)想象功能。想象功能指的是通过自己创造的环境,儿童能在环境中进行角色扮演,从而进行一定的交流活动。

（7）信息功能。语言的信息功能一般发生在第一阶段的后期。指的是儿童能够使用信息向别人传递的功能。

儿童语言的这些功能不断发展，就会变成人的语言功能，也就是元功能。元功能包括概念功能、人际功能和语篇功能。了解了儿童的语言功能，对其语言习得有着重要的影响作用。

（五）语义系统

在系统功能语言学中，语义系统和其他符号系统具有不同的意义。和普通的符号系统不同，语义系统是一种自然语言，由语法进行体现。语义系统是实现人类交际目标的主要层面，能够体现出社会文化和价值，以及人在自身文化中所进行的行为潜势。

这个系统一般包含三个层面的内容：语义层、词汇语法和音系层。上述三个层次组成了语言系统，并相互作用。

（六）表义行为

表义行为是从无限意义潜势中选择出来的一个表义实例，用以反映客观现实和与他进行交际的过程。[1]

表义词能够体现出语义潜势，同时也是表义符号行为的次范畴。需要注意的是，每一个表义行为都能激发一定的人际关系，同时还能对经历进行表达。

（七）语法隐喻

在介绍语法隐喻之前，首先应该了解什么是"隐喻式"（metaphorical mode）。范畴和意义被认为有一个典型的一致模式，因此被称为"一致式"（congruent mode）。与之相反，由于功能的变化而采用的其他模式，便被称为"隐喻式"。"隐喻式"体现出了意义与范畴的不一致现象。

语法隐喻涉及了范畴和意义之间的结合点。一般而言，其可以分为两个类别：概念隐喻和人际隐喻。

（八）有标记性

当有些选项比其他选项更容易被选择时，那么这些选项便需要从量

---

[1] 黄国文，辛志英. 系统功能语言学研究现状和发展趋势[M]. 北京：外语教学与研究出版社，2012：35.

第十二章　系统功能语言学理论观照下的英语教学改革

上进行标记。因此这些选项便具有了标记性。而当一些选项可以表达更加简单、经济时,这些选项通常被认为是无标记性的。

(九)语言量化

韩礼德认为,人类的话语是根据语法的概率进行模式化的。这就是说,系统的量化特征是语言作为符号系统的基本特征,需要纳入语法研究过程中。[①]

(十)语言计算

随着人类科学的发展,人类试图利用计算机对语言进行处理。从20世纪50年代,人类开始研究机器翻译。20世纪60年代,机器智能开始出现。在这个阶段,人类企图建立分析器、问答系统和专家系统,进行实际问题的解答。

20世纪80年代,人类将计算机的研究范围进一步扩大。试图用计算机作为一种工具进行语言研究。

近年来,众多研究者将研究重点放到了语言上。语言计算不仅仅是计算的目标,而成为一种智能计算的手段。但是需要注意的是,在自然语言成为计算的工具之前,需要有一个语言理论体系作为支撑。

(十一)社会符号学

社会符号学是符号学的一个分支,其研究对象是个体符号以及由符号组成的符号系统。

在整个符号系统当中,个体符号也是其成员之一,受符号系统的决定。因此可以说,没有整个符号系统,个体符号就失去了存在的价值。

符号系统是一个意义系统,能够产生意义以及进行意义的交流。由于语言也能够进行意义的产生与交流,因此语法也属于符号系统的范畴。

(十二)结构和级阶

韩礼德认为,语法的基本范畴是单位、结构、类和系统。

(1)单位指的是"具有语法模式的语段"。(韩礼德,1961)语法单位有大小之分,从而形成由高到低的等级。单位所跨越的等级变称为"级阶"。

[①] 黄国文,辛志英.系统功能语言学研究现状和发展趋势[M].北京:外语教学与研究出版社,2012:46.

(2)结构是实际带有语法模式的范畴。韩礼德(1961)主张,模式是语言活动的模式,它实际上是"相似事件的重复"。

(3)韩礼德指出,"一个单位的成员通过在上一级单位的结构中的活动得到识别",这个单位的成员便称为"类"。

(4)"系统"的存在是为了说明"在一类类似项目中为什么出现这一项目而不是另一项目"。系统的存在是为了说明一个类系统中次类之间的关系。

结构的类别主要包括结构型、韵律型和周期型三种。级阶一般是组织单位的阶。

(十三)理论和描述

在系统功能语言学中,应该对理论和描述的概念进行认真区分。理论范畴,从本质上讲,是适用于所有语言的。[①] 描述不是一种理论,但是必须以理论作为基础。

(十四)语篇和语篇分析

在功能语法的研究过程中,是以小句作为其研究单位的。但是在语言交际研究中,其基本的研究单位是语篇。语篇是一个意义单位和构型。语篇的形成并不是语言的随意堆砌,而是需要以连贯的语言进行衔接。语篇的衔接主要包括指称、替代和省略、连接、词汇衔接四个类别。

学者张德禄认为,"所有的语篇都可以通过对语言的功能范畴或意义范畴的描述而进行客观的语言分析"。在进行语篇分析时,其基础是语法分析。通过进行语法分析,研究者可以发现语篇意义是通过什么方式进行体现的。因此语篇分析一般需要描述以下几个方面:体现语篇意义的语法特点、语篇的谋篇布局、语篇的结构、语篇的情景语境、语篇的体裁等。通过对上述几个特点的描述,最后得出语篇所表现的意识形态、社会和文化特点、交际目的等。

(十五)语言的不确定性

自然语言所具有的一个基本特性便是不确定性。这个语言的特性是模糊语言学和形式逻辑要解决的课题。在系统功能语言学理论的研究过

---

① 黄国文,辛志英.系统功能语言学研究现状和发展趋势.北京:外语教学与研究出版社,2012:32.

第十二章　系统功能语言学理论观照下的英语教学改革

程中,韩礼德也十分重视语言的不确定性。

韩礼德(2007)认为语言的不确定性主要包括以下几个类别:连续性、混合性、互补性、概率性。

(1)对于语言的连续性,学者张德禄指出,"连续性表示意义的区别是连续性的,而不是边缘清晰的。"语言的连续性还包括术语的边缘清晰,但意义连贯。

(2)语言的混合性指表示不同意义的语言融为一体,研究者不能对其进行选择。

(3)语言的互补性表示同一领域的意义以矛盾的或竞争性的方式表现,二者是选择关系,但又是相互补充的。

(4)语言的概率性指的是概率的存在使范畴的定义带有了不确定性。

(十六)方言、语域、语码

语言处于一种动态发展的过程中,因此不同的人会使用不同的语言变体。

(1)方言。方言是不同的言语社团使用的语言,因此可以通过使用者进行确认。

(2)语域。语域是根据用途确定的语言变体,即因用途不同而使用不同的语域的变体。

(3)语码。语法之统一语言中不同讲话者的讲话模式或习惯。

(十七)文化语境和情景语境

在系统功能语言学中,语境理论主要包括文化语境和情境语境两个重要范畴。

文化语境表现为整个言语社团的文化环境,是整个语言使用的环境。它就是韩礼德所说的"行为潜势"。行为潜势决定了意义潜势,是一系列可选择的意义系统。

具体来说,情景语境包括话语范围、话语基调和话语方式三个变项。

(1)话语范围指的是发生了什么事情、出现了什么交际活动。话语范围决定对经验系统的选择。

(2)话语基调指交际活动中参与者之间的角色关系。这个变项的存在决定对人际系统的选择。

(3)话语方式是话语在情境中的作用,也就是体现了语篇和语境的关系。

第三节　系统功能语言学理论在英语教学中的应用

一、系统语言学在英语教学中的运用

系统功能语言学下的外语教学注重语言实用目的的影响，注重吸收不同教学方法的特点，是一种以社会文化为基础的语言教学理论。将系统功能语言学用于外语教学能够提高学生的语言综合能力，对我国外语教学改革也有着重要的启示作用。

（一）系统进行外语教学

系统功能语言学认为，语言是一个具有社会功能的系统，是一套开放的与语言运用的社会环境相联系的，供选择的"意义潜势"。

外语教学的目的是发展学生的潜势，让学生能够根据潜势和具体语境选择语言形式进行交际。因此，展开外语教学首先需要教师了解学生的潜势程度，以及学生具体语言知识与技能的程度，从而根据具体的学生情况展开系统性、针对性的教学工作。

盲目根据自身的教学进度与教学任务进行教学，不考虑学生实际，难以达到预期的教学效果，同时由于学生对这种课程的接受程度低，长此以往还可能影响学生外语学习的兴趣。这也提示外语教师在教学过程中要以学生为中心展开教学，让学生知晓外语学习和实际生活的密切联系。

系统功能语言学还认为外语教学应该重视展开多层次的教学形式。传统的外语教学存在着以下几个特点。

（1）重形式，轻意义。

（2）重词汇语法，轻语言功能。

（3）重知识掌握，轻能力培养。

这些传统的教学方式都不利于学生外语水平的全面提升，从而培养出的外语人才的实用性不高，难以满足社会的需求。因此，系统功能语言学下的外语教学应该重视不同语言层面的培养，让学生的语义、语法、音位不同层次上均衡发展。

（二）重视形式与功能教学

韩礼德认为，成人的语言带有以下三种功能。

第十二章　系统功能语言学理论观照下的英语教学改革

（1）概念功能/经验功能。
（2）人际功能。
（3）语篇功能。

这三个语言功能相互作用、相互联系。但是在传统的外语教学中，主要将注意力放在语言形式的教学上，忽视了语言功能的教学，造成了形式与功能的脱节，所培养出来的英语人才自然不能全面发展。

系统功能语言学主张重视学生的全面发展，教师应该为学生创造真实的课堂交际环境，锻炼与提高学生的语言应用能力。这种沟通与交流，能够提高学生外语学习的兴趣，同时也能激发学生外语学习的动机。

（三）重视语域与语境教学

语域是系统功能语法的重要理论之一，指的是语言会随着情景的变化而不断变化。

发展语域理论的目标是发现语言变化的规则，了解语境因素对语言特征的影响作用。韩礼德认为语境主要包括以下三个部分。

（1）语场（field）。
（2）语旨（tenor）。
（3）语式（mode）。

三个因素中每个因素的变化都会对整体语言意义产生影响，造成语言的变异。

（1）在语场的变化下，产生的不同的学科或领域。例如，商务英语、科技英语、机械英语、生物英语。

（2）在交际关系语旨的变化下，语言的正式程度会有所不同。例如，正式英语、非正式英语。

（3）不同的语言态度与说话语气会产生不同的语域。例如，说教英语、幽默英语。

系统功能语言引导下的语言教学是为了培养与提高学生在不同的语境之下语言的运用能力。因此，在外语教学的具体步骤中应该重视语域的特征，利用不同的语境展开针对性的教学工作。

（四）重视文化导入教学

系统功能语言学认为语言基本上根植于民族文化、社会习俗，并按照文化规约是很难正确理解语言形式的。因此，在外语教学过程中，应该重视文化导入，了解语言背后深层的文化形式。

我国学者胡文仲认为,学习一种语言应该同时发展两种能力。
(1)语言能力(linguistic competence)。
(2)社会能力(social competence)。
这两种能力的结合才能最终形成跨文化交际能力。目前我国外语教学总体效果低下、学生语言能力差的原因,在很大程度上是由于缺少对异域文化的了解。

因此,在外语教学时教师要注意文化点的教学,让学生了解不同的语言背后的文化内涵。系统功能语言学下的外语教学是对教师的能力的要求。
(1)要求教师具有一定的文化教学意识。
(2)要求教师了解中国文化。
(3)要求教师了解外语国家文化。
(4)要求教师了解中西方文化的差异。
(5)要求教师了解文化差异对语言造成的影响。
(6)要求教师在了解文化的影响后,展开针对性的教学工作。

外语教师的能力直接影响着我国外语教学的效果,因此教师需要主动提高自身的文化素养,丰富自己的文化知识,提高教学中的文化含义,最终提高教学效果与人才培养能力。

二、语境在高校英语教学中的运用

功能语言学思想指导下的外语教学也将语境纳入英语教学过程之中。对语言的习得和英语教学而言,语境的合理设置也能起到至关重要的作用。第四章已经分析了语境的基本概念和功能,这里来探讨其在英语教学中的具体运用。

(一)语境与教学内容

语言是在具体的语境中产生的,并能够在语境中得以运用。因此,将语境理论置于语言教学之中,且置于最重要的位置是理所当然的,并且语境理论在语言教学中得到了深层的发展。

在英语教学中,以语境理论作为指导理论的英语教学研究也将语境的相关内容作为教学内容来研究和学习。也就是说,当前的英语教学也注重语境相关内容的教学,教师通过教授语境相关内容,有助于学生将语境理论作为一种学习手段来学习语言,并学会运用语境来处理语言。下

第十二章　系统功能语言学理论观照下的英语教学改革

面就从几个层面来探讨语境在高校英语教学中的运用,并解释如何将语境理论纳入高校英语教学之中。

1. 文化语境

文化内容繁多、纷繁复杂。文化在英语教学中有着重要作用与意义,而就文化语境的角度来说,我们在英语教学中处理文化时应该将文化现实化,并在现实化的基础上进行界定,只有这样才能弄清文化在英语教学中的表现。

如前所述,文化本身为一个十分复杂的概念,因此对其界定和研究的角度也多种多样。著名学者克莱姆士指出,文化教学应该从三个角度来进行考量。[①]

（1）对文化信息予以侧重,其中的文化信息包含文明事实与社团结构等统计信息、文学艺术等高雅文化、市场与食品等通俗文化。

（2）将文化纳入可理解的范畴之中,再结合人类学、跨文化心理学等相关理论来理解。

（3）视文化为事实,为意义,或者可以具体化,视文化为一个学习者的意义与本土人的意义产生矛盾的地方。

另外,在英语教学与学习过程中,由于很难将文化的方方面面涉及进去,因此教师和学生都要学会抓住关键层面、关键部分。这时,文化中心码概念产生。这一概念指出,文化中不仅涉及人们熟知的行为规范、文化习惯、思维模式等,还包含"意义阵地",即文化主要具有的价值系统、习惯性的模式等。

但是不得不说,这种文化中心码的方式只是辅助的,并不是英语教学的全部。也就是说,实际的文化概念在人类生活中各个层面都有所体现,因此需要学生通过具体的交际实现。

就高校英语教学来说,文化主要是一种行为能力,而不仅仅是知识,其在语言的运用中能够得到更好的体现,这就要求应该在日常生活通过运用语言来学习文化知识。例如,如果你想运用英语来完成交际,你就必然需要掌握英语文化的特征。但是,文化这一概念具有抽象性,因此仅单纯地谈论文化是没有意义,文化在不同的时间、不同的地点、不同的场合有着不同的表现,并且呈现在社会不同的次范畴之中。例如,处于不同的文化中,性别不同的两个人具有的语言模式、行为模式也不同。

高校英语教学中所涉及的文化具有如下两点表现。

[①] 张德禄,苗兴伟,李学宁. 功能语言学与外语教学[M]. 北京:外语教学与研究出版社,2005:134.

（1）如果要想学好英语,学生就必然需要对英美国家的文化进行学习和认知。例如,在设计英语课程时,教师应该至少安排一门英美概况或英美文化课程。如果师资力量雄厚,教师还可安排开设英美国家风俗、英美国家礼仪课程。

（2）在高校英语教学中,文化内容的学习贯穿整个教学过程。也就是说,文化内容在语音、词汇、语法等基础知识教学与听力、口语、阅读、写作、翻译等基础技能教学中都有所展现,这样才能培养出学生说出地道的英语、写出完美的文章。

通过对上述文化的认识与分析可知,学生在学习英语时不仅需要学习和观察新颖、地道的英文表达,还需要从观察者向参与者转化,将自己学到的知识用于具体的实践之中,从而提升自身的英语表达能力。如果学生在学习过程中不能理解新的表达方式,这时候教师就可以引入词典、网络等形式,让学生通过搜索来了解这种表达方式的功能与意义,并结合相关的语境,从而保证语言形式、语言意义与语境的同步,文化自然就在这"三点一线"中寄居。

除此之外,教师还应该引导学生将英语与其相对应的母语的意义、语境、功能进行对比与分析,从而观察在同一语境下的意义表达是否需要运用相对应的形式。只有这样,才能让学生学会如何选择正确的交际形式。

2. 篇内语境

从传统意义上说,篇内语境就是所谓的上下文语境。在与他人进行交际时,篇内语境十分重要。在传统的英语教学中,教师对于句子以下单位的教学非常看重,尤其是对词、词汇、语法规则等的教学,要求学生花费更多的时间在这些层面的学习上。实际上,这种做法是欠妥的,在英语教学中,语篇教学也非常重要。而语篇内的语境教学有助于学生对语篇信息的理解。就篇内语境而言,教师需要注重如下四个层面的教学。

（1）衔接

篇内语篇教学中的衔接源于韩礼德与哈桑的衔接理论,具体而言,其包含如下几点。

衔接是语篇中句子与句子贯穿的机制。

衔接与语篇中词、句的替代成分、指示成分相关。

衔接起着上下连接的作用。

衔接与词汇的分布、词汇与词汇的关系相关,也涉及语篇中话轮转换等因素。

在语篇中,衔接是随处可见的,这就需要学生关注上下文中的名词、

第十二章　系统功能语言学理论观照下的英语教学改革

指代成分等,看其中是否存在关系或者是否能够形成衔接。

（2）主位推进

在英语教学中,教师要引导学生关注语篇中句子的第一成分。具体而言,可以从如下几点分析。

分析句子的第一成分是什么。

分析上下句子的第一成分的关系。

分析上一句子的第一成分与下面所有句子的首位成分的关系。

分析句子中本应处于句中、句末位置的成分为何会提前到句首。

分析所有句子的首位成分的关系,并研究这些首位成分与语篇主题词的关系。

（3）新信息

当人与人之间进行交际时,如果是口语类交际,交际双方需要弄清句子重音所落下的部分、这一重音与下面重音之间是否存在关系以及通过研究重音,人们是否可以发现语篇的脉络与所要提供的信息。当然,非口语类交际也是如此。

（4）补充信息

在语篇教学中,教师也应该培养学生的"补充信息"。具体而言,说话者或作者在说话或写作时,往往将已说出或写出的话语作为已知信息,从而引出新信息。但需要指出的是,要想真正地理解语篇,对说话者与作者的预设信息的掌握也非常重要。当说话者与作者将预设信息视为与听话者或读者共通的已知信息之后,往往会采用提示或省略的策略来处理语篇,这就需要听话者或读者将预设信息补充完整,之后才能更好地理解语篇。

3. 现场语境

所谓现场语境,指的是语篇发生的直接语境,如现场中的人、现场中的事物、现场中发生的事件本身。对于整个交际而言,现场语境有着十分重要的地位。

对于现场语境,韩礼德认为其由三个变项构成,即话语范围、话语基调、话语方式。海姆斯认为现场语境包含目的、场景、参与者、工具、基调等。

对现场语境进行讨论,目的是找出那些与语言特征性相关的语境特征。例如,话语方式与语篇的信息组织形式相关;话语基调与语篇情态、语气等相关;话语范围与语篇内容相关。

4. 交流语境

在语境中，交流语境属于情景语境。交际双方在交际过程中，交际意图、交际信念、交际双方的关系都属于交流语境的内容。在交流语境的辅助下，交际双方通过解释、话轮转换等来开展交际。交际语境的重点在于交际双方，即说话者与听话者或作者与读者。

一般情况下，说话者或作者是基于某一目的，对听话者或读者的语言能力、理解力、知识情况进行推测，然后找寻合适的语言来让听话者或读者理解，完成交际。如果听话者或读者对语篇不能正确地理解和把握，这时就需要说话者或作者进行补救。

在英语教学中，学生要想能够更好地运用交流语境，教师可以从如下几点着手。

（1）教师在引导学生利用语境来理解语篇的同时，还需要教授给学生考虑说话者／作者与听话者／读者的关系这一因素，以便更好地理解语篇。

（2）学生在对语篇字面含义理解的同时，还应该考虑说话者／作者的身份、地位、与听话者／读者的关系等。

（3）由于说话者／作者与听话者／读者所代表的立场存在差异，因此不同的语篇也表现了不同的声音。例如，在文字类语篇中，有很多声音会展现出来，如作者的声音、人物的声音、社团的声音等。这一现象在文学语篇、报刊语篇中体现得尤为明显。因此，在英语教学中，针对语篇中存在的不同声音，教师应该思考这些不同的声音，并做出相应的解读，从而引导学生对各种声音有所认识，理解这些声音的观点，同时教授给学生解读的方式。

5. 互文语境

互文语境是本语篇与前面出现的语篇、以后发生的语篇、同时出现的语篇等结合而形成的语境。在英语教学中，互文语境也是十分常见。

从语篇中具体知识讲授的角度来说，教师当前教授的内容需要建立在以前教授内容的基础之上。以词汇为例，教师之前教授的词汇就没必要作为新词汇来讲解，现在教授的词汇可以在之前教授的词汇的基础上来扩充，如同义词、近义词等。同时，如果学生对已经教授的词汇掌握得不够扎实，那么教师的这种讲授方法也可以帮助学生巩固之前学过的词汇，从而便于更好地应用到实践中。

在具体的英语教学中，教师可以从如下几点着手。

第十二章　系统功能语言学理论观照下的英语教学改革

（1）教师应引导学生弄清语篇内部某一部分与其他部分间的关系，如替代部分、引用部分等，并将这些内容进行还原，了解这些内容在原有部分的意义与作用，从而加深学生对整个语篇的理解。

（2）教师应该将已经学过的语篇知识与新语篇知识结合起来，对现有语篇建立的基础进行深入的分析和研究，从而让学生更好地了解语篇中的预设内容。

（3）教师应该将现有语篇与新语篇相结合，弄清现有语篇在整个英语教学中的作用，从而完成教学任务。

（二）语境与教学方法

在高校英语教学中，语境也有助于教学方法的运用。下面首先分析语境与教学理念的关系，进而探究其在教学方法中的运用。

1. 教学理念

当前的英语教学方法是建立在传统英语教学方法的基础上的，并建立了很多与传统教学方法相对应的概念。克莱姆士对这些相对应的概念进行了分析与列举，具体如表12-4所示。

表12-4　英语教学中的对应概念

关系对立	新概念	旧概念	推崇概念
做和想对立	做事	思考	做事
语法与交际对立	交际	语法	社会交际
老师与学生对立	学生讲	老师讲	学生讲为主
学习与阅读对立	学生阅读	用阅读学习	学习阅读
语言与文学对立	教授语言	教授文学	教授语言
文化知识与能力对立	文化能力	文化知识	文化能力

（资料来源：张德禄、苗兴伟、李学宁，2005）

但是，在实际的高校英语教学中，教师并没有将这些相对应的概念完全对立，并认为这些概念都十分必要。与当前的新的教学方法相比，传统的教学方法只注重"旧概念"，因此必然造成英语教学中的偏差。

就语境的角度来说，情景语境与认知语境是相辅相成的关系，即想与做的关系；语言教学也总是在恰当的语法结构与系统中得以体现；文化能力是基于认知产生的，这对于大学生而言更是如此；课堂上师生之间的关系往往是具体问题具体分析等。

总之，就教学理念来说，教师应该跳出传统的思维模式，即双分法模式,而应该坚持辩证的思想,坚持思辨性思维模式。具体而言,在教学中应该结合相对应的概念或因素,从而获取有利的教学效果。

2. 教学方法

在英语教学中,运用语境来研究英语教学方法是一个新颖的、长期的话题。这是因为,英语教学的主要形式就是课堂教学,因此两节课之间的关联必然会涉及语境,即互文语境。同时,语言交际中实际运用的语言相关特征,即语言系统、语言功能也会被涉及其中,这就是所谓的篇内语境。总之,运用语境来拓展英语教学方法有助于开拓学生的视野。下面就来探讨语境在英语教学法中的作用。

（1）批判性外语文化教学法

所谓批判性外语文化教学法,是指教师利用自身具有的对比意识与批评意识,将中外文化进行对比,并引导学生认识西方的文化,指导学生在语言交际中说出符合西方文化的语言,同时还要引导他们对西方文化进行批评,从而汲取西方文化的有益成分,认识中西文化的差异,提高教学的效果。具体而言,可以从如下几点着手。

认识整体语境。教师不仅要教授给学生词汇知识、语法知识,还需要教授给学生词汇、语法的文化意义、社会价值等,从而有助于学生从整体语境环境的角度,对英语教学进行处理。

认识学生。在教学中要对学生进行观察,了解他们的文化背景知识以及每位学生讲话/不讲话的特点、动机等。

注重听,即从学生的话语中听出他们讲话的预设、含义等。

注重意义的泛化。在教学中所包含的语篇、所说的话等都是一小部分,因此需要将这些小的部分进行泛化,以扩大到整个系统,让学生能够从这些具体的例子中把握同类的其他语篇。

创造意义。教学并不是教师教授学生学会具体的话语,而是让学生学会利用语言资源,对意义进行创造。

让学生学习自主与控制。教师应该让学生学会自主学习,运用适合自己的方式讲适合自己的话。

（2）四步骤教学方法

从系统层面来说,四步骤教学法也是一个灵活的教学方法,在教学中有着非常重要的作用。所谓的四步骤就是系统积累、系统建立、系统使用、系统完善。

系统积累。所谓系统积累,是指让学生接触某一系统项目之后,对这个项目所属的系统进行确定。例如,cat 属于动物词汇,然后让学生收集

第十二章　系统功能语言学理论观照下的英语教学改革

与之相关的其他动物词汇项目。教师需要告诉学生，一个项目可能同时属于多个系统之下，因此教师可以引导学生建构多个系统存储库。也就是说，cat 可以建立在动物系统下，也可以建立在家养动物、猫科动物系统下。

系统建立。所谓系统建立，是指如果某一系统中的项目具有较多的积累，甚至达到了饱和状态，教师就应该引导学生将系统中一些项目的关系进行明确，即对系统项目进行分类，保证这些系统项目置于合适的位置之上。例如，当教师教授给学生 I, me, he, him, you, we, they 这些代词之后，教师就可以引导学生进行整理，如 me, him 为宾格，其他为主格；we, you, they 为复数，其他为单数。可以看出，系统中有些词会占据多个系统位置，如 you 可以是主格，也可以是宾格。

系统使用。所谓系统使用，是指一旦学生学习到某一系统项目时，他们就应该运用这些项目于具体的交际之中。对系统进行运用是指在语言交际中，交际者在语境的主导下，从系统中择取恰当的项目，然后展开交际。例如，当同时指代说话者与听话者，且在小句中充当主语，那么选择 we 是正确的。如果没有学习宾格，可能会将 we 用于宾格语境之中，但是当掌握整个语法系统之后，we 作主格，us 作宾格。

系统完善。无论是在建立系统时，还是在运用系统时，你往往会感受到对系统进行完善是非常重要的。如果说话者不能对整个系统做到完全掌握，就很难在语言交际中进行灵活的运用，甚至可能会造成语言交际的麻烦。在英语教师中，教师应该引导学生具备不同文化的交际能力，并能够让他们在具体语境中实现转换。

（三）语境与真实语料

语境除了应用在教学内容、教学方法上外，其与真实语料有着十分密切的关系，且英语教学也离不开真实语料。下面就来探讨语境与真实语料。

1. 真实语料

根据语境理论，英语教学中的教学材料必须选择的是合适的语言材料，即真实语料。所谓真实的语料，指的是在社会交际中实际运用到的语篇，而不是说话者或作者主观臆造的。

在具体的交际过程中，语篇是从自然语言在交际的实际运用来说的，因此也可以从口语语篇与书面语篇对语境与真实语料进行分析。

就一般的口语语篇来说，用于交际的语篇都存在假设的听话者，如提供信息、接受信息等，如果听话者听不清，就需要说话者进行重复，如果听话者不能接受，说话者与听话者之间还需要辩论，从而形成语篇或会话。

就书面语篇来说，用于交流的语篇也存在目标读者，并对读者设定了如下几种期望。

（1）运用本土语者所使用的交际阅读策略。

（2）通过略读、速读等手段获取所需信息。

（3）利用语篇中本身存在的累赘信息获取线索。

（4）对作者的意图进行识别，并根据作者的意图做事。

总之，在教学中，语料的真实性是很难预料的，真实性依赖于说话者／作者意图与听话者／读者解释的一致性。教师的作用在于帮助学生找到真实的方法，从而对常规的共享知识产生意义与作用。

2. 语料的文化真实性

语料不仅要保证交际的真实性，还要保证文化的真实性。在社会上，文化可以对真实性进行区分，具体而言表现为如下几点。

（1）虽然语言现象多种多样，但是某些用法已经固定成为语言内模式或者具有意义的用法，由于人们的观点不同、经历不同，而造成人们对真实性的见解存在差异。

（2）文化能力是说话者／作者在不同的文化中，对本族语者的说话方式或写作方式进行模仿的能力。对于这一点，不同的学者观点不同。一些人认为具备文化能力的人能够对本族语者的行为、习惯进行完全模仿，并产生与之对应的真实语料。另外一些人认为文化知识与文化能力为两个概念，应该区分开来，并认为英语学习者只有学到本族语者的行为习惯，才能得到本族语者的认可，如果模仿不到位，那么很难得到他们的认可，甚至适得其反。

（3）真实的英语学习活动是探究如何展开交际活动。当然，这不仅是要求学习者学会如何进行交际，还需要学习者学会如何进行纯理交际。

（4）在英语教学中，教师采用批评文化教学法能够教授给学生采用批评的手段看待目的语文化。具体来说，学生能否从外人的角度行事，是决定于其是否理解文化情景。

3. 英语教学中的真实语料

在英语教学中，真实的语料需要达到两个层面的一致。

（1）教师所选择的语料要从交际的需要出发，不仅具有真实性，还应该考虑具体的中西方语言文化。

（2）在教学中，教师需要将所选择的语料做真实化处理，并将真实化

第十二章　系统功能语言学理论观照下的英语教学改革

的语料运用到具体的交际之中,从而提升学生的跨文化交际能力。

如果语料是真实的,且被恰当地运用到交际之中,英语教学就展现出了真实性的特点。如果语料不真实,且不能被运用到交际之中,那么英语教学就不具有真实性或者真实性很低。因此可以说,真实语料的第一个层面侧重于语料的文化性,认为语言学习模式的理想状态就是做到了语言与文化的结合,或者是学生学会了批判性的接受。真实语料的第二个层面侧重于具体的教学法,关系到将选择的语料运用到实际的语境之中的相关问题。

4. 语料真实化的教学方法

在英语教学中,为了保证语料真实化,最常用的方法有两种:一是交际水平法,二是话语分析法。

(1) 交际水平法

交际水平法在美国是深受推崇和习惯的,因为说和做是这种教学法的核心。在具体的教学活动中,交际水平法要求中国学生接受美国文化,并根据美国文化的代码来做事。

以交际水平法作为教学方法的语料是日常交际中的真实语料,尤其是新闻素材、电视材料等。例如,美国语料追求实用和科学进步,因为学习美国英语往往会选择美国日常交际的语料,并且这些语料非常简单,容易被学生掌握。但是就一些专业性强的语料来说,还需要教师的辅助指导,从而理解这些专业语料的意义与背景知识等。

另外,新闻素材、电视材料等往往具有动态性,且代表性极强,容易激发学生的学习兴趣和积极性,能够将学生感兴趣的内容融入自身的学习之中。当然,真实语料的教授不仅是为了娱乐学生,更重要的是启发学生,让学生对传统知识风格提出质疑,养成对真实语料进行理解与运用的习惯。

(2) 话语分析法

话语分析法侧重于整个事件的语境,目的是将所说的话/所写的内容原本地呈现出来。话语分析法不仅是为了让学生对目的语文化的特征有所掌握,还是为了让学生了解外国人如何运用语言创造文化模式与文化神话。

话语分析法对话语的功能非常看重,并认为话语是创造现实的工具。例如,从话语分析法来解读法国电视语言的特征,可以分析如下。

①法国电视语言往往是断言性的,很少是不确定的、假设的。

②法国电视语言往往会对社会的其他话语进行重复,比较累赘。

③法国电视语言集合了激情、夸张性与商业价值于一身。

总之,运用话语分析法对法国电视语言进行解读并不是研究法国人的实际生活方式,而是通过电视呈现的生活特征来探究法国观众的心理与生活,以此将法国人的思维模式固化。

参考文献

[1]《辞海》编辑委员会.辞海[M].上海：上海辞书出版社,1989.

[2] 白人立,马秋武.英语词汇学习：指导与实践[M].上海：复旦大学出版社,2001.

[3] 白雅,岳夕茜.语言与语言学研究[M].昆明：云南大学出版社,2010.

[4] 蔡基刚.中国大学英语教学路在何方[M].上海：上海交通大学出版社,2012.

[5] 岑运强.语言学概论(第4版)[M].北京：中国人民大学出版社,2015.

[6] 曾文雄.语用学翻译研究[M].武汉：武汉大学出版社,2007.

[7] 陈昌来.应用语言学导论[M].北京：商务印书馆,2007.

[8] 崔希亮.语言学概论[M].北京：商务印书馆,2006.

[9] 戴炜栋,束定芳,周雪林,陈夏芳.现代英语语言学概论[M].上海：上海外语教育出版社,1998.

[10] 高名凯,石安石.语言学概论[M].上海：中华书局,1963.

[11] 何安平.语料库在外语教育中的应用：理论和实践[M].广州：广东高等教育出版社,2004.

[12] 何广铿.英语教学法教程：理论与实践[M].广州：暨南大学出版社,2011.

[13] 何少庆.英语教学策略理论与实践运用[M].杭州：浙江大学出版社,2010.

[14] 何自然,冉永平.新编语用学概论[M].北京：北京大学出版社,2009.

[15] 何自然.语用学与英语学习[M].上海：上海外语教育出版社,1997.

[16] 胡壮麟,朱永生,张德禄,李战子.系统功能语言学概论(修订本)[M].北京：北京大学出版社,2008.

[17] 胡壮麟. 语言学教程(第 3 版)[M]. 北京：北京大学出版社，2007.

[18] 黄国文, 辛志英. 系统功能语言学研究现状和发展趋势[M]. 北京：外语教学与研究出版社，2012.

[19] 贾冠杰. 英语教学基础理论[M]. 上海：上海外语教育出版社，2010.

[20] 姜望琪. 当代语用学[M]. 北京：北京大学出版社，2003.

[21] 教育部高等教育司. 大学英语课程教学要求[M]. 上海：外语教学与研究出版社，2007.

[22] 康莉. 跨文化视角下的大学英语教学：困境与突破[M]. 北京：中国社会科学出版社，2014.

[23] 蓝纯. 语言学概论[M]. 北京：外语教学与研究出版社，2009.

[24] 李冰梅. 英语词汇学习教程[M]. 北京：北京大学出版社，2005.

[25] 李福印. 认知语言学概论[M]. 北京：北京大学出版社，2008.

[26] 李捷, 何自然, 霍永寿. 语用学十二讲[M]. 上海：华东师范大学出版社，2010.

[27] 李占喜. 语用翻译探索[M]. 广州：暨南大学出版社，2014.

[28] 廖美珍. 语言学教程(修订版)精读精解[M]. 成都：西南交通大学出版社，2009.

[29] 林新事. 英语课程与教学研究[M]. 杭州：浙江大学出版社，2008.

[30] 刘宝俊. 社会语言学[M]. 北京：科学出版社，2016.

[31] 刘颖. 计算语言学[M]. 北京：清华大学出版社，2014.

[32] 鲁子问. 英语教学论(第 2 版)[M]. 上海：华东师范大学出版社，2009.

[33] 陆国强. 现代英语词汇学：新版[M]. 上海：上海外语教育出版社，1999.

[34] 牟杨. 新编简明英语语言学教程学习指南[M]. 成都：西南交通大学出版社，2009.

[35] 彭聃龄. 语言心理学[M]. 北京：北京师范大学出版社，1991.

[36] 钱冠连. 汉语文化语用学[M]. 北京：清华大学出版社，2002.

[37] 冉永平. 语用学：现象与分析[M]. 北京：北京大学出版社，2006.

[38] 束定芳, 庄智象. 现代外语教学：理论、实践与方法[M]. 上海：上海外语教育出版社，2008.

[39] 汪榕培,卢晓娟.英语词汇学教程[M].上海:上海外语教育出版社,1997.

[40] 汪榕培,王之江.英语词汇学[M].上海:上海外语教育出版社,2008.

[41] 王策三.教学论稿[M].北京:人民教育出版社,1985.

[42] 王德春.普通语言学[M].上海:上海外语教育出版社,2011.

[43] 文秋芳.认知语言学与二语教学[M].北京:外语教学与研究出版社,2013.

[44] 夏章洪.英语词汇学:基础知识及学习与指导[M].杭州:浙江大学出版社,2011.

[45] 夏中华.应用语言学:范畴与现状[M].上海:学林出版社,2012.

[46] 熊文新.语言资源视角下的语料库建设与应用研究:汉、英[M].北京:外语教学与研究出版社,2015.

[47] 熊学亮.简明语用学教程[M].上海:复旦大学出版社,2008.

[48] 徐通锵.语言论——语义型语言的结构原理和研究方法[M].长春:东北师范大学出版社,1997.

[49] 严辰松,高航.语用学[M].上海:上海外语教育出版社,2005.

[50] 严明.大学英语翻译教学理论与实践[M].长春:吉林出版集团有限公司,2009.

[51] 严明.大学英语自主学习能力培养教程[M].哈尔滨:黑龙江大学出版社,2007.

[52] 姚小平.如何学习研究语言学[M].北京:北京大学出版社,2013.

[53] 叶蜚声,徐通锵.语言学纲要(修订版)[M].北京:北京大学出版社,2010.

[54] 余东明.什么是语用学[M].上海:上海外语教育出版社,2011.

[55] 于根元.二十世纪的中国语言应用研究[M].太原:书海出版社,1996.

[56] 于根元.应用语言学概论[M].北京:商务印书馆,2003.

[57] 于根元.应用语言学前沿[M].北京:中国经济出版社,2005.

[58] 张德禄,苗兴伟,李学宁.功能语言学与外语教学[M].北京:外语教学与研究出版社,2005.

[59] 赵艳芳.认知语言学概论.上海:上海外语教育出版社,2001.

[60] 赵元任.语言问题[M].台北:台湾商务印书馆,1968.

[61] 郑茗元,汪莹.网络环境与大学英语课程的整合化教学模式概论[M].北京:中国水利水电出版社,2015.

[62] 郑诗鼎.语境与文学翻译[M].重庆:西南师范大学出版社,1997.

[63] 朱曼殊.心理语言学[M].上海:华东师范大学出版社,1990.

[64] 朱永生,严世清.系统功能语言学多维思考[M].上海:上海外语教育出版社,2001.

[65] 胡家秀.原型理论:来自中国古代经典《尔雅》的验证[D].北京:北京航空航天大学,2006.

[66] 黄玲琼.系统功能语言学视角下非英语专业大学生英语阅读现状及对策研究——以喀什大学为例[D].喀什市:喀什大学,2017.

[67] 吴峰.系统功能语言学理论在高中英语阅读教学中的运用[D].长春:东北师范大学,2011.

[68] 许朝阳.系统功能语言学框架下的大学英语阅读教学研究[D].保定:河北大学,2010.

[69] 曾宪才.语义、语用与翻译[J].现代外语,1993,(1).

[70] 陈婧,胡登攀.系统功能语言学视角下大学英语写作教学探究[J].四川理工学院学报,2011,(5).

[71] 陈蓉.应用语料库语言学的外语教学理论解析[J].内蒙古师范大学学报,2015,(10).

[72] 陈晓华.语义学与英语教学实践[J].淮阴师专学报,1994,(2).

[73] 陈治安,文旭.关于英汉对比语用学的几点思考[J].外语与外语教学,1999,(11).

[74] 程玮欣.英语构词法浅析[J].安徽文学(下月刊),2015,(5).

[75] 戴炜栋.外语教学的"费时低效"现象——思考与对策[J].外语与外语教学,2001,(7).

[76] 范能维.英语构词法中的转化法[J].牡丹江教育学院学报,2009,(5).

[77] 高文捷,白雪.英语语言学的理论体系与构建探讨[J].亚太教育,2016,(35).

[78] 桂花,杨征权.微课程教学法在高职英语语法教学中的运用[J].高教学刊,2016,(7).

[79] 胡红云.英语缩略词解读[J].哈尔滨学院学报,2011(11).

[80] 黄芳.象似性理论及其在大学英语词汇教学中的应用[J].外语教学,2007,(22).

[81] 黄国文,辛志英.系统功能语言学研究现状和发展趋势[M].北京:外语教学与研究出版社,2012.

[82] 雷丽玉.系统功能语言学在大学英语中的应用[J].语文学刊·外语教学教育,2013,(3).

[83] 卢春媚.浅谈英语构词法[J].广州大学学报,2002,(3).

[84] 陆国强.现代英语中的复合动词[J].外国语,1978,(3).

[85] 那剑.认知语言学在英语阅读理解中的应用研究[J].西南农业大学出版社,2012,(11).

[86] 牛毓梅.功能语言学与外语教学评述[J].外国语言文学,2006,(4).

[87] 彭慧.社交指示语的汉英翻译[J].湖南人文科技学院学报,2007,(6).

[88] 邱桂萍.英语复合动词[J].濮阳教育学院学报,2000,(3).

[89] 冉永平.词汇语用学及语用充实[J].外语教学与研究,2005,(5).

[90] 施春宏.语言学理论体系中的假设与假说[J].语言研究集刊,2015,(1).

[91] 唐素华.论文化语言学中的语言与文化.现代语文,2008,(6).

[92] 田凌云.构建以系统功能语言学理论为基础的大学英语阅读教学模式[J].当代教育论坛,2011,(24).

[93] 王茹.功能语言学与英语教学——评《功能语言学理论下的英语教学研究》[J].高教发展与评估,2016,(5).

[94] 王永聘.复合形容词的构成方式[J].三峡大学学报,1994,(1).

[95] 王珍.系统功能语言学对外语教学的启示[J].南宁师范高等专科学校学报,2007,(3).

[96] 王宗炎.介绍赵元任《译文忠实性面面观》[J].中国翻译,1982,(3).

[97] 卫乃兴.语料库语言学的方法论及相关理念[J].外语研究,2009,(5).

[98] 肖庚生,徐锦芬,张再红.大学生社会支持感、班级归属感与英语自主学习能力的关系研究[J].外语界,2011,(4).

[99] 肖君.英语词汇教学中文化差异现象浅析[J].四川教育学院学报,2007,(5).

[100] 肖楠,肖文科.英语首字母缩略词的构词特点[J].北京林业大学学报,2008(3).

[101] 徐俊林,白臻贤.语义学与英语教学[J].发明与创新,2003,(6).

[102] 徐曼菲,何安平.图式理论、语料库语言学与外语教学 [J].解放军外国语学院学报,2004,(6).

[103] 许俊.图式理论与英语口语教学 [J].佳木斯教育学院学报,2010,(6).

[104] 张辉,王少琳.认知语义学述评 [J].解放军外国语学院学报,1999,(4).

[105] 张科平,陈桂斌.英语语法教学方法新思维 [J].广东医学院学报,2008,(3).

[106] 赵云.英汉缩略词的基本构词法 [J].和田师范专科学校学报,2009,(4).

[107] 支永碧,王永祥.英语语言学概论自学指导 [M].苏州:苏州大学出版社,2009.

[108] 钟海英.文学翻译策略的语用理据 [J].广东技术师范学院学报,2007,(11).

[109]Bell, R. T. *Translation and Translating*:*Theory and Practice*[M]. Beijing:Foreign Language Teaching and Research Press,2001.

[110]Firth, J. R. *Papers in Linguistics 1934—1951*[M]. London:Oxford University,1957.

[111]Gutt, Ernst-August. *Translation and Relevance*:*Cognitive and Context*[M]. Shanghai:Shanghai Foreign Language Education Press,2004.

[112]Lyons, J. *Semantics*[M]. Cambridge:Cambridge University Press,1977.

[113]Rosch,Eleanor and Caroline Mervis. Family resemblances:Studies in the internal structure of categories[J].*Cognitive Psychology*,1975,(7).

[114]Taylor,John. *Linguistis Categorization*:*Prototypes in Linguistic Theory*[M].Beingjing:Foreign Language Theaching and Research Press,2003.

[115]Ungerer, Fridrich and Hans-jöry Sehmid. *An Introduction to Cognitive Linguistics*[M].Beijing:Beijing Foreign Language Teaching and Reseach Press,2001.

[116]Wittgenstein, Ludwig. *Philosophical Investigations*[M]. Oxford:Blackwell Education Press,1953.